Callwey

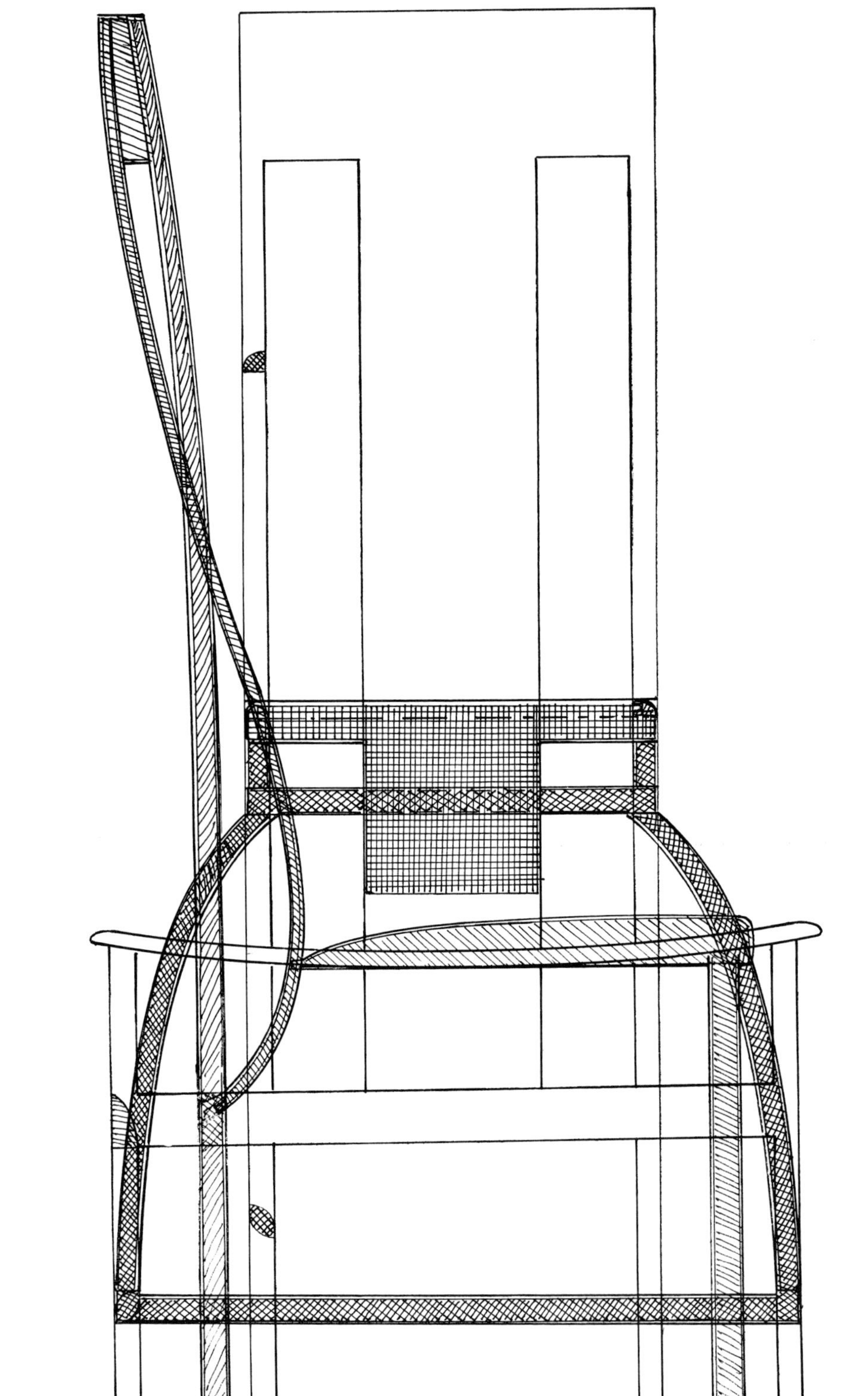

Erich Brüggemann

DAS SCHREINERBUCH

Callwey

Sämtliche Zeichnungen fertigte
der Autor für dieses Buch an.

Schutzumschlaggestaltung: Baur + Belli Design, München
Gestaltung und Herstellung: Caroline Sieveking, München
Satz: Filmsatz Schröter, München
Druck: Druckerei Kösel, Kempten
Bindung: MIB Conzella, Aschheim/München
Printed in Germany

Die Deutsche Bibliothek – Cip-Einheitsaufnahme

Das Schreinerbuch / Erich Brüggemann. –
München: Callwey 1992
ISBN 3-7667-1024-9
NE: Brüggemann, Erich

2 *Seitenstollentruhe, 13. Jahrhundert, aus Eichenholz*
Museum für Kunst und Gewerbe, Hamburg
In der frühesten Zeit wurden die Möbelteile mit Holzdübel verbunden und zusätzlich mit Zierbändern aus Eisen gehalten.

3 *Gotischer Schrank, um 1500, aus Eiche*
Museum für das Fürstentum Lüneburg
In gotischer Zeit wurden Rahmen und Füllung erfunden. Hier hat der Schreiner in das Füllungsbrett ein Faltwerk gehobelt. Das Scharnier ist einmal außen und einmal innen angeschlagen.

4 *Schrank aus der Mitte des 17. Jahrhunderts, Nußbaum*
Museum für Kunst und Gewerbe, Hamburg
Der Wellenhobel und der Bildhauer haben an diesem Möbel mitgewirkt und die Meisterschaft der Schreiner unterstützt. Die Kenntnis antik-römischer Architektur ist hier spürbar.

5 *Scherenstuhl aus dem 16. Jahrhundert, Nußbaum*
Museum für Kunst und Gewerbe, Hamburg
Diese Stuhlform hat in der antik-römischen Tradition ihr Vorbild. Wenn die Rückenlehne gelöst ist, läßt sich der Stuhl zusammenklappen.

*6 Zylinderbüro von David Roentgen um 1760,
Mahagoni und verschiedene Hölzer
Museum für Kunst und Gewerbe, Hamburg
Mit David Roentgen ist im Schreinerhandwerk die größte Meisterschaft erreicht. In dieser Werkstatt wurde das Blindholz unter dem Furnier ähnlich wie kompliziertes Parkett hergestellt. Die Intarsienhölzer sind zum Teil gefärbt.*

7 Kommodenaufsatzschrank, um 1760
Museum für das Fürstentum Lüneburg
Die Zeit des Rokoko sieht feingeschwungene Formen. Die beiden Türen entstanden aus Rahmen und Füllung. 2–3 Millimeter starkes Sägefurnier wurde über alle Flächen geleimt. Im Gesims und an der Tür liegt die Maserung quer.

8 Schreibschrank von Abraham Roentgen, um 1790
Kunsthandel Otto v. Mitzlaff, Wächtersbach
In diesem Möbel ist der englische Einfluß noch deutlich. An der Linienführung, aber besonders an den geschnitzten Kufen der Beine zeigt sich dies.

9 *Wäscheschrank aus der Zeit um 1750–1800*
Kunsthandel Otto v. Mitzlaff, Wächtersbach
In diesem Möbel sind zwei verschiedene Stiele vereint. Als Meisterstück gearbeitet, wurden dem Schreiner Formen vorgegeben, die seiner Zeit nicht mehr entsprachen. So hat der junge Handwerker z. B. den Giebel nach dem Geschmack der Entstehungszeit dazugefügt.

INHALT

EINLEITUNG

Die Arbeit der professionellen Schreinerinnen und Schreiner hat sich unter dem Einfluß moderner Maschinen radikal verändert. In hohem Maße besteht jedoch der Wunsch vieler junger Menschen, diesen Beruf in seiner ursprünglichen Weise zu erlernen. Das hier vorliegende Buch möchte dieses Bedürfnis unterstützen, es möchte Kenntnisse aus der praktischen Arbeit, für die praktische Arbeit vermitteln, möchte Erfahrungen und Werkstatt-Tradition mit unseren heutigen Möglichkeiten und Forderungen verbinden. Somit ist es auch eine Ergänzung der gebräuchlichen Lehrbücher, die ihr Ziel mehr in der Vermittlung von theoretischem Fachwissen sehen. Nicht der industriellen Fertigung, der Erzeugung von Serien gilt unsere Hilfe, vielmehr dem an einer handwerklichen Arbeit interessierten Holzwerker, der – in der Ausbildung oder in Selbstversuchen – Kenntnisse im anspruchsvollen Möbelbau erlangen möchte: Es geht in diesem Buch ausschließlich um den Möbelschreiner. Industrielle Möbelfertigung hat ja andere, eigene Methoden der Verarbeitung, in der Ausnutzung von Maschinenpräzision, die mehr und mehr die überkommenen Techniken verläßt.

Wer einmal einem Anfänger die Technik der Hobelführung beibringen möchte, weiß, wie elementar das praktische Vorführen, das unmittelbare Zeigen dem Übenden hilft. Es ist das visuelle Wahrnehmen, wie beim Hobeln Kraft und Stoß von den Schultern und Armmuskeln auf das Werkzeug übertragen werden. Nun gehört das Schreinerhandwerk ja zu den Talentberufen, in denen der eine den Umgang mit Werkzeugen nahezu ohne Anleitungen in kürzester Zeit beherrscht, der andere aber intensiv zu üben hat, um Verkrampfungen und Ungeschick, die sich zunächst einstellen, zu überwinden. Naturgemäß ist jener, der von frühester Kindheit sozusagen spielend den Kontakt mit Werkzeug und Werkstatt hatte, im Vorteil. Nicht früh genug kann daher das Gefühl für Härte, Elastizität und Maserverlauf des Holzes erfahren werden, die Begeisterung für die Schönheit des Materials und deren Bildsamkeit. Wichtig ist auch, Konzentrationsfähigkeit und Ausdauer zu steigern. Denn das intensive Eingehen auf eine Tätigkeit wird vieles erleichtern. Nach und nach erlebt man die Schärfe der Sägen, der Hobelmesser, die Sprödigkeit der Hölzer, das Exakte beim Anreißen, zum Beispiel wenn Zinken ausgearbeitet werden sollen. Immer wieder muß ich erleben, wie zunächst die Angst – Angst vor einem falschen Schnitt oder Hobelstoß – das Fortschreiten in der Beherrschung der Handwerkstechnik behindert. So wie ein Geiger schwierige Passagen beim Spielen nicht schafft, wenn Angst beim Setzen der Finger die innere Sicherheit hemmt, so muß diese Scheu auch beim Umgang mit Werkzeugen überwunden werden. Unerläßlich ist das Trainieren der Augen. Das richtige Hinsehen übt sich erst mit langer Erfahrung, und junge Menschen sollten zeichnen, intensiv abzeichnen in Museen und in der Natur, um mit dem Sehnerv das einfachste und immer zur Verfügung stehende Kontrollwerkzeug bereit zu haben. Ob eine Fläche gut geschliffen ist, eine Fuge »windschief« oder gekrümmt, man muß ein Auge dafür bekommen. Ein geübter Schreiner sieht Mängel schneller, erkennt sofort, wo eine Verbesserung nötig ist. Meine Lehrlinge sind zunächst viel zu sehr auf Meßwerkzeuge angewiesen, die aber nicht anzeigen, wie ein Fehler zu beheben ist. Es ist ja nicht Hast oder Eile, die ein Werk schneller entstehen läßt, vielmehr die Überlegenheit in den Mitteln. In meiner Lehrzeit sah ich Schreiner, die mit Bedacht und ohne Nervosität Besonderes leisteten, während die Hastigen ihre Zeit mit Korrekturen und Nachpassen vertaten.

Oft wird erzählt, die früheren Meister hätten ihre Geheimnisse mit ins Grab genommen. Deren Geheimnisse waren aber in der Regel die eminenten Erfahrungen, waren Tricks, um schwierige Arbeitsprobleme zu bewältigen, Tricks, die nur das Ergebnis langen, langen Schaffens sind und von weniger Erfahrenen nicht angewendet werden können. Einer der großen alten Gitarrenbauer erzählte mir von einer Technik, die er beim Lackieren seiner Instrumente anwendet, um einen besonderen Effekt zu erreichen. Meinen Einwand, er verwende unverträgliche Lacke übereinander, und diese Methode müsse mißlingen, beantwortete er damit: »Besuchen Sie mich, dann zeige ich Ihnen, wie es geht. Man hält die Lackschicht ins Licht, damit man den Glanz sehen kann und streicht den anderen Lack Strich um Strich ohne Überlappungen nebeneinander.« Dieses ist kein Geheimnis, sondern die totale Beherrschung von Konsistenz, Verlauf, Trocknung und Sicherheit der Handführung beim Lackieren, die nur durch jahrelange Übung erreicht werden kann und leider durch kein Lehrbuch vermittelt wird. Dennoch möchte ich versuchen, viele Erfahrungen durch den Text und die illustrierenden

Zeichnungen zu vermitteln. Aber der Neuling übe sich in Geduld, der Sog zur Maschine, die schnell Perfektion herstellt, ist eine falsche Methode. Mit guten Maschinen sind sicher schnell exakte Möbel herzustellen, aber diese Maschinen rächen sich, denn sie können lediglich sauber arbeiten und verweigern das, was gute Handwerker bei der Handarbeit sichtbar machen. An den Werken der Alten erleben wir das Gespür für Holz, für dessen Struktur und Bedingung, Charme und Charakter, die eine Maschine nicht herstellen kann.

Natürlich wird heute niemand auf die vielen und sicher auch hilfreichen Maschinen verzichten wollen. Ich denke nur, sie sollten uns dienen und nicht die Gestaltung unserer Möbel bestimmen.

Manchmal wird gefragt, ob das Betrachten historischer Möbel, ob Museumsbesuche noch anregend seien, ob in einer Zeit veränderter Lebens- und Produktionsweisen noch Maßstäbe aus den Arbeiten der »Alten« gewonnen werden können. Ich denke, man *muß* von den Meistern früherer Generationen lernen. Picasso, der ein Genie der Formen war, hing seine Bilder gern neben die Werke der von ihm verehrten alten Meister, um zu prüfen und um Qualitätsvergleiche machen zu können. Ein beginnender, lernender Möbelbauer wird nicht oft genug Vergleiche suchen können, um die Verhältnisse von Rahmen und Profil, Ruhe und Spannung, Oberfläche und Kombination der Hölzer zu erleben.

Der in den letzten Jahren gewachsenen Unsicherheit in der Möbelgestaltung, der Frage nach Stil und Entwurf, soll ein eigenes Kapitel gewidmet sein. Sozusagen in die thematische Nachbarschaft gehört dann die Geschichte der Möbelherstellung, dort wird auch das wichtige und interessante Gebiet einer Technikgeschichte eingebunden sein. Daß diese Entwicklung der Schreinertechniken auch für das Kapitel Oberflächenbehandlung wichtig ist, zeigt,wie die drei letzten Themen unseres Buches eng zusammenhängen. Wie ja auch die vorangehenden Kapitel über Material, Werkzeuge und Techniken die Grundlage schaffen, um dem herrlichen und anspruchsvollen Naturmaterial – dem Holz – Gestalt zu geben. Nicht zuletzt sollen auch die Zeichnungen und Abbildungen von Möbeln Hilfe und Anregung zu eigener Arbeit sein.

Zum Schluß noch ein Wort an alle Schreinerinnen. Wenn im folgenden Text von »dem Schreiner« die Rede ist, so ist damit auch die Schreinerin gemeint. Gerade Frauen haben in letzter Zeit in diesem Beruf Bemerkenswertes geleistet, wie auch die Beispiele moderner Schreinerarbeiten in diesem Buch eindrucksvoll belegen.

Erich Brüggemann

BÄUME, LEBENDIGES HOLZ

Holz ist die Basis und das Material für die Arbeit der Schreiner, es ist zugleich einer der schönsten und vielgestaltigsten Werkstoffe überhaupt, es ist wunderbar bildsam, um es in vielfältigste Formen zu verwandeln. Holz ist handfreundlich und dauerhaft, es eignet sich zur Herstellung von Geräten und Möbeln, für Zimmer und Haus, für den menschlichen Lebensraum. Eine wichtige Grundlage in der Ausbildung junger Handwerker müßte darin bestehen, die Sinne für die besonderen Eigenschaften des Holzes zu wecken. Wir kennen Menschen, bei denen Pflanzen und Blumen besonders gut gedeihen. Man sagt, sie hätten eine gute Beziehung zu ihren Zöglingen, sie hätten Gespür für Wachsen, für die richtige Behandlung im Wachstumsprozeß. Auch gute Schreiner leben mit ihrem Holz, sie haben ein Auge dafür, wo und für welchen Zweck dieses und jenes Holz gut geeignet ist. Sie kennen die Eigenschaften und die sich daraus ergebende Verarbeitungsweise. Diese Fähigkeit mag bei der Verwendung vieler Tropenhölzer mit ihren riesigen Volumen gleichgemaserter Strukturen und der Verwendung serieller Maschinenproduktion gelitten haben; dies kann zu einer Haltung führen, die Holz nur noch als Festmeterdimension erfährt. Für das Herstellen von richtigem Schreinerwerk ist aber das innige Verhältnis zum Holz notwendig.

Vor etwa 450 Millionen Jahren sind die ersten Landpflanzen auf unserer Erde erschienen, nachdem sie sich in unvorstellbar langer Zeit in den Meeren vorgebildet hatten. Zunächst hatten sich bescheidene Vorstufen der Blätter gebildet, die den lebenswichtigen Sauerstoff ansammelten. So konnten Flechten, Moose und Farne, Rudimente von Baumarten zum Teil in riesige Höhe wachsen. Es begann eine Veränderung der klimatischen Verhältnisse mit immer höher entwickelten Pflanzenformen, bis sich die Vielfalt der heutigen Flora mit den uns bekannten Baumsorten herausgebildet hatte.

Unsere Bäume transportieren ihre Säfte in dem Zellstoff der Stämme aus dem Wurzelbereich bis in die Blattkronen; dort verdunstet der Saft. Die Blätter können aus der Luft Kohlendioxyd aufnehmen und verwandeln es in einem chemischen Prozeß zu Sauerstoff. In dem Stamm steigen die Säfte hauptsächlich in der äußeren Schicht nach oben. In diesem Außenbereich gleich unter der Rinde, den wir auch Splint nennen, bilden sich die neuen Zellen. Erst in unserer Zeit hat man mit besonderen Mikroskopen diese Zellstrukturen untersuchen können und die winzigen Ventile, die Öffnungen in den Zellwänden entdeckt, wo das Wasser von Zelle zu Zelle wandert. Die Innenseiten der Zellen verhärten aber mit der Zeit, und während sich neue bilden, verholzen die älteren mehr und mehr, füllen sich mit Faserstoff auf. In den Wachstumsperioden, die etwa von April bis zum Herbst dauern, bilden sich somit am Rand die Zellringe, die wir als Jahresringe an einer Baumscheibe erkennen können. Wenn die Bodenbeschaffenheit mager ist, ist der Zuwachs an Zellen geringer und die Ringe sind schmaler, während bei fetten Böden der Baum jedes Jahr viel Holzgewinn hat. Bei verschiedenen Eichenbäumen ist das gut zu erkennen, das Holz von sandigen Böden hat feine und enge Ringe in einer braunen, warmen Farbe, bei nahrhaften und feuchten Böden aber breite Ringe in einer ins Grünliche tendierenden Farbe. Hölzer mit feinen Jahresringen sind sehr begehrt. Bei den Laubhölzern deuten sie auf Weichheit des Holzes, bei Nadelhölzern auf Festigkeit. Nun zeigen sich bei vielen Hölzern deutlich Flecken am geschnittenen Holz, sogenannte Spiegel. Hierbei liegt die Ursache bei den Markstrahlen, die vom Rand bis zum Kern führen. Diese Markstrahlen verbinden Mark und Rinde und ermöglichen den Stoff-, Wasser- und Gasaustausch zwischen inneren und äußeren Geweben. Für viele Hölzer gehören diese Markstrahlen zu deren Charakteristik, so zum Beispiel bei der Eiche und der Buche. Bei anderen Hölzern sind diese Strahlen mit dem Auge nicht zu erkennen, wie bei den meisten Nadelhölzern.

Der Fachmann kommt im Laufe der Jahre mit vielen Holzsorten in Berührung, aber die Zahl der Sorten ist unermeßlich. Nachdem ich das Amaranthholz kennenlernte, erzählte mir ein Holzbiologe, es gäbe acht verschiedene Sorten, kürzlich aber las ich in einer Abhandlung von 13–15 Sorten. So sind von allen Gruppen von Eichen, Ahorn, Mahagoni usw. wieder Untergruppen vorhanden. Das ist ein Wissen für Spezialisten und deren Fachliteratur, die man zu Rate ziehen kann, wenn man sich über die besonderen Eigenschaften eines bisher unbekannten Holzes unterrichten möchte. Der Tischler benutzt meist nur eine kleine Auswahl aus dem großen Angebot der Natur. Jede Zeit hat auch ihre besonderen, bevorzugten Sorten, die für den Geschmack der Periode kennzeichnend sind. Entscheidend und wichtig bleibt doch der unmittelbare Umgang mit dem Werkstoff, die Kenntnis der jeweils besonderen Eigenschaften, um zu wissen, für welche Aufgaben dieses oder jenes Holz geeignet ist. Bei der Arbeit mit dem Handwerkszeug erlebt man Härte, Fasern, Maserrichtung, Zähigkeit, Sprödigkeit, das »Harzige«. Es ist ein Grunderlebnis, das zum Handwerk gehört und auch für die Maschinenarbeit von Nutzen ist. Nachfolgend sollen einige wichtige und gebräuchliche Holzsorten beschrieben werden, immer unter dem Gesichtspunkt des Praktikers, der theoretisches Wissen als Hilfsmittel für die tägliche Arbeit benutzt.

10 *Stuhl aus gebogenem Buchenholz,*
2. Hälfte 19. Jahrhundert
Durch die Firma Thonet wurde in Wien das Verfahren der Holzverformung auf industrielle Weise entwickelt.

11 *Schrank von Emile Gallé, 19. Jahrhundert*
Museum für Kunst und Gewerbe, Hamburg
In der Zeit des Jugendstils wurde die Asymmetrie im europäischen Möbelbau eingeführt. Bei den Intarsien und Schnitzereien werden meist Naturmotive zu Ornamenten geformt.

12 *Fichte*

13 *Tanne*

14 *Kiefer*

15 *Oregon Pine*

16 *Eiche*

17 *Eibenholz*

18 *Nußbaum*

19 *Kirschbaum*

20 *Weißbuche*

21 *Buche*

22 *Esche*

23 *Ulme (Rüster)*

24 *Ahorn*

25 *Kastanie*

26 *Vogelaugenahorn*

27 *Birnbaum*

28 *Mahagoni*

29 *Teak*

30 *Palisander*

31 *Rosenholz*

32 *Amaranth*

33 *Padouk*

34 *Wenge*

35 *Limba*

36 *Ebenholz*

37 *Pockholz*

38 *Macassar*

39 *Zebrano*

40 *Sofa mit Mahagonigestell, aus Wien um 1910*
Museum für Kunst und Gewerbe, Hamburg
Unter dem Einfluß des Engländers Charles R. Mackintosh setzten sich in Wien um 1900 sachliche Möbelformen durch. Geschweifte und kantige Linien werden gegeneinander gesetzt.

41 *Unten: Drei Möbel aus der Zeit nach 1920*
Die Möbel des Art-Deco verwenden gern die Plattenbauweise. Die meist kubischen Formen werden oft mit kostbaren Furnieren aus Wurzelhölzern beleimt.

Nadelhölzer

Fichte:

Der Nutzwert dieses Holzes wird vielfach als gering angesehen. Aufgrund seiner weißen Farbe mit den schwachen Jahresringen und seiner Weichheit, die nur mit schärfstem Werkzeug zu glätten ist, traut man diesem Werkstoff nicht viel zu. Wer aber einmal Resonanzhölzer, wie sie für Klaviere und Streichinstrumente verwendet werden, in der Hand hatte, wird diesem Holz seinen Respekt nicht versagen können. Die Musikinstrumentenbauer verwenden aus der Vielzahl der Fichten diejenigen, die in karger Umgebung zum Beispiel im Hochgebirge gewachsen sind. Die Jahresringe liegen dann dicht beieinander, das führt zu den hervorragenden Eigenschaften für diese Verwendung. Ein erfahrener Fensterbauer nannte Fichtenholz an erster Stelle für die Herstellung dieser Bauelemente. Aber auch Türen und Möbel, besonders in den Alpenländern, wurden gern in Fichte ausgeführt. Jahrhundertealte Einrichtungen zeugen von dem Wert der Fichte.

Es ist besser, Fichte nicht zu beizen. Am besten ist es, sich Zeit zu lassen und den natürlichen Bräunungsprozeß abzuwarten, dann entsteht eine Schönheit, die durch kein chemisches Mittel zu erreichen ist. Leinölfirnis oder Einlaßgrund als Grundierung und anschließender Auftrag von Wachs unterstützen diesen Prozeß. Fenster und Bauteile im Außenbereich müssen in jedem Fall in mehreren Schichten mit Firnis gestrichen werden. Ein großer Teil der Fichtenmöbel wurde in alter Zeit farbig bemalt. Wer kennt nicht die herrlich bunten Bauernmöbel, die von einer sinnenfreudigen ländlichen Kultur zeugen. Die Fichte hat Harzgallen, wo eine Galle angeschnitten wird, läuft das Harz aus. Man kann dieses Harz mit Terpentin auswaschen. Manche Fachleute raten auch zum Ausbrennen oder Ausbohren, um dafür Holzkitt oder entsprechende Holzstücke einzusetzen.

Tanne:

Wegen ihrer Weichheit wird die Tanne wenig in den Tischlereien verwendet. Sie ist milchigweiß bis braun in der Farbe und nahezu harzfrei. Für die Mittellagen der Tischlerplatten, für Kisten und manchmal als Blindholz findet sie Verwendung, da sie wenig schwindet.

Kiefer:
Dieses Nadelholz ist besonders in der Bautischlerei viel verwendet worden und wurde erst in neuerer Zeit durch Exotenhölzer verdrängt. Für Türen, Fenster, aber auch für Möbel und als Blindholz für Furnierarbeiten ist es gut geeignet. Kiefern sind bedürfnislos, das heißt, sie wachsen auf nahezu allen Böden in ganz Europa. Beliebt wegen der besonderen Qualität sind Kiefern aus den nordischen Ländern, aus Rußland oder Polen. Die harten und langen Winter geben dem Holz intensive und enge Jahresringe. Dadurch ist dieses Holz auch schwerer, harzig und von großer Festigkeit. Kiefern neigen gern zum »Bläuen«. Wie bei den meisten Baumsorten gibt es eine ganze Familie der Kiefern. Da sind die Berg- oder Latschenkiefern sowie die Arve, auch Zirbelkiefer genannt, die wegen ihrer besonderen Schönheit beliebt sind. In den Alpenländern findet man ganze Raumausstattungen aus diesem Holz. Lediglich mit Firnis oder Wachs versehen, erreicht es in kurzer Zeit eine herrliche Farbigkeit durch das natürliche Bräunen der Oberfläche.

Lärche:
Zur Verwandtschaft der Kiefer zählt auch die Lärche. Das Holz ist schwerer und fester als andere Mitglieder der Familie. Somit ist es ein ideales Bauholz für Fenster, Türen, Fußböden. Die Lärche ist in Amerika, Kanada, aber auch in Rußland verbreitet, bei uns ist sie erst in neuerer Zeit eingebürgert. Durch den hohen Harzgehalt bekommt das Holz im Fladerschnitt eine ausdrucksvolle Maserung, die man mit Geschmack verwenden muß. Es wird Aufgabe der Schreiner in der Zukunft sein, für diese Hölzer in Massivbauweise neue Möbelformen zu entwickeln.

Oregon Pine:
Auch Douglasie genannt, ist ein beliebtes Nadelholz, da es in großen Dimensionen und nahezu ohne Fehler in den Handel kommt. Leider ist es recht splitterig, und manche Tischler bearbeiten es nur mit Handschuhen. Für Fußböden, aber auch für andere Bauarbeiten wird es verwendet, wenn Haltbarkeit und Schönheit gewünscht werden.

Zeder:
Gern wird dieses Holz von Klavier- und Cembalobauern verwendet. Mit seiner feinen Maserung ist es ein gutes Klangholz. Da es resistent gegen Pilze ist, kann es auch für Bauarbeiten verwendet werden, besonders aber im Möbelbau. Ursprungsregion der Zeder ist der südliche Mittelmeerraum – Libanon, Marokko –, aber auch Indien.

Eibenholz:
Dieser selten gewordene Baum steht bei uns unter Naturschutz. So kommen diese Stämme, die meist zu Furnier verarbeitet werden, aus England und Irland, aber auch aus Kanada. Die Eibe aus den kälteren Regionen ist oft sehr rissig (Frostrisse). Überhaupt hat der Tischler bei der Verarbeitung viel Abfall hinzunehmen, durch Äste, durch Verwachsungen selbst beim Furnier. Es ist die außerordentliche Schönheit, die dieses Holz so beliebt macht. Der goldbraune Farbton wird mit der Zeit dunkler, der Splint aber kaum. Massivholz in brauchbaren Maßen ist schwer zu beschaffen, so verwenden die Tischler zum Beispiel für Umleimer oft Ersatzhölzer wie Kirschbaum oder Brasilkiefer. Eibenholz ist mittelhart, aber gut zu bearbeiten und zu polieren.

Brasilkiefer oder Parana Pine:
Ein sehr beliebtes Holz im Innenausbau. In großen Dimensionen gelangt es zu uns, nahezu astrein und ohne Rißbildung. Diese Vorteile werden durch eine gewisse Ausdruckslosigkeit erkauft. Es ist mäßig hart, gut zu bearbeiten und findet im gesamten Innenausbau Verwendung. Zunächst ist es milchig hellbraun, wird aber durch Lichteinwirkung in ein tiefes Braun verwandelt.

Laubhölzer

Die Zahl der Laubholzsorten ist unübersehbar, wenn wir die außereuropäischen Arten dazuzählen. Allein das Spektrum der Farben reicht vom tiefen Schwarz des Ebenholzes bis zum leuchtenden Violett des Amaranth, vom Gelb des Zitronenbaumes bis zu den Grüntönen des Pockholzes. Pockholz ist zugleich das Holz mit dem größten Gewicht. Es ist hart und zäh, im Gegensatz etwa zu Abachi oder der hiesigen Pappel. Der wesentliche Unterschied zwischen Laub- und Nadelhölzern besteht aber darin, daß die Jahresringe nicht durch eine besondere Härte hervortreten. Das Holz der Laubhölzer hat in der Regel eine durchgehend gleiche Härte und ist für feine Tischlerarbeiten daher besser geeignet, zumindest die festeren und härteren Sorten. Das Vergnügen, Nußbaumholz zu verarbeiten, seine Zähigkeit und Festigkeit mit dem Hobel oder dem Stemmeisen zu erleben, gehört zu den beglückenden Seiten des Schreinerhandwerks.

Heimische Laubhölzer

Eiche:
Sie gehört zu den wichtigsten und beliebtesten Hölzern. Besonders an den sogenannten Spiegeln ist sie gut zu erkennen. Es sind die angeschnittenen Markstrahlen, die uns als glänzende Flecken in größerer Anzahl auffallen. Manchmal ist dieses Holz unvorstellbar hart, so daß es mit Handwerkszeug kaum zu bearbeiten ist. Diese Bäume sind auf schweren, feuchten Böden gewachsen, ihre Farbe ist kühl graugrünlich. Eichen, die auf mageren Böden wachsen, sind meist bräunlich, haben eine Spur von Orange im Farbton und sind erheblich weicher. Der Fachmann spricht dann von »mildem Holz«, und die Bildhauer meinen, »es schnitzt sich wie Butter«. Während die harten Eichen breite Jahresringe und grobe Poren zeigen, sind die milden feinjährig. Deutlich ist der Splint am Rand zu erkennen, er hat einen milchigen Farbton und soll nicht verarbeitet werden, da er gern vom Wurm befallen wird. Die Eiche ist stark gerbsäurehaltig. Sie bekommt blaugraue Flecken, wenn sie mit feuchtem Eisen in Berührung kommt, sie wird nahezu schwarz, wenn sie über lange Zeit im Wasser liegt. Solche Bäume werden als Mooreichen gehandelt, sie sind wegen dieser Farbe beliebt, aber selten. Wegen der Gerbsäure lassen sich Eichen auch gut mit einfachen Mitteln färben und beizen. Früher wurden Möbel in einen Raum mit einer Schale Salmiak gestellt, dadurch gewinnt das Holz einen schönen gelbbräunlichen Farbton. Aber auch mit Pottasche oder mit Kali läßt sich diese Farbänderung erreichen. Ältere Eichenmöbel, die wir auch wegen der schönen Tönung schätzen, sind meist auf diese Weise behandelt worden. Eichenholz wird seit frühester Zeit für den Möbelbau verwendet, aber auch im Bereich der Bautischlerei war es beliebt. Im Außenbereich muß es immer gut mit Firnis geschützt werden, um ein »Schwarzwerden« zu verhindern. Wir kennen in unseren Landen die Stil- und Traubeneiche, neuerdings wird auch gelegentlich die amerikanische Roteiche angebaut. Die Eigenschaften der verschiedenen Sorten sind aber ähnlich. Der Wuchsort bestimmt die Unterschiede stärker.

Nußbaum:
Wenn in den nördlichen Ländern die Eiche den Vorrang hat, so nimmt in den südlichen Regionen der Nußbaum an Beliebtheit und Häufigkeit zu. Die Eiche wirkt herb, der Nußbaum zeigt dagegen Eleganz und hat etwas Aristokratisches. An alten Möbeln ist dieses Holz an dem goldbraunen Holzton zu erkennen. Wer die Schönheit, die Härte und Zähigkeit dieses Holzes bei der Arbeit erfahren hat, wird immer wieder gern Möbel daraus bauen.

Der hier angesprochene Walnußbaum wächst nicht in Wäldern, er ist mehr ein Einzelbaum. Das Holz von den heimischen Bäumen ist recht schlicht und von graubrauner Färbung. Französische Sorten haben mehr Struktur, sind ausdrucksvoller und dunkler. Stark gezeichnetes Holz kommt aus dem Balkan und aus dem Kaukasus. Nußbaumholz gilbt und bräunt mit der Zeit, es gewinnt an Schönheit. So ist vom Beizen abzuraten. Frühere Möbel, besonders wenn sie dunkel erscheinen, sind manchmal mit Salpetersäure behandelt. Das Einreiben mit ausgekochten Curcumawurzeln ist ebenfalls bekannt. Amerikanisches Nußbaumholz ist etwas rötlicher in der Farbe, es hat nicht ganz die Zähigkeit unserer Sorten. Es eignet sich aber wie unsere heimischen Sorten hervorragend für den Möbelbau. Nußbaum wird auch gern zu Furnier verarbeitet. Aus den Knollen und Verwachsungen werden die Maserfurniere gewonnen, die oft eine tiefbraunschwarze Färbung annehmen können.

Kirschbaum:
Ein elegantes Holz, das besonders in der ersten Hälfte des 19. Jahrhunderts gern für den Möbelbau verwendet wurde. Es ist mäßig hart, von guter Festigkeit und sehr gut zu verarbeiten. Wie die meisten einheimischen Hölzer wird es mit den Jahren dunkler und schöner. Der amerikanische Kirschbaum ist etwas rötlicher in der Farbe, besitzt aber die gleichen Eigenschaften.

Rotbuche:
Wer kennt nicht ihre goldbraunen Blätter im Herbstwald oder das frische satte Grün im Frühjahr. Die Stämme haben eine graue Farbe, die immer etwas an die Haut der Elefanten erinnert. Für den Tischler bietet dieser große Waldbaum Mengen gleichmäßig rötlichgrauen Holzes. Da es elastisch und zäh ist, wird es für Sitzmöbel, aber auch für Büro- und Schulmöbel verwendet. Schon im vorigen Jahrhundert wurde es als Bugholz verarbeitet. Durch Kochen bekommt dieses Holz eine elastische Konsistenz, die sich erhält, wenn es im heißen Zustand in eine Form gepreßt wird.

Weißbuche:
Ein zähes, dichtes und hartes Holz, in der Farbe ist es milchig weiß. Für den Möbelbau ist es weniger zu verwenden, gut geeignet aber ist es zum Beispiel für Gleitleisten in der Schubkastenführung. Werkzeuge wie Schmiegen, Streichmaß, Hobelsohlen werden aus der Weißbuche bevorzugt hergestellt.

Esche:
In den nördlichen Ländern, auch in Feuchtbereichen, ist dieser Baum verbreitet. Das sehr helle Holz dunkelt mit den Jahren zu Gelbbraun. Es ist sehr elastisch, fest, aber mäßig hart. Gelegentlich kommen auch harte Stämme in den Handel, die von fetten und feuchten Böden stammen. Wir kennen schöne Eschenmöbel aus dem frühen 19. Jahrhundert, denn diese Holzsorte »unterstützt« klassische Formen an Möbeln. Aber auch Maserholz wird gewonnen aus den Knollen und Verwachsungen. Besonderheiten sind die Olivenesche, die Blumenesche mit ihrer welligen Maserung, auch Riegelbildung kennt dieses Holz gelegentlich. Diese schönen Sorten sind selten und kommen fast nur als Furnier auf den Markt.

Ulme (Rüster):
Die Bäume kommen in verschiedenen Arten vor. Alle Sorten haben eine gewisse Ähnlichkeit mit Eichenholz, aber auch deutliche Unterscheidungen. Die Jahresringe sind weiter, es sind kaum Spiegel zu erkennen, die Farbe ist dunkler, bleibt aber wärmer im Ton als die Eiche. Ulme kann universell eingesetzt werden, als besonderes Möbelholz und für Geräte, aber auch für Bautischlerarbeiten. Verwachsungen und Wurzelbereiche liefern sehr schönes Maserholz, das zu Furnier geschnitten wird. In manchen Gegenden ist dieser Baum schon ausgestorben. Ein Virus versperrt durch Ablagerungen das Zellgewebe der Bäume, dadurch ist die Feuchtigkeitszufuhr behindert und führt in kurzer Zeit zum Vertrocknen des Baumes.

Ahorn:
Aus Nordamerika und den südlichen Gegenden unseres Kontinents kommen die meisten Ahornbäume. Der Berg- oder Felsenahorn hat das schönste und härteste Holz. Der Feldahorn ist in Europa, aber auch im Orient verbreitet. Alle Sorten haben ein sehr dichtes, nahezu weißes Holz. Kernholz und Splint sind nicht zu unterscheiden. Auch Ahornholz wird dunkler und schöner mit den Jahren. Ein altes Rezept empfiehlt das Einstreichen mit Salpeter und dessen gleichzeitiges Erhitzen, um einen goldorangefarbigen Holzton zu bekom-

men. Bei den Möbeln von David Roentgen (siehe Seite 11) ist diese Behandlung an manchen Ahornteilen zu vermuten. Leider sind diese alten Färbemethoden in der Anwendung nicht problemlos. In der Biedermeierzeit wurde Ahornholz gern verarbeitet, beliebt war die Kombination mit Schwarz. Da Ahorn auch ein hervorragendes Klangholz ist, wird es im Streichinstrumentenbau gern verwendet. An den Geigenböden kann man die sogenannte Riegelbildung erkennen, die bei diesem Holz manchmal vorkommt. Aber auch die Augenbildung, Vogelaugenahorn genannt, hat einen dekorativen Reiz, den sich die Möbelbauer gern zunutze machen.

Birke:
Holz unterliegt auch den Möbelmoden. Eine beliebte Zeit für das Birkenholz war das Biedermeier. Im besonderen waren es die skandinavischen Länder, wo Möbelformen, die dem Birkenholz gemäß sind, entstanden. Der lichte, goldige Farbton, der auf natürliche Weise bei diesem Holz entsteht, wird bei einer Lebenshaltung bevorzugt, die das Heitere, die Offenheit liebt. Es ist immer wieder durch Beizen versucht worden, den Farbton der Birke zu verändern, eine Methode, die diesem schönen Holz meist schlecht bekommen ist.

Birkenholz kommt vielfältig auf den Markt und müßte jeden Schreiner begeistern, entsprechende Möbelformen zu finden. Birke, die wie Perlmutter wirkt, wird Eisbirke genannt und meist als Furnier gehandelt. Sehr lebendiges, dekoratives Holz liefert das Schälfurnier besonderer Stämme, man nennt es dann Maserbirke. Hier sind die braunen Markstrahlen in großer Zahl für das Bild bestimmend. Birkenholz ist mäßig hart, hat feine Poren mit wenig sichtbaren Jahresringen. Birke ist ein gutes Möbelholz, als Bauholz ist es weniger geeignet.

Birnbaum:
Birnbaumholz hat wenig Aussagekraft. Es ist ein schlichtes Holz in einer vornehmen Zurückhaltung. Im gedämpften Zustand nimmt es einen rötlichen Schimmer an. Es ist feinporig, hart, aber gut zu verarbeiten. Gelegentlich kommt es mit geflammter Maserung in den Handel. Birnbaum wurde auch gern schwarz gebeizt, es diente dann als Ebenholzersatz. Aus der Schweiz, aber auch aus Amerika kommt es als Furnier zu uns. Für Kleinmöbel, als Drechslerholz, für Blockflöten ist es begehrt.

Pflaumenbaum:
Bräunlich, rötlichviolett, in einer prägnanten Maserung begegnet uns dieses Holz. Der Splint ist sehr hell, gelblichweiß abgesetzt. Für Furnierumrahmungen, sogenannte Federfriese, wurde dieses Holz gern verwendet, wobei der Splint als Effekt mitverarbeitet wurde. Da Pflaumenholz wenig auf den Markt kommt, werden meist nur Möbelteile oder Drechslerarbeiten aus dem Holz angefertigt.

Apfelbaum:
Das Holz ist etwas grober als Birnbaum, es ist rötlichbraun und sehr dicht und hart. Auch dieses Obstholz steht nur in kleinen Volumen zur Verfügung.

Linde:
Ein Holz, das sich in Tischlereien wenig findet. Mit seinem hellen, milchigen Farbton ist es wegen seiner Weichheit ein beliebter Holzbildhauerwerkstoff. Es ist gleichmäßig in der Struktur, die Schnitzer sagen, es ist speckig, so daß es auch beim Querschneiden nicht ausreißt. Die Schnitzwerke von Tilman Riemenschneider sind aus Lindenholz gearbeitet. Sie haben mit den Jahren einen schönen Braunton erhalten. Linde wäre als Blindholz, als Furnierunterlage gut geeignet. Leider wird es gern vom Holzwurm befallen.

Außereuropäische Laubhölzer

Exotische Hölzer sind, seit es durch die Beschiffung der Meere möglich ist, als Bereicherung der Auswahl heimischer Hölzer im Möbelbau verwendet worden. Viele dieser Hölzer wurden in den alten Zeiten als Kostbarkeit zu hohen Preisen gehandelt. Erst die verstärkte industrielle Fertigungsweise in Europa hat den großen Bedarf an jeglichen Exporthölzern notwendig gemacht. Die heimischen Wälder können diesen Bedarf nicht mehr decken. Heute protestieren viele Naturschützer gegen den übergroßen Verbrauch der Tropenhölzer. Die derzeitige Überproduktion von Möbeln und Inneneinrichtungen, deren Lebensdauer oft nur auf sieben Jahre ausgelegt ist, ist sicher eine Verschwendung, die zum Raubbau an der Natur beiträgt. Würden unsere Erzeugnisse aus einer handwerklichen Gesinnung heraus wieder für Generationen produziert werden, wäre die Verwendung der Importhölzer vertretbar.

Mahagoni:
Obwohl Mahagoni seit dem 17. Jahrhundert aus Südamerika eingeführt wird, hat es seine eigentliche Beliebtheit erst im 19. Jahrhundert erhalten. So gehörte es im Biedermeier zum Erscheinungsbild jener Möbel, die eher eine introvertierte Lebenshaltung ausdrücken. Das beste Holz kam aus Kuba. Jenes ist fest, schwer und dunkelrotbraun. Leider ist diese Sorte auf dem Markt nicht mehr erhältlich. Andere Sorten zum Beispiel aus Honduras, Brasilien oder Peru sind heller und weniger fest. Mahagonihölzer haben eine große Familie mit weitreichender Verwandtschaft. Aus Afrika kommen Sipo, Sapeli, Avodire, Bosse, Makore, Okume, die Eigenschaften von Mahagoni besitzen. Mahagoni ist immer noch eines der wichtigsten und wertvollsten Möbelhölzer. Die alten Tischler haben die Farbe der letzteren Sorten manchmal etwas verbessert, indem sie die Hölzer mit Kali nachgebeizt oder mit Curcumawurzelauszügen eingerieben haben. Man sagt, Mahagoni wird nicht vom Wurm befallen. Die Bautischler verwenden es wegen der geringen Anfälligkeit gegen Pilze oder Fäulnis. Mahagoni bereitet dem Schreiner trotz seiner vorzüglichen Eigenschaften einige Plagen. Es ist der Hin- und Herwuchs, eine Eigenheit vieler Exotenhölzer, der beim Hobeln leicht zum Ausriß führt. Ein scharfer Putzhobel mit ganz vorn sitzender Klappe und einer schrägen oder runden Hobelführung kann dort helfen. Wie bei vielen Tropenhölzern können die Inhaltsstoffe des Mahagoni zu Allergien in den Atmungsorganen, aber auch auf der Haut führen.

Teak:
Vor Jahren waren Teakholzmöbel aus Skandinavien sehr beliebt und verbreitet. Aber auch in der Bauschreinerei und im Schiffsbau ist es ein gefragtes Material. Ein hoher Anteil an Harzen und Ölen trägt zur Widerstandsfähigkeit gegen Witterungseinflüsse bei. Teakholz ist auch weitgehend säurebeständig, es schwindet beim Trocknen wenig und verzieht sich kaum. Teak ist schwerer als Eiche und wie diese ein grobporiges Holz, es dunkelt in der Sonne nach zu einem dunkelbraunen Farbton. In den Herkunftsländern wie Burma, Thailand, Indien oder Java ist dieser Baum durch den Export stark dezimiert worden.

Palisander:
Dies ist ein Aristokrat unter den exotischen Hölzern. Dunkelviolettbraun sind die Sorten aus Indien und Java. Bräunlich jene aus Südamerika wie Rio oder Jacaranda. Palisander ist schön und kost-

bar, es ist aber nicht leicht zu bearbeiten. Besonders die dunklen Sorten sind hart, schwer und sehr harzreich, sie reizen daher die Schleimhäute. Leider verändert sich das Palisanderholz oft in der Farbe, das heißt, es wird blasser und verliert seine Intensität. An Möbeln des 18. Jahrhunderts ist es manchmal mitverwendet. Heute sind hauptsächlich Furniere im Handel.

Rosenholz:
Heiter und strahlend in seiner Schönheit ist Rosenholz. Im Handel sind nur kleine, schmale Abmessungen meist als Furnier. Ein Teil wird aus Brasilien eingeführt, anderes kommt aus Burma. Rosenholz ist porig, hart, dicht und harzig. Der zunächst oft rosige, zum Purpur neigende Farbton vergilbt leider mit der Zeit etwas zu einem Braun. Wegen des Farbtons und der aromatischen Düfte hat es seinen Namen, mit unseren Rosen hat es keine Verwandtschaft. Wie Palisander ist es an Möbeln des 18. Jahrhunderts verwendet. Sonst wird es für kleinere und feine Arbeiten oder als Drechslerholz gebraucht.

Amaranth:
Wer dieses Holz zum ersten Mal sieht, glaubt kaum, die Natur könne solch intensive rotviolette Farben im Holz hervorbringen. In Südamerika, besonders in Brasilien, wachsen verschiedene Sorten dieses sehr harten und schweren Holzes. Da der Farbton nicht dauerhaft ist und mit der Zeit in ein Rotbraun übergeht, wird es weniger im Möbelbau verwendet.

Padouk:
Beim Bearbeiten hat dieses Holz eine leuchtend rote Farbe. Es dunkelt mit der Zeit stark nach und wird dunkelbraun. An manchen asiatischen Möbeln aus alter Zeit ist dieser schöne zurückhaltende Farbton zu erkennen. Aus Westafrika, auch aus Burma und Ostindien kommt das Holz zu uns. Padouk ist mittelhart, angenehm zu verarbeiten, etwas splitterig, öl- und harzreich.

Wenge:
Braun bis schwarzbraun ist dieses grobporige Holz, es ist sehr splitterig, harzig und schwer. Obwohl es schwer zu bearbeiten ist und das Werkzeug stumpf macht, ist es wegen seiner Schönheit als Möbelholz und für den Innenausbau begehrt.

Limba:
Strohfarben blaß ist dieses Holz, das uns als Sperrholz oft begegnet. Die großen Bäume kommen aus Westafrika. Es hat etwas Ähnlichkeit mit der Eiche, ist aber weniger schwer und fest, weniger hart. Es wird als Blindholz für Büromöbel, im Innenausbau, auch zur Imitation für wertvollere Hölzer wie Eiche und Nußbaum verwendet.

Ebenholz:
Zu den kostbaren Holzfamilien zählen diese Stämme aus Afrika, Südamerika und Asien. Dieses meist schwarz bis dunkelbraune Holz wurde seit dem 17. Jahrhundert an Möbeln verarbeitet. In dünne Scheiben gesägt, wurde es auf Eichenholz geleimt. Aber auch Knöpfe, Profile, Griffe, Drechslerarbeiten entstanden daraus. Ebenholz ist schwer und fest, spröde, das heißt leicht spaltbar, es ist aber besser zu bearbeiten als man vermutet. Zu den Ebenhölzern zählt auch das schöne Macassar, es ist braunschwarz gestreift und kommt wie der »schwarze Bruder« aus Afrika und vom indischen Kontinent.

Pockholz:
Dieses grünbraune Holz ist weniger für den Möbelbau geeignet. Es ist außerordentlich schwer, harzig, ölig und schlecht zu bearbeiten. Wegen seiner kleinen Abmessungen ist es mehr für technische Erzeugnisse wie Lager oder Kugeln oder als Drechslerholz geeignet. Manchmal taucht es in Marketterien (Einlegearbeiten) alter Möbel auf.

Zebrano:
Dieses strohfarbene Holz mit intensiven Braunstreifen ist sehr dekorativ. Aus Afrika importiert, wird es meist zu Furnier geschnitten. Das Massivholz verwirft sich leicht, es ist mittelhart und grobporig.

Sägen der Hölzer

Das Radialbrett zeigt aufrechte Jahresringe. Der Kern muß entfernt werden.

Holz kommt in der Regel als Schnittware in den Handel. Mit Gattersägen oder auch großen Blockbandsägen wird der Stamm in Bretter oder dicke Bohlen geschnitten. In einer Gattersäge sind viele Sägeblätter in Abständen nebeneinander gespannt. So wird der Baum in einem Arbeitsgang aufgetrennt. Der Fachmann nennt diese Methode Tangential- oder Fladerschnitt. Jedes Brett zeigt sein Maserbild, das mittlere Brett, auch Kernbrett genannt, zeigt besonders deutlich die angeschnittenen Markstrahlen, die wir als sogenannte Spiegel erkennen.

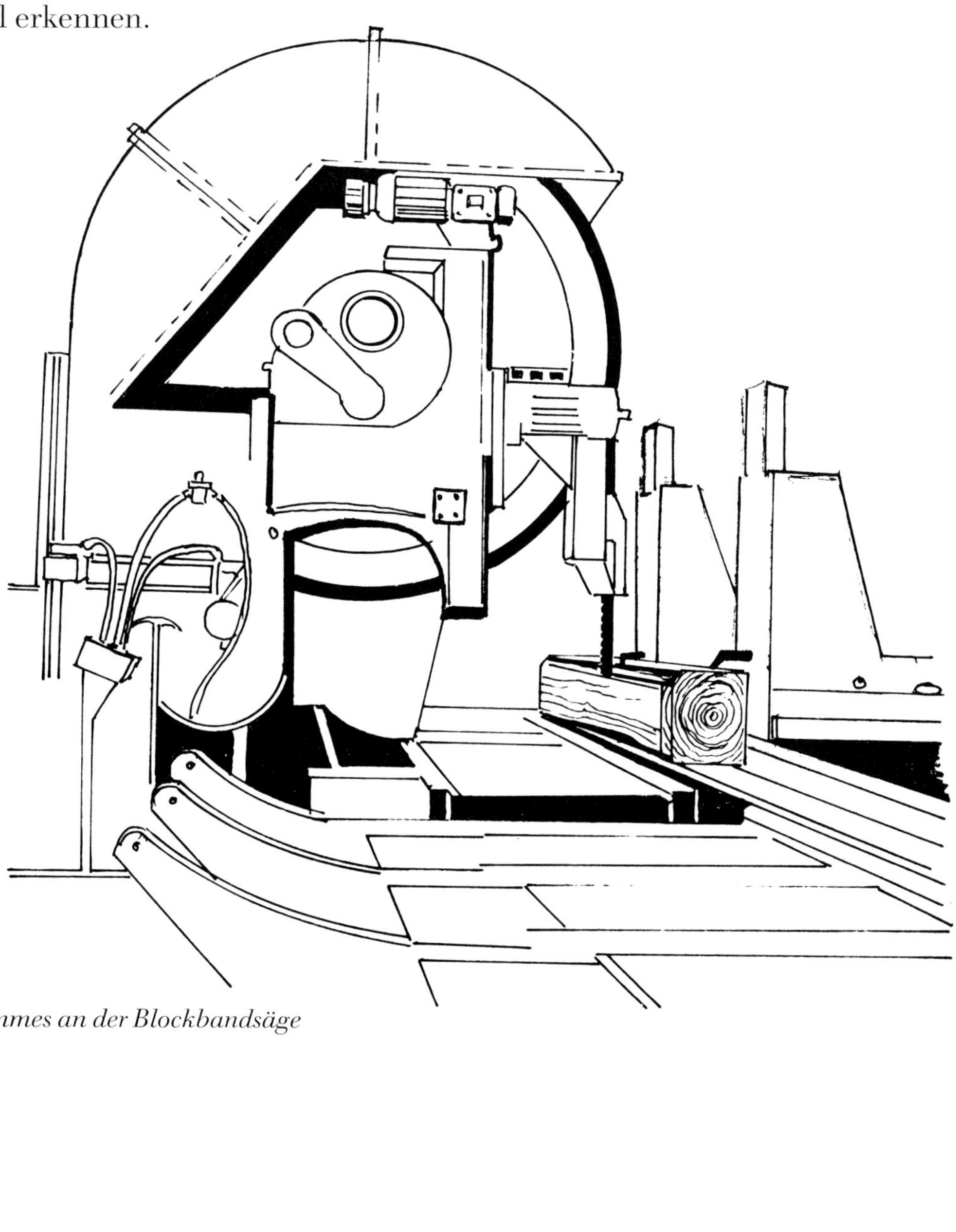

42 *Sägen eines Stammes an der Blockbandsäge*

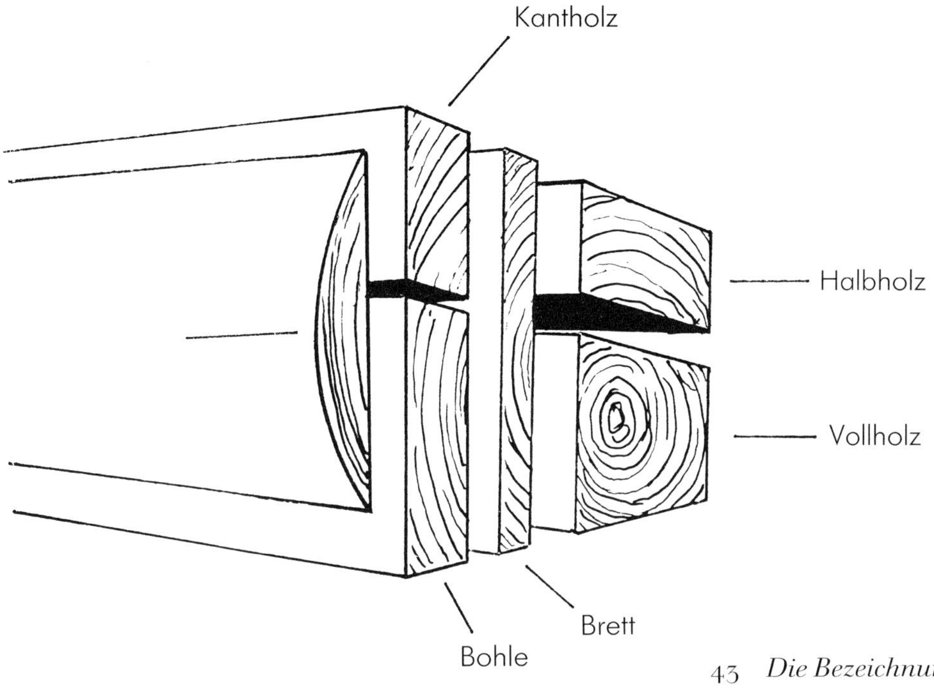

43 *Die Bezeichnungen der aus dem Schnitt entstehenden Holzteile*

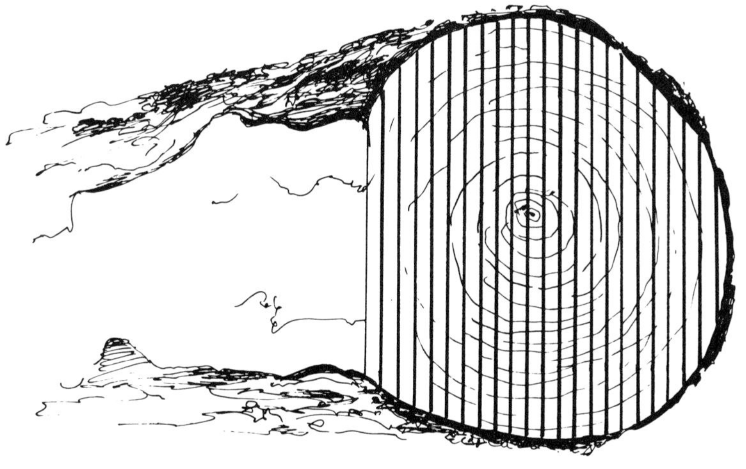

44 *Tangential- oder Fladerschnitt*

45 *Viertel- oder Radialschnitt*

Wenn alle Bretter in Richtung zum Kern geschnitten werden sollen, so muß der Viertel- oder Radialschnitt angewendet werden. Da hierbei aber viel Abfall entsteht und der Arbeitsaufwand beträchtlich ist, kommt dieser Schnitt in der Praxis seltener vor. Das radial geschnittene Holz zeigt die Jahresringe als gleichmäßige Streifen. So geschnittenes Holz steht besser, das bedeutet, es verwirft sich beim Trocknen weniger. Die Schreiner haben früher die Kernbretter, die durch den Radialschnitt entstehen, gern für Rahmenhölzer reserviert.

Schnitthölzer sind in der Regel unbesäumt, oft ist, besonders bei inländischen Hölzern, die Rinde noch an den Brettern. Bretter und Bohlen mit gleicher Besäumung werden ebenfalls vom Holzhandel angeboten. Meist sind es importierte Hölzer, die auf diese Weise weniger Platz beim Transport benötigen. In zwei Arbeitsdurchgängen wird gearbeitet: Zunächst werden die Seiten- oder Fladerbretter abgeschnitten, danach ist das Umkanten des Blocks notwendig, um Bretter in gleicher Breite zu sägen.

Trocknen der Hölzer

Edelhölzer werden in Kammern nachgetrocknet. Die Feuchtigkeit ist dann auf etwa 9% reduziert.

Frischgeschnittenes Holz enthält viel Wasser. Damit es für Bau- oder Möbelschreinerarbeiten geeignet ist, muß ein großer Teil dieser Feuchtigkeit herausgetrocknet werden. Eine alte und nicht überholte Methode ist es, die Bretter mit Zwischenräumen im Freien zu stapeln. Diese Zwischenräume werden durch sogenannte Stapelhölzer geschaffen. Das sind Leisten von etwa 2 × 2 cm Querschnitt. Sie müssen im Abstand von rund 50–60 cm quer zum Holz gelegt werden, in der nächsten Schicht immer genau darüber, damit die Bretter während des Trocknungsvorgangs nicht krumm werden. Auf das Hirnende wird Farbe gestrichen, damit das Holz an den Enden nicht zu stark austrocknet und tiefe Risse bildet. Gelegentlich werden auch Wellblechstreifen an die Hirnenden geschlagen, um ebenfalls die Rißbildung zu vermeiden. Früh sollte die Rinde entfernt werden, da sich in diesem Bereich gern Schädlinge einnisten. Eine alte Regel sagt, bei Hartholz braucht jeder Zentimeter Dicke ein Jahr Trockenzeit. So sollte ein 3 cm starkes Brett drei Jahre im Stapel liegen. Gut ist es, die Holzstapel zu überdachen. Trockenschuppen mit Dach und halb geschlossenen Seitenwänden sind natürlich die beste Lösung. Noch einmal so lange sollte das Holz anschließend in einem geschlossenen Raum lagern, auch hier unbedingt mit Stapelhölzern! Früher wurden anschließend die benötigten Hölzer kurz vor

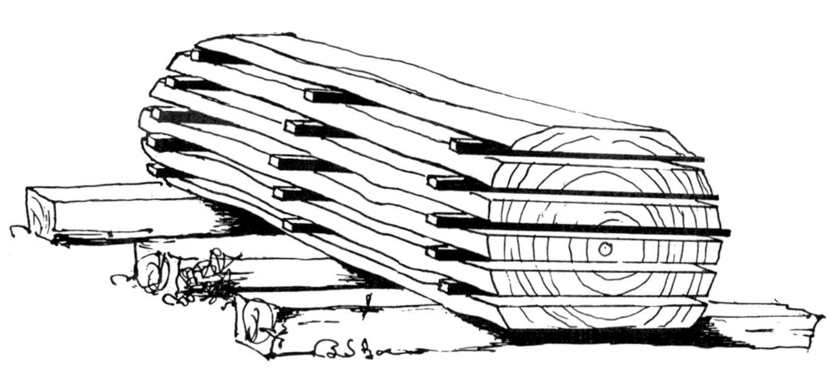

46 *Aufgetrennter Stamm mit Stapelhölzern*

47 *Lagern von Holz im Freien*

der Verarbeitung grob zugeschnitten und noch einige Wochen in einem Regal über dem Leimofen der Schreinerei nachgetrocknet. Heute verfügen viele Werkstätten über besondere Trockenkammern, wo dieser Vorgang durch Heißluft beschleunigt wird.

Holz für den Baubereich sollte noch 12–16% Feuchtigkeit enthalten, für Möbel, die ja heute meist in zentralbeheizten Wohnungen stehen, 8–10%. Nun nehmen die Holzzellen ständig Feuchtigkeit auf und geben sie in einer trockeneren Umgebung auch wieder ab. Sie verändern somit ständig ihr Volumen. In längeren Zeiträumen getrocknete – das heißt geschrumpfte – Hölzer können aber kaum wieder auf einen früheren Umfang quellen, ein Problem, mit dem

Restauratoren alter Möbel befaßt sind, wenn die Hölzer verzogen und gerissen sind.

Um den tatsächlichen Trockengrad zu ermitteln, benutzt der Schreiner elektrische Feuchtigkeitsmesser, die weitgehend sicher in der Meßgenauigkeit sind.

In neuerer Zeit wird zunehmend in Kammern getrocknetes Holz vom Handel angeboten. Es ist wegen der modernen Produktionsweise, die einen schnellen und ständig wechselnden Holzverbrauch fordert, notwendig geworden. Vielseitige und unterschiedlichste Aufgaben, die ein Schreiner zu erfüllen hat, machen es ihm unmöglich, alle anfallenden und verlangten Holzsorten auf Vorrat zu lagern. Manche Hölzer, zum Beispiel Paneelbretter, werden nach der Kammertrocknung mit Folien verschweißt, um eine Feuchtigkeitszufuhr während der Lagerung zu verhindern.

Holzschäden und Schädlinge

Holz ist ein lebendiges Material und unterliegt den Einflüssen des Zerfalls, es kann von Krankheiten und Schädlingen befallen werden. Am häufigsten begegnet dem Schreiner gerissenes Holz. Windrisse sind schon vor dem Fällen der Bäume entstanden. Trockenrisse treten durch unsachgemäße oder zu eilige Trocknung auf. Einseitige Trocknung kann zu großen Spannungen in der Holzstruktur führen.

Weitere Schäden treten durch stauende Feuchtigkeit auf: Blau- und Trockenfäule, die die Zellen zersetzen. Diese Fäuleschwämme wachsen am Rand, zum Beispiel unter der Rinde, und breiten sich von dort aus. Weitgehend sind es Schwämme, die manchmal als grünliche, pilzartige Kolonien zu erkennen sind. In anderen Fällen wird das Holz zersetzt und marmoriert. Pilzbekämpfungsmittel gibt es in großer Vielzahl auf dem Markt (wichtig der Faktor »umweltfreundlich«). Ebenso wichtig sind Trockenheit und die Zufuhr frischer Luft.

Andere Holzschädlinge sind Käfer, Holzwespen und deren Larven und Maden. Manche Käfer, wie der Pochkäfer, durchziehen besonders die Laubhölzer mit feinen Gängen. Der Hausbock ist gefährlicher, denn seine Gänge haben einen Durchmesser von bis zu acht Millimeter. Andere Käfer bleiben im Splint. Die Bekämpfung dieser gefräßigen Tiere bereitet immer noch Probleme. Insektizide wurden nach dem 2. Weltkrieg zunehmend eingesetzt. Nachdem die Gefähr-

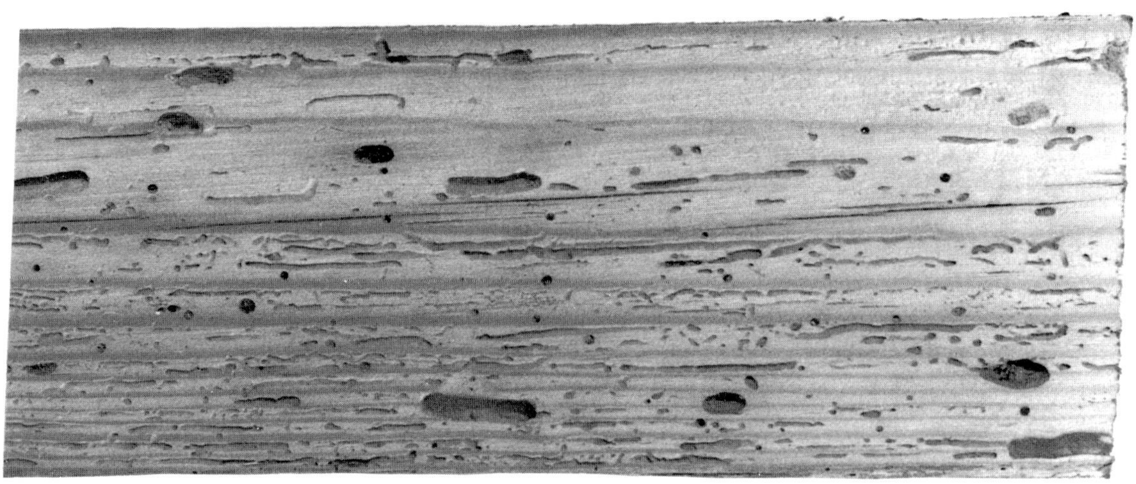

48 *Befallenes Holz: Deutlich zu sehen die feinen Gänge des Hausbocks und die Schäden durch den Pochkäfer*

dung durch deren Ausdünstungen auch für den Menschen erkannt wurde, werden solche Mittel vorsichtiger und seltener gebraucht. Heißluft in Sterilisationskammern, auch Röntgenbestrahlung kommt noch zum Einsatz. Die traditionellen Mittel, wie die frühe Entfernung der Rinde, die Verwendung von trockenem und gesundem Holz, wird man wieder stärker beachten müssen.

Herstellen von Furnieren

Furniere werden in Stärken von 0,6–6 mm geschnitten.

Schon seit dem Mittelalter werden Furniere verarbeitet. Zur Herstellung von Intarsien, die seit etwa 1500 bekannt sind, oder um mit kostbaren Hölzern sparsamer umzugehen, hat man Holz in dünne Schichten gesägt und auf ein sogenanntes Blindholz geleimt. Die alte Methode (bis zur Einführung der Dampfmaschinen in der ersten Hälfte des 19. Jahrhunderts), bei der 2–3 Millimeter starke Scheiben gesägt wurden, war Handarbeit, wobei zwei Handwerker mit einer Spannsäge, die in einer Führung lief, tätig waren. Das Kochen und Dämpfen ganzer Stämme in riesigen Trögen und die Konstruktion großer und stabiler Schneide- und Messermaschinen brachte die Möglichkeit, Furniere in größeren Flächen und präzise in verschiedenen Stärken herzustellen. Bei diesem »Messern« werden die Furnierscheiben Blatt um Blatt mit dem Messerbalken abgetrennt. Die Technik des Schälens ermöglicht das Abschneiden langer Fur-

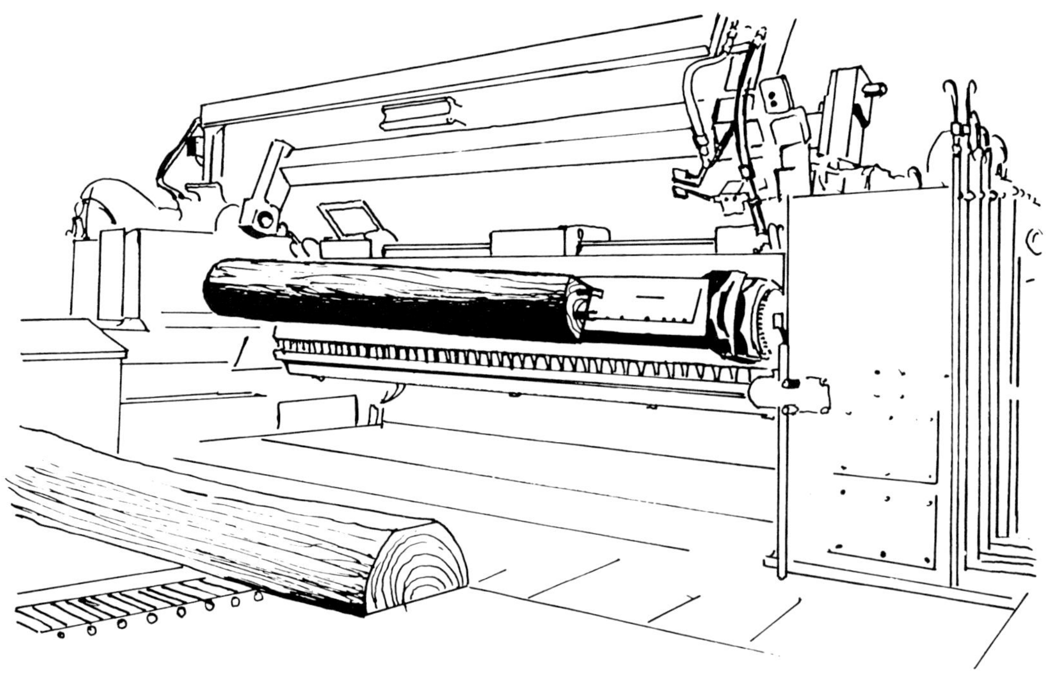

49 *Furnierschälmaschine*

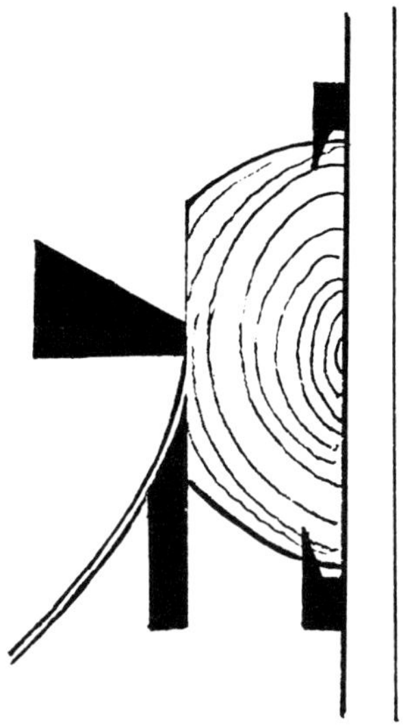

50 *Herstellung von Messerfurnier in schematischer Darstellung*

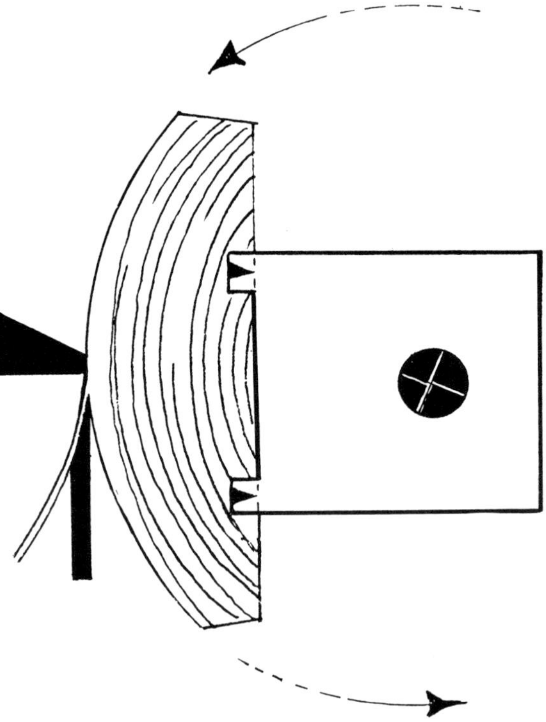

51 *Herstellung von Schälfurnier; durch die Rotation des Baumstammes entstehen lange Furnierbänder.*

nierbänder. An die rotierenden Baumstämme wird ein Schälmesser geführt, um so das Furnierblatt in Stärken von 0,6 bis 6 Millimeter abzuschälen.

Die verschiedenen Methoden zum Herstellen der Furniere wurden entwickelt, um aus dem Holz unterschiedliche Maserbilder zu erhalten. Mancher Holzeffekt kann nur durch die Schälmethode erlangt werden. Manchmal werden die Bäume auch ein wenig diagonal eingespannt, dann entstehen sogenannte Pyramideneffekte. Beliebt und kostbar sind Maserfurniere, die aus verwachsenen Bäumen, aber auch aus den Wurzelteilen gewonnen werden.

Seit einigen Jahren kommen besonders aus Italien durchgefärbte Furniere in den Handel. In den unterschiedlichsten Farben und Strukturen werden sie angeboten und bereichern die Palette des Angebots. Nicht alle Farben sind lichtecht, es ist daher vorteilhaft, sie zum Schluß mit einer porenfüllenden Lackschicht zu schützen.

Platten

Sperrholz

Nicht nur das Deckfurnier bestimmt die Qualität einer Oberfläche; auch das Blindholz, das heißt, die Wahl der Platten ist wichtig.

Schälfurniere sind die Grundlage für die Herstellung von Sperrholz in großen Platten. Dabei werden die Furniere kreuz und quer mit Harzen verleimt. Sperrholz wird in Stärken von 1,5 Millimeter (als Flugmodellsperrholz) bis zu 30–40 Millimeter hergestellt. 3 bis 15 und mehr Lagen werden je nach Bedarf übereinander verleimt. Die vielschichtigen Platten sind von außerordentlicher Stabilität und besonderem Stehvermögen. Sie unterliegen kaum einer Volumenveränderung in der Fläche. Sperrholz wird oft aus den leichteren Mahagonisorten (Macore) oder Limbaholz, aber auch aus Nadelhöl-

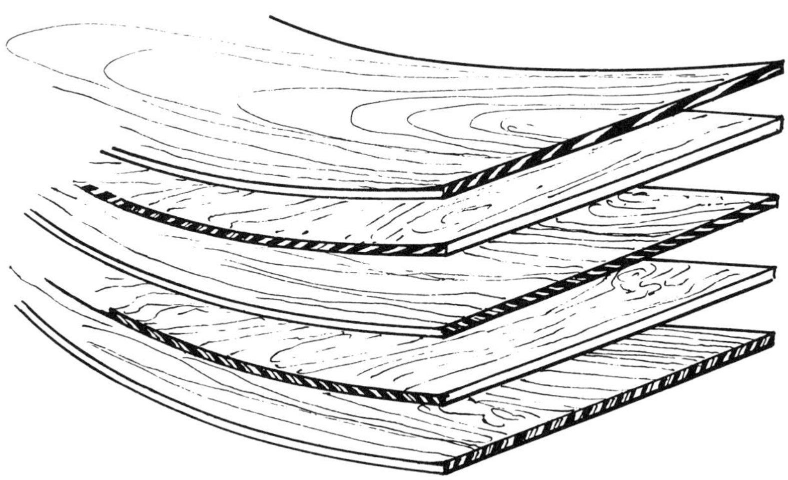

52 *Isometrische Ansicht eines fünflagigen Sperrholzes; Sperrholzschichten werden kreuz und quer geleimt!*

zern hergestellt. Manche Platten werden schon von der Industrie mit Edelhölzern beleimt geliefert.

Entscheidend für die Qualität einer Schichtplatte sind Art des Deckfurniers und Klebewirkung des Leims. Sogenannte Multiplex-Platten genügen höchsten Ansprüchen.

Tischlerplatten

Wenn in die Mitte der Platten Holzstäbe geleimt sind, so spricht man von Stabsperrholz oder Tischlerplatten. Eine besondere Qualität entsteht, wenn die Stäbchen in der Mitte sehr schmal sind (etwa 6 Millimeter). Bei diesen Stäbchenplatten wird sich die Struktur der Leisten durch den Trockenprozeß weniger in dem Deckfurnier abzeichnen. Wenn solch eine Reliefbildung entsteht, ist es notwendig, diese Tischlerplatte vor dem Deckfurnieren glatt zu hobeln oder mit einer Walzenschleifmaschine plan zu schleifen. Tischlerplatten sind das bewährteste Blindholz für furnierte Möbel.

53 *Tischler- oder Stabsperrholzplatte mit den typischen Holzstäben*

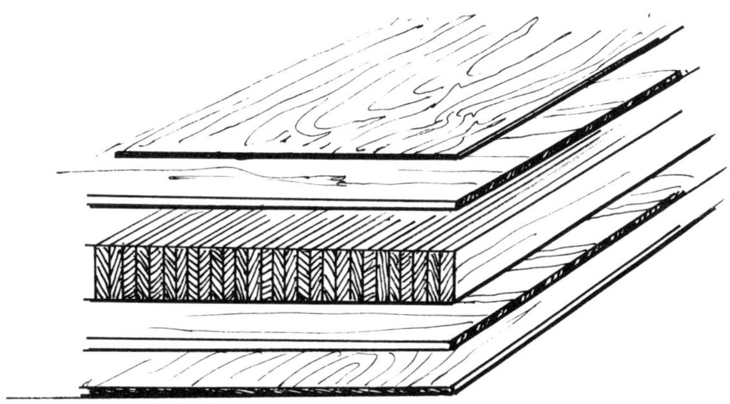

54 *Stäbchenplatte, bestehend aus sehr schmalen Holzstäben und Deckfurnier*

Spanplatten

Bei Mehrschichtplatten ist die Außenschicht stärker verdichtet; die Späne sind dort feiner und stärker mit Harzleimen durchtränkt.

Kleine Holzspäne werden unter Druck mit Leimharzen zu großen Platten geformt. Bei der Herstellung dieser Spanplatten können Holzabfälle von Nadel- und Laubhölzern mitverwendet werden, nachdem sie von Spezialmaschinen feingeschnitzt wurden. Die glatten und absolut ebenen Oberflächen mit großen Dimensionen, die auch spannungsfrei bleiben, sind sehr verbreitet. Besonders bei der industriellen Produktion und Herstellung preiswerter Möbel werden sie als Blindholz oder als Basis für lackierte Möbel eingesetzt. In der Regel werden sie als Möbelteile mit Massivholzleisten umleimt und dann beidseitig furniert. Diese Platten sind allerdings nur bedingt wetterbeständig, das heißt, sie nehmen Feuchtigkeit auf und vergrößern ihr Volumen; das Flächenvolumen wird allerdings weniger verändert. Die geringe Bruchfestigkeit kann durch die Verbindung mit Massivholzteilen verbessert werden. Spanplatten kommen in unterschiedlichen Stärken auf den Markt. In verschiedenen Qualitäten werden sie auch beschichtet geliefert, sei es als furnierte Spanplatten oder auch mit einer Kunststoffbeschichtung in verschiedenen Farben oder Holzmaserimitationen. Harnstoffharze und Phenolharze dienen als Bindemittel. Da bei der Produktion durch die verwendeten Harze gesundheitsgefährdendes Formaldehyd freigesetzt wurde, gingen die Hersteller dazu über, durch Verbesserungen in der Produktion die schädlichen Ausdünstungen zu beseitigen.

Faserplatten

In neuerer Zeit beginnt sich ein Plattentyp, als MDF Platte bezeichnet, durchzusetzen. Dies sind Faserplatten mit Feinstruktur und großem Harzanteil. Sie sind erheblich fester und erlauben sogar Fräsarbeiten an den Kanten, ohne Umleimer. Selbst Beizen und Lasuren haften auf der Oberfläche, es entsteht notgedrungen der Eindruck von Kunststoffmöbeln, wenn auf die Furnierbeschichtung verzichtet wird. Auch hier sind unterschiedliche Qualitätstypen im Handel. Halbharte Platten werden mit der Abkürzung HFM bezeichnet. Dünnere, elastische Holzfaserplatten, die meist in Stärken von 3–6 Millimetern angeboten werden, eignen sich beispielsweise für Rückwände und für Wandverkleidungen.

WERKZEUGE

Hobel

Der Hobel ist Inbegriff und Markenzeichen für die Tischler geworden. Schon im Altertum war dieses Werkzeug bekannt. Wir wissen nicht, ob er bei uns im frühen Mittelalter neu erfunden werden mußte, zumindest wird er seit dem frühen 14. Jahrhundert verwendet, jener Zeit, als sich die Tischler von den Zimmerleuten trennten. Zunächst war es ein einfacher Holzkasten, in dem ein Eisen mit scharfer Schneide eingeklemmt wurde. Die Sohle des Kastens dient als Führung, damit die Schneide gleichmäßig den Holzspan abnehmen kann.

In kurzer Zeit wurde eine ganze Palette verschiedener Hobelformen entwickelt. Der Großhobel, den wir als Rauhbank kennen, der Balkenhobel, der bis zu zwei Meter lang ist und von zwei Handwerkern bedient wird, dann die Profil-, Sims-, Grat-, Wellen-, Schiffs- und Grundhobel. Die Hobel bekamen daraufhin griffartige Zusätze, es wurden Hobel mit zwei Messern, Hobel mit sogenannter Klappe, entwickelt, die wir heute Putzhobel nennen. Jeder Kulturbereich hat seine Besonderheiten hervorgebracht. Bei den Japanern beispielsweise werden die Werkzeuge gezogen, wobei die Hobel seitlich zwei Griffhölzer haben.

Moderne Hobel bestehen aus einem Hobelkasten, einem Handgriff, der auch Horn genannt wird, dem Eisen und dem Keil, der das Eisen im Kasten festklemmt. Als Sohle wird meist Pockholz oder Weißbuche unter den Kasten geleimt. Bei einer Weißbuchensohle ist es ratsam, diese Gleitfläche hin und wieder mit Leinöl einzureiben. Die Hobelmesser müssen zunächst an einer Schleifmaschine geschliffen werden, um an ihnen eine hohlgewölbte Fase herzustellen. Heute werden Schleifmaschinen mit einer Spannvorrichtung angeboten, die das Schleifen einer gleichmäßigen Fase erleichtert. Ist diese nicht vorhanden, müssen wir den Zeigefinger benutzen, um den Schleifabstand zu justieren. Anschließend wird das Hobelmesser auf einem Abziehstein, der mit Wasser oder Petroleum genäßt wird, abgezogen. Grundsätzlich haben Hobeleisen und auch die Stemmeisen nur eine Fase. Die Oberseite der Eisen muß beim Abziehen flach auf den Abziehstein gelegt werden. Wenn wir wechselweise die Fase und Oberseite schleifen und zum Schluß noch einen feinkörnigen Abziehstein benutzen, erreichen wir eine absolute Schärfe der vorderen Schneide. Man gleitet mit der Fingerkuppe leicht über die Schneide, um das zu prüfen.

Von den verschiedenen Hobeln wird in heutiger Zeit der Putzhobel am meisten benutzt. Da die Hölzer meist schon durch Maschinen zugerichtet sind, entfällt die Grobarbeit, für die in früherer Zeit Schrubb- oder Schlichthobel nötig waren. Putzhobel haben ein zweites Eisen, die sogenannte Klappe, die auch gut spitz geschliffen wird, damit sich die Holzspäne nicht zwischen den beiden Eisen einklemmen können. Diese Klappe soll weniger als ein Millimeter hinter der Schneide des eigentlichen Hobeleisens liegen, sie hat die Aufgabe, den Holzspan zu brechen, das heißt das Ausreißen zu verhindern. Allerdings hat sie eine Bremswirkung, so schiebt sich ein Putzhobel etwas schwerer als der einfache Schlichthobel. In den letzten Jahren haben diese Feinhobel eine Verbesserung erfahren. Statt der Keile wird das Hobeleisen durch ein Schraubsystem eingespannt. So entfällt das Klopfen und Keilen. Wir sollten aber nicht meinen, nur raffiniertere Werkzeuge lassen perfekte Arbeiten entstehen. Zeigen doch die Werke in den Museen, wie die Alten mit einfachen Werkzeugen Meisterwerke dank höchster Handwerksbeherrschung bauen konnten.

Handhabung

Anfänger hobeln in der Regel rund, das heißt, sie drücken den Hobel mit der linken Hand zu fest auf das Holz. Der entscheidende Druck muß aber mit der rechten Hand erzeugt werden, die Linke dient mehr zum Ausgleich. Nur durch immerwährendes Üben, am besten zunächst an Weichholz und mit der Rauhbank, erlernt man, den Stoß aus der Schulter zu führen.

Die Schneide muß immer genau parallel aus der Kastensohle hervorschauen. Der Schlitz, der auch Maul heißt, ist bei manchen Hobeln zu verstellen. Bei feiner Arbeit sollte der Schlitz sehr schmal, das heißt dicht am Messer sein. Beim Putzen kann der Hobel etwas schräg geführt werden, sogar in kreisender Bewegung, um das Ausreißen der Holzfasern zu vermeiden. Alte Tischler erzählen von

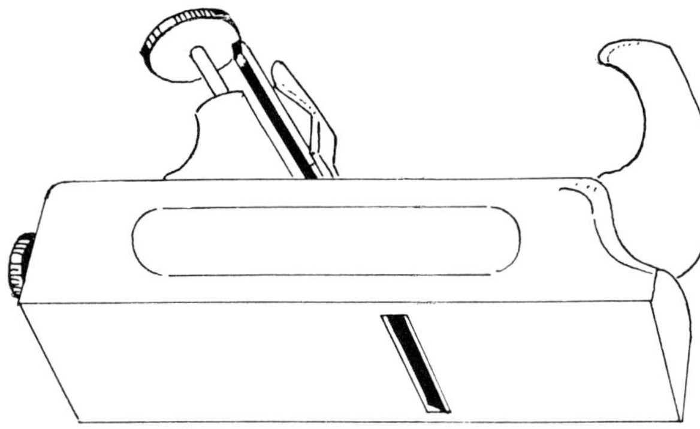

55 *Putzhobel mit dem typischen zweiten Eisen, auch Klappe genannt*

einem Trick, wenn »wildes« oder gegenläufiges Holz ohne Ausriß zu glätten ist. So haben diese erfahrenen Handwerker das Hobelmesser falsch herum in den Kasten gesteckt, an der geraden Seite des Messers einen Grat mit dem Grateisen gezogen und damit selbst Maserfurniere abgerichtet. Mit Erfahrung und einem scharfen Hobel sind perfekte Oberflächen herzustellen, die keines Schleifpapiers bedürfen.

Rauhbank

Um lange Fugen gerade zu bekommen, benutzt man die sogenannte Rauhbank. Dieser Hobel ist etwa 60 cm lang. Für Lehrlinge, die das Hobeln üben wollen, ist dieses Werkzeug besonders geeignet, da seine Größe und Schwere den Hobelschwung erleichtert. Die Rauhbank hat meist keine »Klappe«, ist aber sonst wie andere Hobel zu behandeln.

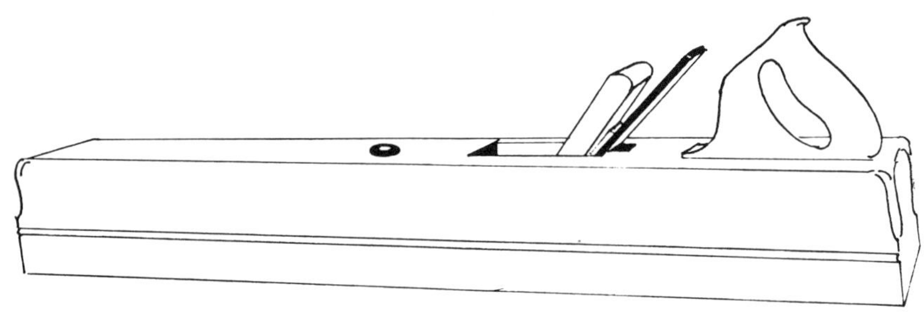

56 *Rauhbank (Langhobel) für das Abspanen langer, ebener Flächen*

Doppelhobel

Beim Doppel- oder Schlichthobel ist die Schräglage des Messers flacher, dadurch hobelt es sich leichter.

Schrubbhobel

Der Schrubbhobel ist in der Sohle leicht gewölbt. Er ist somit ein flacher Rundhobel. Um gespaltenes Holz zu ebnen oder um größere Holzmengen zu entfernen, ist dieses Werkzeug eine gute Hilfe. An den Rückwänden alter Möbel sind seine Arbeitsspuren oft noch zu erkennen.

Simshobel

Bei dem Sims- oder Falzhobel ist die Nutzung schon durch den Namen gekennzeichnet. Falze an Rahmen lassen sich damit herstellen oder einpassen. Simshobel sind mit und ohne »Klappe« im Gebrauch. Um bis in eine Ecke auszuhobeln, benutzt man Simshobel, an denen das Messer ganz vorne liegt.

Profilhobel

Profilhobel sind in vielen Varianten bekannt. Stäbe, Kehlen, Karniese, Platten und deren Kombination mußten vor der Erfindung der Fräsmaschine mit diesem Werkzeug gehobelt werden. Für jedes Profil war ein eigener Hobel nötig. Zum Schärfen verwendet man feine Feilen und Profilabziehsteine, wie sie die Bildhauer für ihre gewölbten Schnitzeisen benutzen.

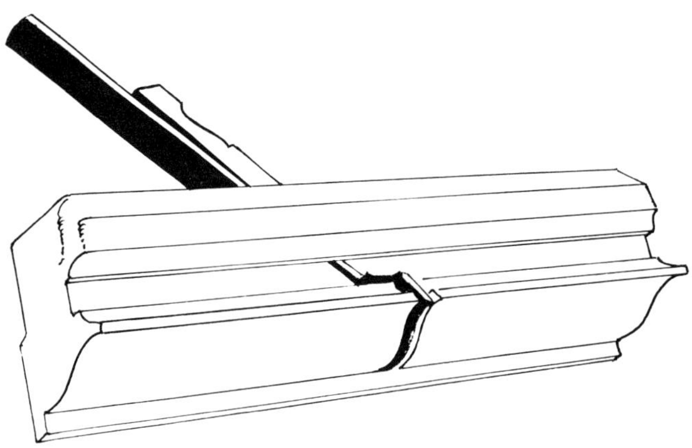

57 *Profilhobel für das Herstellen oder Bearbeiten von Gesimsen, Stäben, Profilen etc.*

Nuthobel

In die Nachbarschaft der Simshobel gehören Nuthobel. Natürlich existiert auch dazu ein Gegenhobel, um die Federn an den Brettern herzustellen. Oft sind diese Modelle auch mit verstellbarer Seitenführung hergestellt worden.

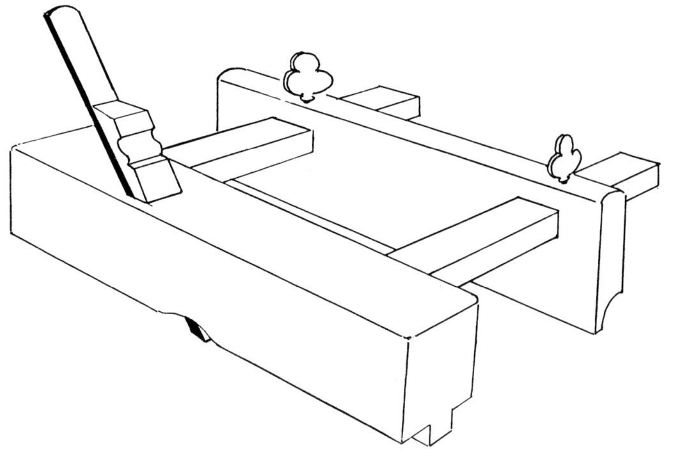

58 *Nuthobel für das Herstellen der Nuten*

Wellenhobel

Der Wellenhobel wurde um 1600 erfunden. Wir kennen an den Schränken und Rahmen des Barock gewellte Profilleisten, die wegen ihres lebhaften Effekts sehr beliebt waren. Leider ist die Technik wie auch das Werkzeug weitgehend verlorengegangen.

Grathobel

Der Grathobel hat außer dem abgeschrägten Messer einen Vorschneider. Um die abgeschrägten Fasen, Grat genannt, in unterschiedlicher Breite herzustellen, haben diese Hobel noch eine verstellbare Führungsschiene.

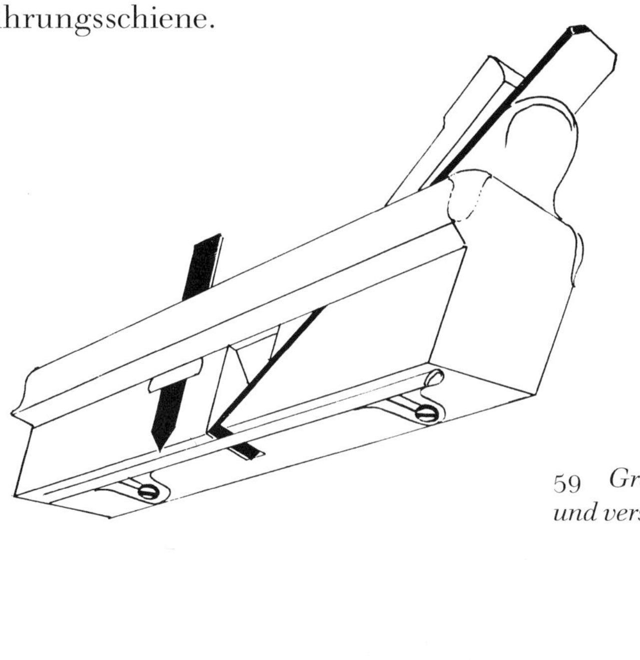

59 *Grathobel mit Vorschneider und verstellbarer Führungsschiene*

Rundhobel

Der Rund- oder Schiffshobel wird in der Regel aus Holz hergestellt. Bei einer Ausführung aus Metall kann die biegsame Sohle durch einen Schraubmechanismus in die gewünschte Wölbung gestellt werden.

Grundhobel

In alter Zeit wurde noch ein Grundhobel benutzt. Das Hobeleisen ist hier hakenförmig. Damit können tiefere Felder ausgegründet werden.

Schinder

Der Schinder oder Stuhlbeinhobel ist ein Kurzhobel mit seitlichem Griff. Für geschweifte Hölzer verwenden ihn auch gern die Holzbildhauer. Um dieses Werkzeug effektiv anzuwenden, braucht man viel Übung. Wer die Technik beherrscht, kann nahezu spielend kurvige Holzformen damit ausarbeiten. Manchmal muß das Werkzeug quer, manchmal schräg gehalten werden. Es kann auch ratsam sein, das Messer einseitig mehr aus dem »Maul« herausstehen zu lassen.

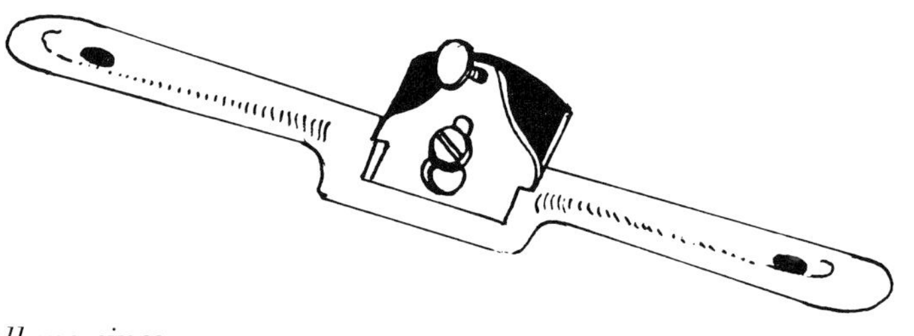

60 *Schematische Darstellung eines Schinders oder Stuhlbeinhobels; geeignet für kurvige Teile*

Diese »leichte« Hand im Umgang mit Werkzeugen sollten die Schreiner erreichen. Erst dann erleben sie das eigentliche Glücksgefühl bei der Holzverarbeitung.

Der Schreiner mit Schürze und Hobel

Modernen, den technischen Entwicklungen gegenüber aufgeschlossenen Schreinern mag die Abbildung eines ländlichen Handwerkers aus vergangener Zeit in einem Fachbuch am Ende des 20. Jahrhunderts absurd erscheinen. Nun ist aber dieser Vertreter damaliger Arbeitsweise mit seiner Schürze nicht aus nostalgischen Gründen eingefügt. Es ist die Gesinnung, das Verhältnis zum Handwerk, das durch dieses Bild zum Ausdruck kommt.

Schürze und Gestellsäge mögen ihre Bedeutung verloren haben, die Dinge aber, die einst unter den Händen dieser Handwerker entstanden, werden noch immer geachtet. Sie sind Zeugnis einer gewachsenen Kultur. Werke, die in ländlichen Bereichen verwendet wurden, sind heute in Freilichtmuseen zu bewundern; jene für den Wohnbereich in den städtischen Museen.

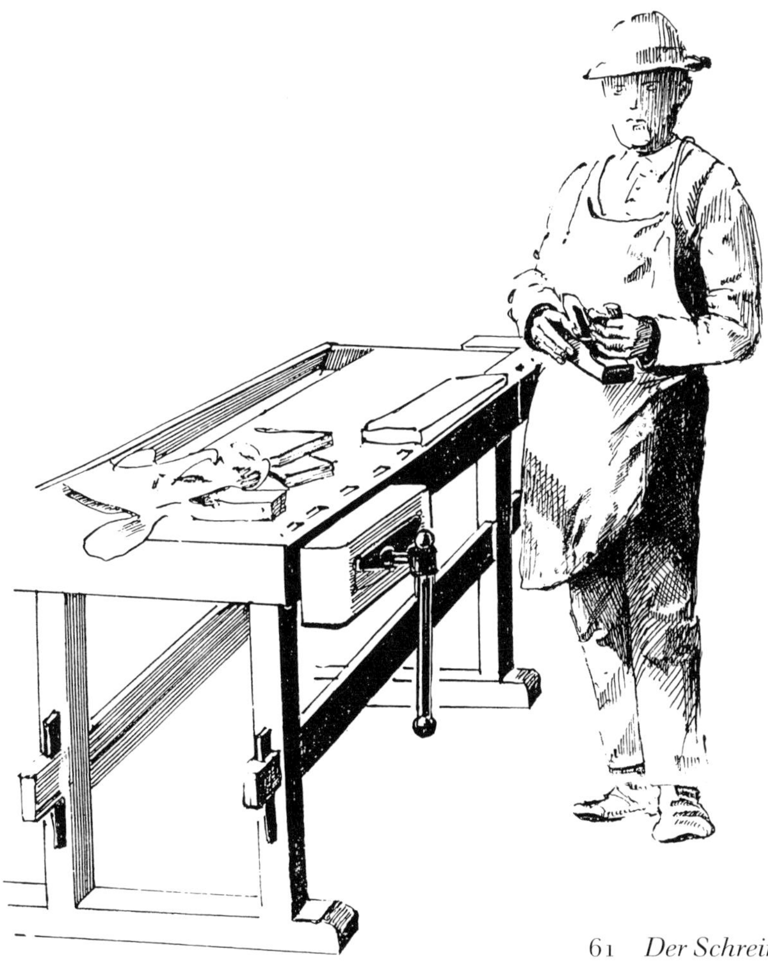

61 *Der Schreiner an der Hobelbank*

Sägen

Sägen in Europa sind auf Stoß gefeilt mit Ausnahme der Furniersäge. Japanische Sägen werden durchweg gezogen.

Handsägen werden in der Holzverarbeitung immer weniger verwendet. Es erfordert eine längere Übung, um damit genau und paßgerecht arbeiten zu können. Im Hinblick auf höchste Genauigkeit und schnelle Produktionsweise ist den Schreinern die Maschine weit entgegengekommen. So wird mancher Schnitt, der mit geübter Hand schneller herzustellen wäre, lieber an der Maschine ausgeführt. Auch wenn mit Kreis-, Band- oder Stichsägen in der Tat viele

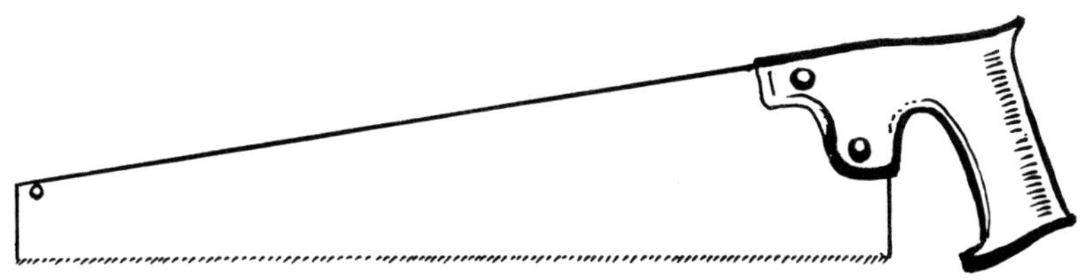

62 *Handsäge oder Fuchsschwanz*

Arbeiten beim Holzzurichten leichter auszuführen sind, so wird das Schneiden von Zinken und Schwalben beispielsweise weiterhin Handarbeit bleiben. So groß die Verführung der Maschinen auch ist, ohne die Beherrschung der Handwerkszeuge ist individueller Möbelbau nur beschränkt möglich. Für viele Arbeiten sind die Maschinen auch zu grob und unhandlich.

Gestellsäge

Die Gestellsäge, die einst von großer Bedeutung war, ist in manchen Werkstätten nicht mehr im Gebrauch, andere Handwerker mögen nicht auf sie verzichten. In einen Holzrahmen läßt sich das Sägeblatt spannen und seitlich verstellen. Ein großes Modell von etwa 70 cm Länge ist für den Längsschnitt geeignet, wobei die Zähne stärker auf Stoß gefeilt werden. Kleinere Sägen von manchmal weniger als 50 cm Länge mit geringerer Stoßzahnung eignen sich zum Quer-

63 *Schreibsekretär, in Mahagoni mit Intarsien aus gefärbtem Blauholzfurnier.*
Entwurf/Herstellung: Erich Brüggemann, Winsen

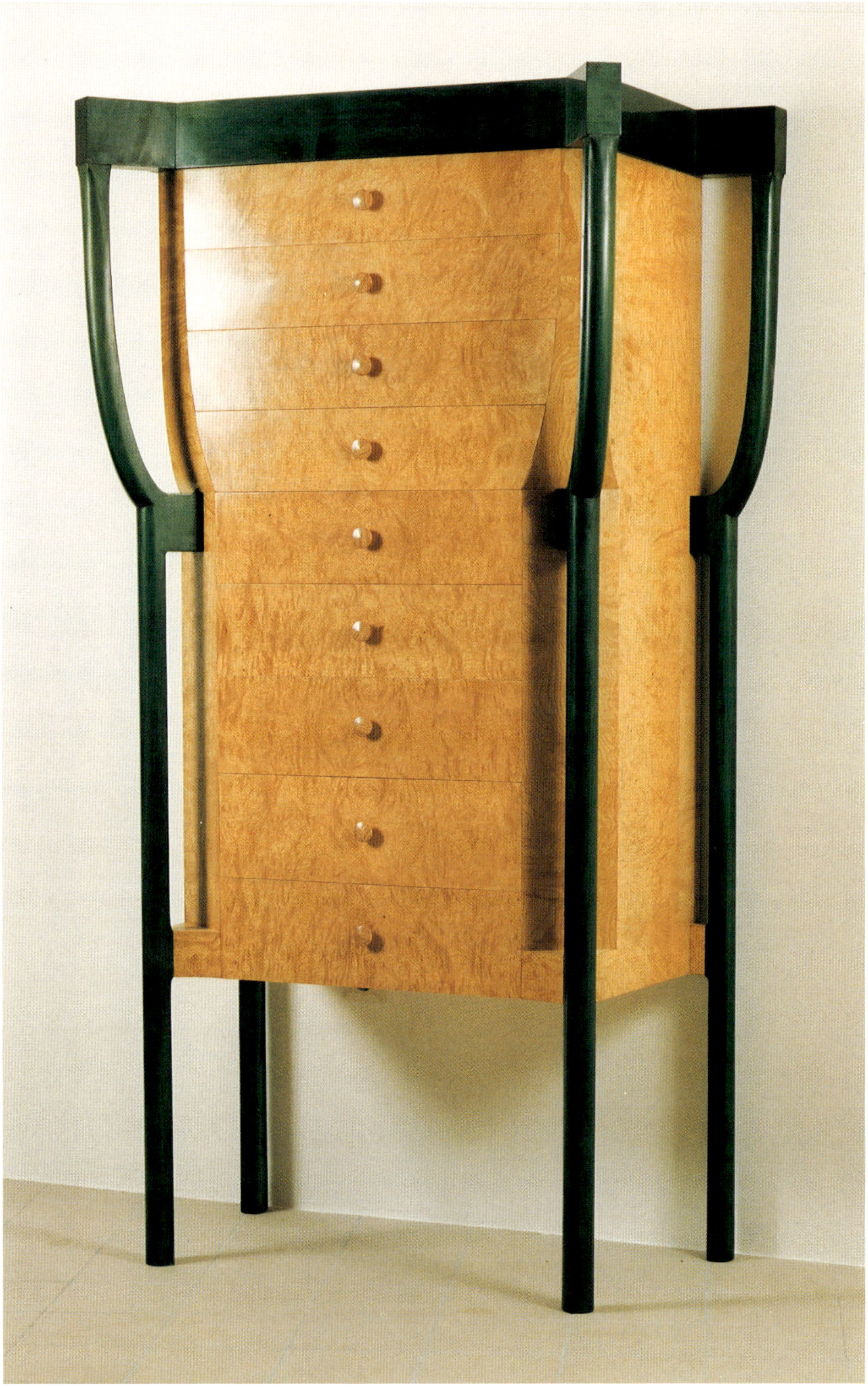

64 *Kommodenschrank in Esche mit einem Trageteil in grüngebeiztem Ahorn.*
Entwurf/Herstellung: Erich Brüggemann, Winsen

65 *Schreibtisch mit schwarzem Furnier und Rosenholz.*
Entwurf/Herstellung: Erich Brüggemann, Winsen

66 *Anrichte in Padouk.*
Entwurf/Herstellung: Erich Brüggemann, Winsen

67, 68 Schreibsekretär in Rosenholz. Die Schreibklappe (s. Abb. 67) ist mit einer Intarsie aus Rosenholz und grünem Furnier versehen worden. Entwurf/Herstellung: Erich Brüggemann, Winsen

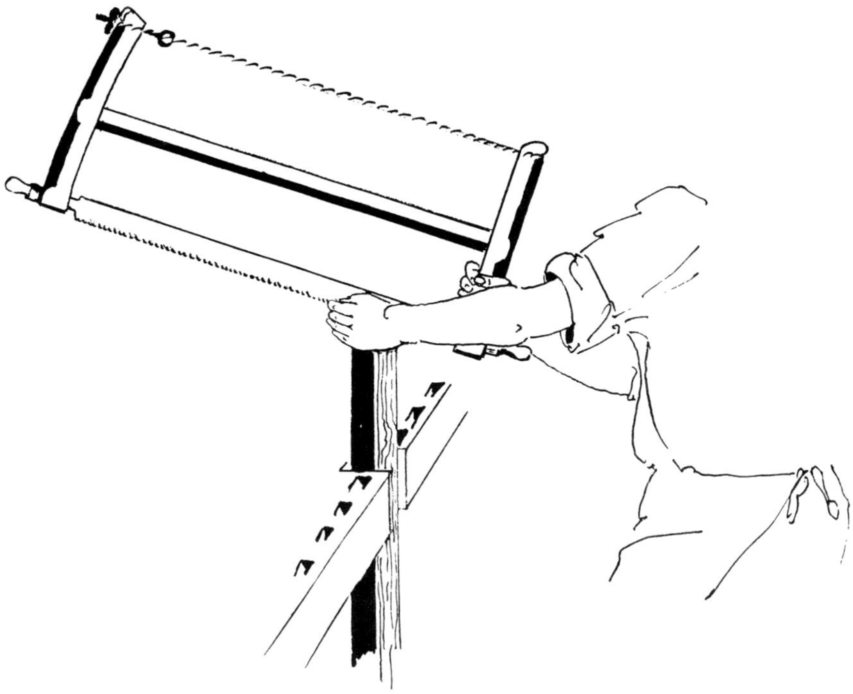

69 *Arbeiten mit einer Gestellsäge; für viele ein ungewohnter Anblick*

holzschneiden wie auch zum Sägen von Zinken. Das Sägeblatt läßt sich in dem Gestell auch schrägstellen, nur sollte das Blatt nicht verkantet, das heißt »windschief« sein.

Feinsäge

Einen wichtigen Platz in der Werkstattausrüstung haben Feinsägen. Auch sie werden in verschiedenen Größen und Ausführungen angeboten. Eine feine Zahnung ist allen Modellen gemein. Natürlich hat

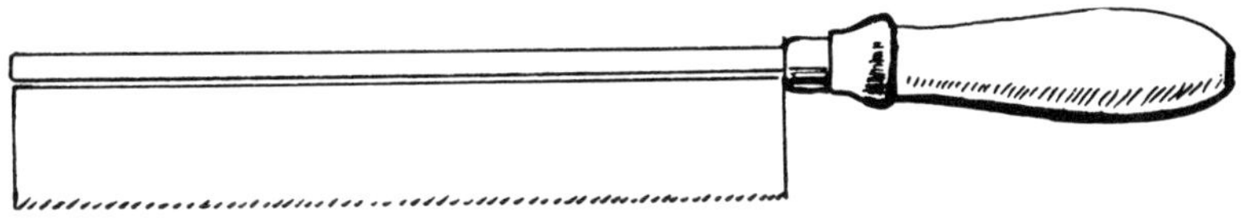

70 *Feinsäge*

jeder Praktiker seine Lieblingssägen. Und wie große Musiker ihr Instrument nicht unbedingt schulmäßig bespielen, so hat auch mancher »ausgefuchste« Schreiner seine eigene, nur ihm vertraute Handhabung. Bis dahin muß aber geübt werden, mit Disziplin, damit Auge und Hand mit dem Willen in Einklang gelangen.

Furniersäge

Hier handelt es sich mehr um ein Sägemesser. Das Sägeblatt hat keinen Schrank, die Sägezähne werden vielmehr wie ein Messer spitz zugeschliffen. Die Zahnspitzen sind daher empfindlich und stumpfen schnell ab, deshalb hat die Klinge an beiden Seiten eine Zahnung, um sie leicht auswechseln zu können. Als Sägemesser hat es in der Tat das Aussehen und die Konstruktion eines Schneidewerkzeuges.

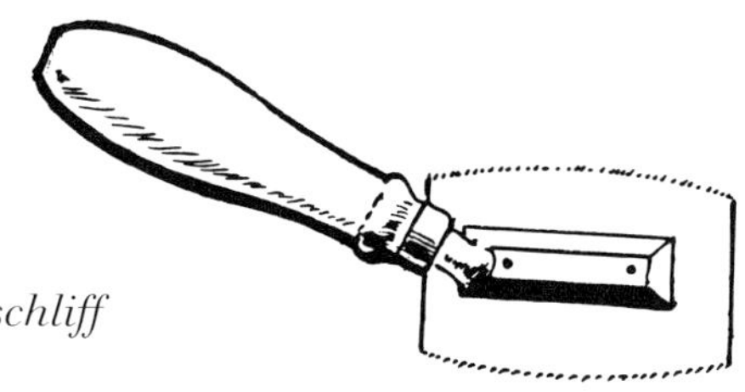

71 *Furniersäge mit Messerschliff und Stoßzahnung*

Laubsäge

Für feinkurvige Intarsienarbeiten werden noch immer mit Erfolg die sogenannten Laubsägen verwendet. Es lassen sich hier die dünnsten und feinsten Sägeblätter einspannen, die für diese Arbeitstechnik nötig sind.

Japanische Säge

In den letzten Jahren gelangten japanische Sägen zu uns. Feine Modelle haben keine Verstärkung des Sägeblattes. Bei dem superdünnen Stahl sind diese Sägen nur ziehend zu benutzen, damit sich

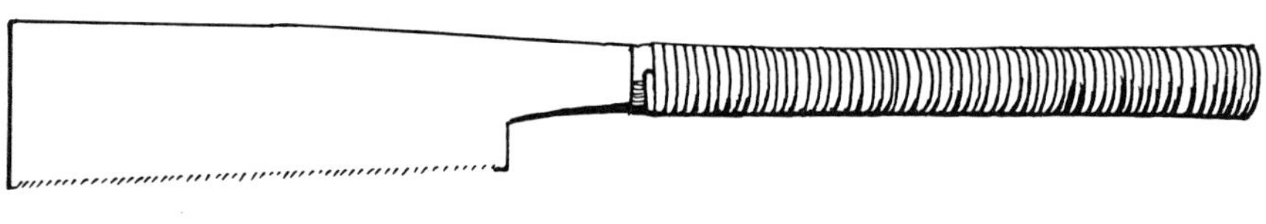

72 *Japanische Feinsäge*

die Sägeblätter nicht verbiegen. Wer aber einmal mit diesem Werkzeug präzise Schnitte ausgeführt hat, wird darauf nicht mehr verzichten wollen. Der Handel bietet ein großes Spektrum dieser Sägen an; zum Teil für die Arbeit der Instrumentenbauer. Größere Modelle sind selbst für die Bauschreinerei geeignet.

Wer die geschweiften Holzteile an alten Möbeln kennt, staunt, mit welchen Werkzeugen diese Arbeiten ausgeführt wurden. Die meisten der Schweifsägen kennen wir nur noch von Abbildungen. Sie waren sicher für den routinierten Benutzer praktischer und individueller als jene, die zur Zeit angeboten werden.

Schärfen der Sägen

Dreikantfeilen für Handsägen haben scharfe Ecken. Feilen mit runden Ecken sind für Bandsägeblätter geeignet.

Das Schärfen der Sägen wird mit Eisenfeilen ausgeführt. Meist sind Dreikantfeilen erforderlich, da sie am besten in den Zahnkeil passen. Die Blätter der Gestellsäge, Feinsägen und einige Fuchsschwänze werden im rechten Winkel quer gefeilt. Man hat darauf zu achten, daß die Zahnhöhen und Zahnabstände gleich sind. Wenn aber einzelne Zähne hervorstehen, so sollte die Säge abgerichtet werden. Mit einer langen Eisenfeile muß dann in der Länge der Säge vorsichtig plangefeilt werden. Sägen mit Fasenzahnung sind mit Messerfeilen zu schärfen. Es ist dabei praktisch, bei den Links- oder Rechtsfasen jeweils umzuspannen.

Spezialfeilen werden zum Schärfen der japanischen Sägen benötigt, der Schärfvorgang erfordert viel Geschick. Für diese Feilvor-

73 *Das Schärfen einer eingespannten Gestellsäge mit einer Eisenfeile – deutlich zu sehen das Querfeilen im rechten Winkel*

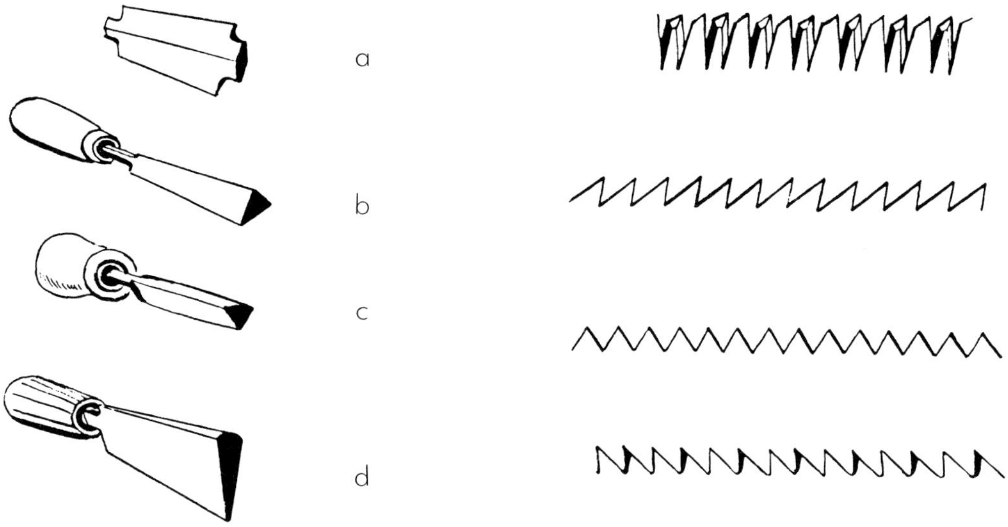

74 *Für jedes Sägeblatt die entsprechende Feile:*
a Spezialfeile – Zähne werden schräg gefeilt (Trapezzahnung)
b Spitze Dreikantfeile – Zähne werden auf Stoß gefeilt
c 60°-Dreikantfeile – Zähne werden ohne Stoß quer gefeilt
d Messerfeile – Zähne werden auf Stoß schräg gefeilt

gänge spannt man das Sägeblatt in eine spezielle Vorrichtung. Das sind sogenannte Feilkloben, in die man das Sägeblatt einspannen kann. Nur die Zähne schauen dann heraus. Kleinere Sägen können, eingespannt in einen Schraubstock, geschärft werden. Wichtig ist auch gutes und günstiges Licht, es sollte seitlich gerichtet sein, um den Glanz an der gefeilten Kante kontrollieren zu können.

Man feilt mit großer Disziplin und gleichmäßigem Hub. Sägen werden fabrikmäßig, meist ohne Stoß, hergestellt. Durch das Verkanten der Feile kann der Schreiner die Zahnstellung entsprechend verändern. Die Blätter der Maschinensägen sind besser durch eine Feilmaschine zu schärfen. Besonders Blätter mit Hartmetallzähnen verlangen eine große Präzision, die mit der Hand nicht erreicht werden kann.

Die meisten Schreinermaschinen sind gefährlich. So erkannte man in früherer Zeit den Schreiner oft an seinen fehlenden oder beschädigten Fingern. Durch viele Verbesserungen mögen diese Maschinen in den Jahren sicherer geworden sein, dennoch verlangt die Arbeit im Maschinenraum ein ruhiges, besonnenes und konzentriertes Schaffen. Unfälle passieren meist bei längeren monotonen Arbeitsgängen, wenn die Aufmerksamkeit nachläßt. Aber auch bei eiligen und unüberlegten Aktionen, wenn etwas »schnell gehen soll«.

»Sägeblätter der Maschinen sind gefräßig, sie mögen am liebsten unachtsame Finger«, sage ich meinen Lehrlingen gelegentlich zur Warnung.

Stichsäge

Die elektrische Stichsäge hat das Arbeitsfeld der Handschweif- und Dekupiersäge übernommen.

Besonders um kurvige Schnitte herzustellen, ist die Stichsäge einzusetzen; sie ersetzt heute die Dekupier- und Handschweifsäge. Für verschiedene Aufgaben lassen sich unterschiedliche Sägeblätter einspannen. Die Sägeblätter sind mit einer Dreikantfeile gut zu schärfen. Für hohe Ansprüche haben einige Modelle auch eine Pendeleinrichtung.

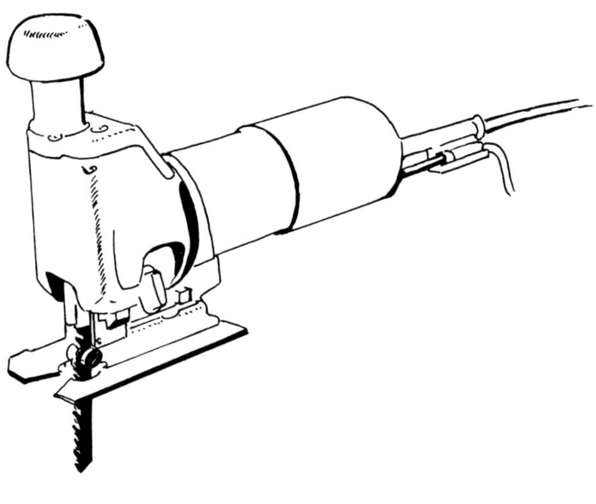

75 *Stichsäge mit Tiefenstellung, Pendelhub und Schrägschnitt, heute unverzichtbares Werkzeug für viele Schreiner*

Handkreissäge

Sie zählt zu den mobilen Maschinen. Für den Plattenzuschnitt, zum Kürzen von Holzbohlen und Kanthölzern wird sie verwendet. Wer genauer schneiden möchte, spannt sich mit Schraubzwingen ein gerades Brett als Anschlag parallel zur Schnittlinie ein. Platten oder Bretter werden auf Böcke gelegt und für diese Arbeit mit Schraubzwingen festgesetzt.

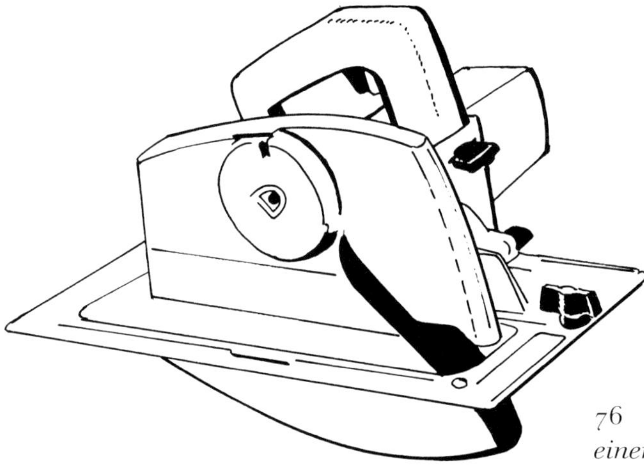

76 *Isometrische Darstellung einer Handkreissäge*

Tischkreissäge

Ein Schiebestock sollte stets griffbereit neben der Säge liegen.

Sie ist eine der wichtigsten Maschinen für den Schreiner. Sie hat einen festen Tisch, ein verstellbares und auswechselbares Sägeblatt, das sich auch schräg stellen läßt. Seitlich ist meist noch ein Schiebeschlitten angebracht, um rechte und schräge Winkel und genaue Längen schneiden zu können.

Beim Auftrennen von Brettern entstehen oft erhebliche Spannungen im Holz, die das Sägeblatt während des Sägens einklemmen können. Um das zu verhindern, hat jede Kreissäge einen Spaltkeil gleich hinter dem Sägeblatt. Die Oberkante des Sägeblattes muß unbedingt einige Millimeter über der Oberkante des Keils liegen. In Reichweite der Säge hat ein Schiebestock zu liegen. So vermeidet man die Gefahr, mit den Händen in die Nähe der Sägezähne zu geraten.

Sägeblätter haben je nach Arbeitsaufgabe unterschiedliche Zahnarten. Mehr und mehr setzen sich die Hartmetall- beziehungsweise widia-bestückten Zahntypen durch. Besonders bei harzreichen exo-

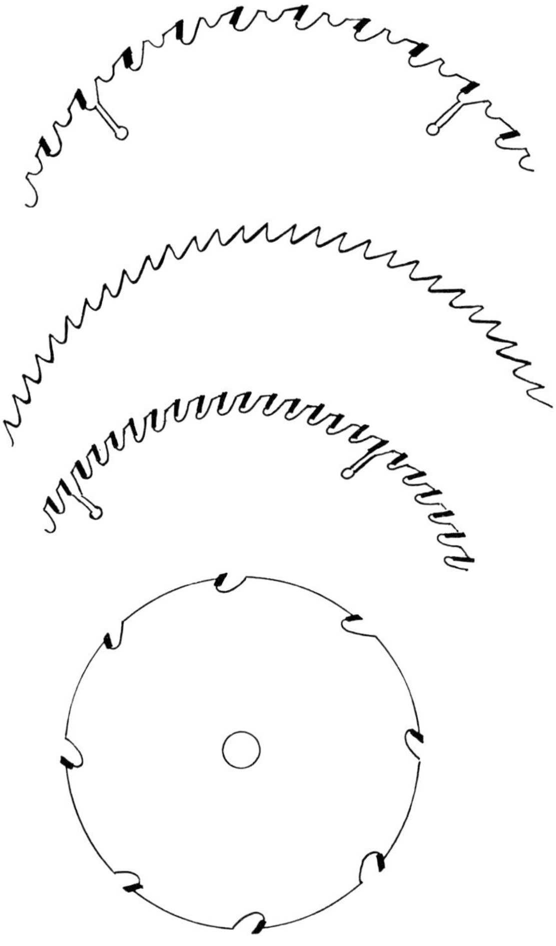

77 Kreissägeblätter (von oben nach unten) mit unterschiedlichen Zahnungen: Hartmetallsägeblatt mit 24 Zähnen, Spitzzahnsägeblatt mit 80 Zähnen, Hartmetallsägeblatt mit 72 Zähnen und Großzahnsägeblatt mit 8–12 Zähnen

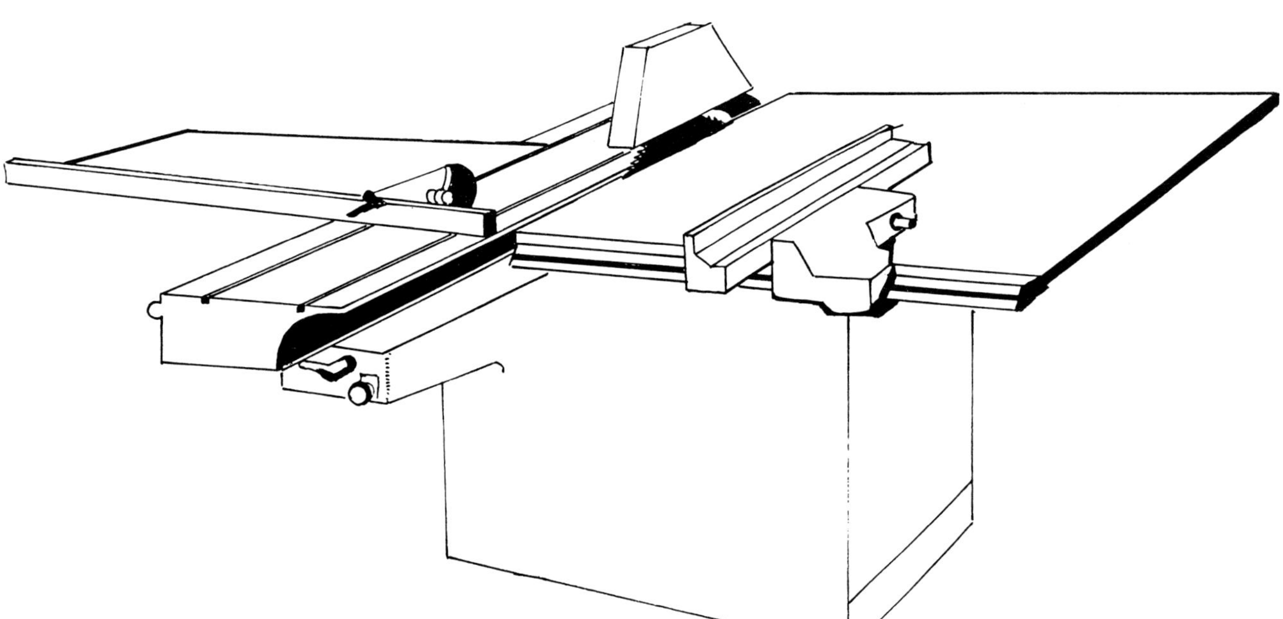

78 Isometrische Darstellung einer Tischkreissäge

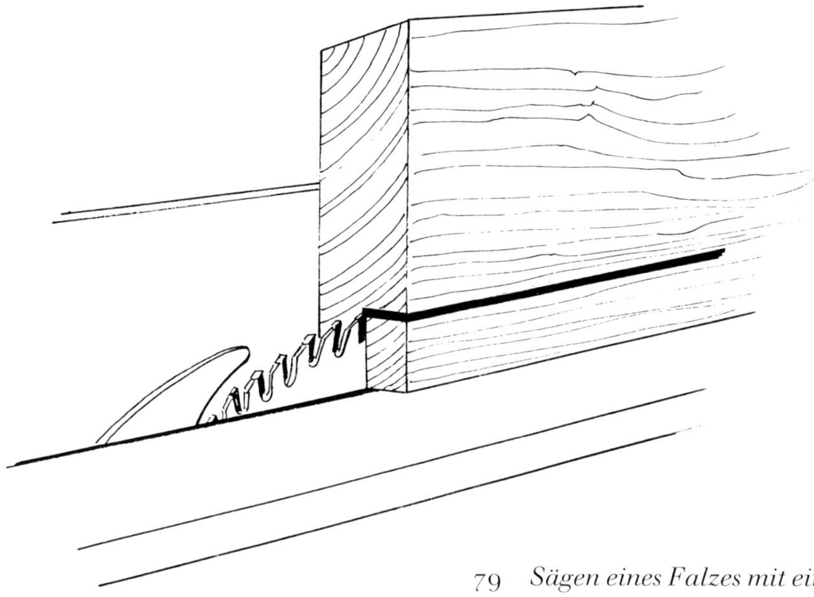

79 *Sägen eines Falzes mit einer Tischkreissäge*

tischen Hölzern, aber auch für das Schneiden von kunststoffbeschichteten Platten, die normale Sägeblätter schnell stumpf werden lassen, eignen sie sich besser. Kreissägeblätter mit Hartmetallbestückung kann der Schreiner ohne Spezialmaschinen nicht selber schärfen. Selbst Blätter aus normalem Werkzeugstahl sollten von präzisen Maschinen gefeilt und geschränkt werden.

Trotz guter Maschinen und scharfer Sägen haben furnierte Platten manchmal Ausriß, da hilft es, wenn man unter die zu sägende Platte eine zweite wertlose Platte legt. Wir kleben auch manchmal

80 *Arbeiten mit einem Schiebestock an einer Tischkreissäge*

Fugenpapier unter die Sägeschnittkante, um das Furnier, wenn es spröde ist, vor Ausriß zu schützen.

In die Kreissäge können auch verstellbare Nutsägenblätter gespannt werden. Mit Hilfe eines selbstgebauten Gerätes lassen sich damit Fingerzapfen herstellen.

Bandsäge

An vielen Bandsägen läßt sich der Tisch schrägstellen, um konische Schnittkanten zu erhalten.

Über zwei oder drei Rollen läuft ein endloses Sägeband. Bänder von unterschiedlicher Breite und Zahnung lassen sich verwenden. Bandsägen werden bevorzugt für kurvige Schnitte verwendet, sie bewältigen aber auch dicke Holzstärken, um Holz in Längs- oder Querrichtung zu sägen.

Vorteilhaft sind Bandsägen, an denen sich der Tisch schräg stellen läßt, da es so möglich ist, konische Schnittkanten zu erhalten.

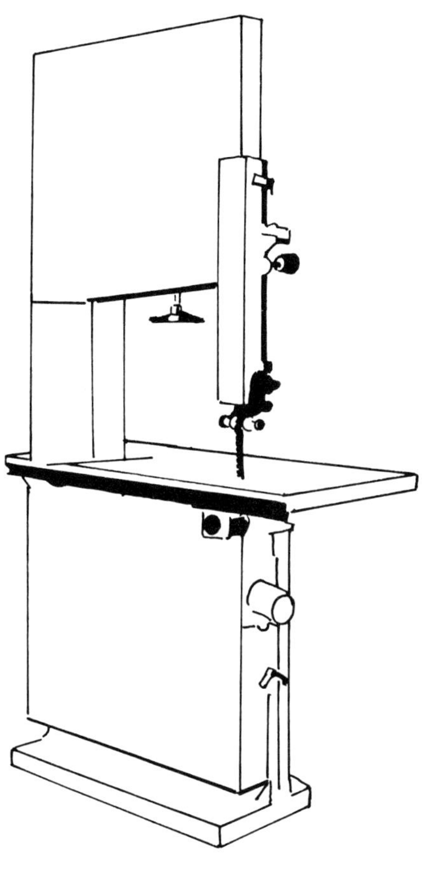

81 *Isometrische Darstellung einer Bandsäge*

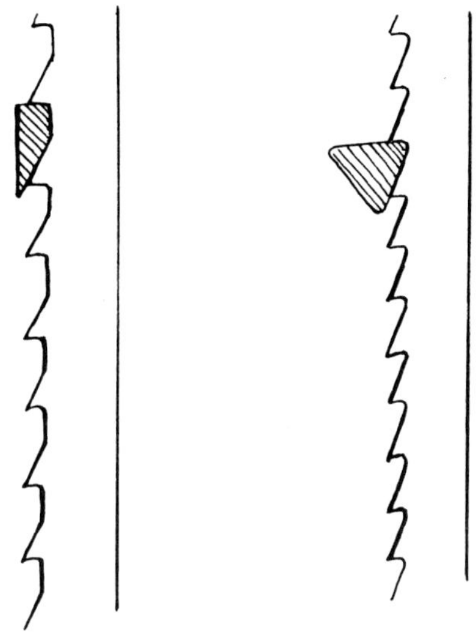

82 Bandsägeblätter für Grobschnitt (links) und für Feinschnitt (rechts)

Es ist immer vorteilhaft, die zu schneidende Linie genau aufzuzeichnen. Der Anfänger benötigt einige Übung, bis Holz und Maschine gehorchen und kurvige Schnitte gelingen, da auch die Eigenheiten der Holzstruktur bei diesen Schweifarbeiten zu beachten sind. Man sollte das Holz unverkrampft und locker führen und den Schnitt steuern. Auch Bandsägeblätter sollten von einer Maschine geschärft werden.

Kettensäge

Dies sind mobile Handmaschinen, mit denen man ohne Mühe große Holzbohlen kürzen kann. An einer Gliederkette sind Schneidezähne angebracht. Die Kette läuft mit großer Geschwindigkeit in der Nute eines schwertförmigen Flacheisens. Dabei ist es wichtig, die Kette immer gut mit Kettenöl zu schmieren, da sie sich sonst festbrennen kann.

Kettenfräse

Kettenfräsen sind eine Alternative zu Bohrfräsen. Ein Vorteil liegt in der außerordentlichen Fräsleistung, mit der ein schnelles Arbeiten möglich ist.

Eine stationäre Maschine wird Kettenfräse genannt. Hier können unterschiedlich breite Ketten eingespannt werden. Mit dieser Fräse werden Zapfenlöcher ausgearbeitet. Insofern sind Kettenfräsen eine gute Alternative zu Bohrfräsern. Ein wichtiger Vorteil liegt in der außerordentlichen Fräsleistung, so daß ein schnelles, präzises Arbeiten möglich ist.

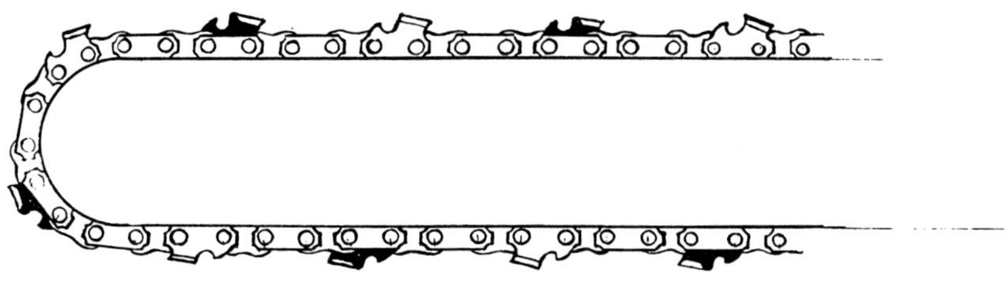

83 *Kettenfräsen, eine Alternative zu Bohrfräsen beim Herstellen von Zapfenlöchern*

Dekupiersäge

In gewisser Weise sind Dekupiersägen motorisierte Laubsägen in großer und stabiler Bauweise. Hier muß das Holzstück allerdings auf dem Tisch gedreht und bewegt werden. Von Bildhauern, zum Sägen von Ornamenten, beim Herstellen von Holzspielzeug wurden sie in früherer Zeit weit mehr verwendet.

Feilen und Raspeln

Feilen und Raspeln sind die ältesten und elementarsten Werkzeuge zur Herstellung von Handwerksarbeit.

Mit dem Verschwinden der Kurven an Möbeln haben Feilen in den Schreinerwerkstätten an Bedeutung verloren. Neben dem Schinder werden sie noch zum Ausarbeiten von Frässchablonen für geschweifte Teile benutzt. Die Feilen hatten ihre große Zeit im Barock, das bewegte und geschwungene Formen liebte. Damals gab es noch den Beruf des Feilenschlägers, der in vielfältigsten Formen dieses Werkzeug herstellte. Feilen mit sehr grobem Hieb (das heißt grobem Feilenzahn) werden Raspeln genannt. Meist ist die eine Seite flachrund, die andere Seite gerade. Auch völlig runde Feilen und geschweifte Feilen, die auch Riffel genannt werden, sind bekannt.

Seit längerem sind maschinengeschlagene Feilen im Gebrauch. Daher ist es nicht mehr möglich, stumpfe Feilen nachschlagen zu lassen.

Wer einmal mit handgeschlagenen Werkzeugen, die heute meist aus Japan importiert werden, gearbeitet hat, wird sich wieder für Feilarbeiten begeistern können.

Holzfeilen werden gerne etwas schräg geführt, man achte auf die Zahntextur, ob die Fläche glatt oder riffelig wird. Je nach Holzart verkleben sich die Riefen oder Zahnstände mit Holzstaub, besonders wenn harzige Hölzer bearbeitet werden. Mit einer feinen Feilenbür-

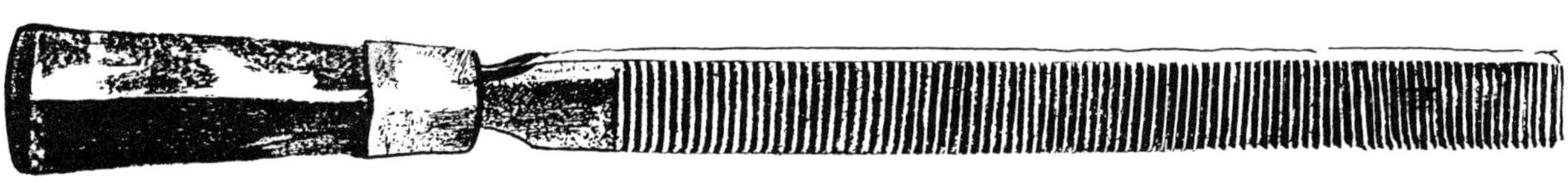

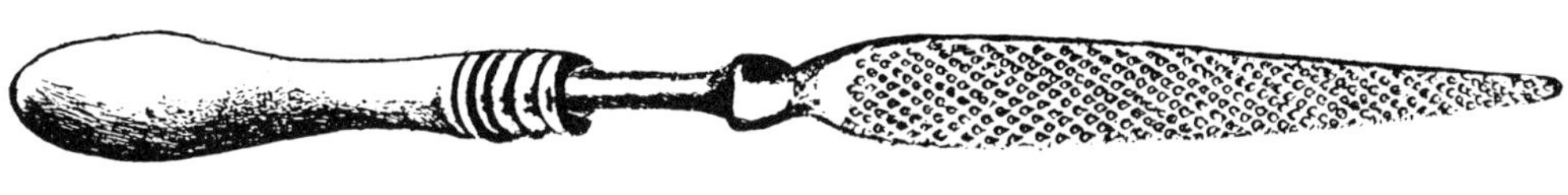

84 *Die historischen Modelle einer Handhiebfeile für Eisen (oben) und einer für Holz (unten)*

ste lassen sich die Zähne wieder reinigen. Sitzt der Holzstaub sehr fest – wie Kitt – so sollte man diesen etwas mit Wasser oder Nitroverdünnung anquellen lassen.

Holz- und Eisenfeilen sind verschiedene Werkzeuge. Selbst die groben Eisenfeilen, die Schrubbfeilen heißen, sind mit feinerem Hieb geschlagen. Sie sind nicht gut für Holz zu gebrauchen. Sie setzen sich schnell mit Holzstaub zu und nehmen keinen Span weg. Umgekehrt sind die Holzfeilen für Metalle zu grob.

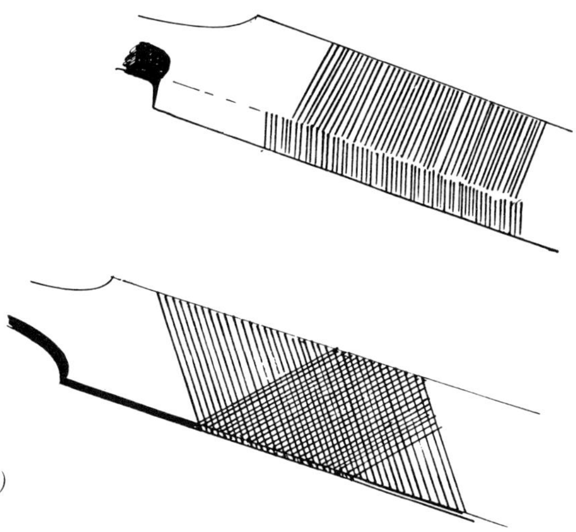

85 *Feilenhieb für Eisen (oben) und für Holz (unten)*

In neuerer Zeit sind feilenartige Werkzeuge im Gebrauch, die aus Lochstahl hergestellt sind. Sie eignen sich gut für grobere Arbeiten. Für feine Arbeiten haben sich die Schreiner früher Schleifpapier auf Holzleisten geleimt und im Sinne der Feilen benutzt. Hier hat die Industrie heute praktische Werkzeuge entwickelt, die eine Verbesserung der alten Schreinermittel darstellen. Viele dieser besonderen und praktischen Werkzeuge werden von den Musikinstrumentenbauern benutzt.

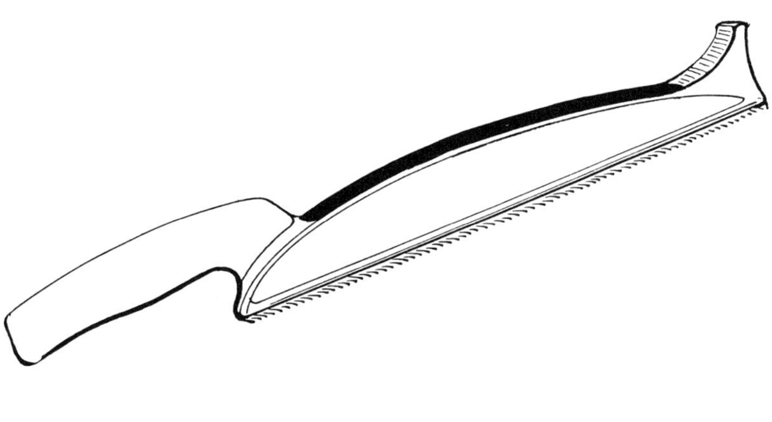

86 *Hobelraspel*

Stemmeisen (Stechbeitel)

Ein Satz Stemmeisen gehört zu jeder Hobelbank. Von 3 bis 50 mm Breite werden diese Schneidewerkzeuge hergestellt. Schreiner verwenden Stemmeisen mit gerader Schneide. *Hohl-*, *Flacheisen* oder *Geißfüße* sind mehr Schnitzeisen für Bildhauer, werden aber von den Schreinern für entsprechende Arbeiten gern verwendet. Um tiefe Zapfenlöcher auszustemmen und Scharniere einzulassen, wurden früher stabile *Fitscheneisen* benutzt. Durch den Gebrauch von Langlochbohrfräser oder Kettenfräser werden sie heute kaum mehr verwendet.

Das Schärfen der Stemmeisen beginnt an der Schleifmaschine. An deren runder Scheibe wird die Fase geschliffen. Der Winkel dieser Fase läßt sich nicht genau festlegen. Für Weichholzarbeiten werden sie gern schlank, das heißt schräg geschliffen. In der Praxis bewährt

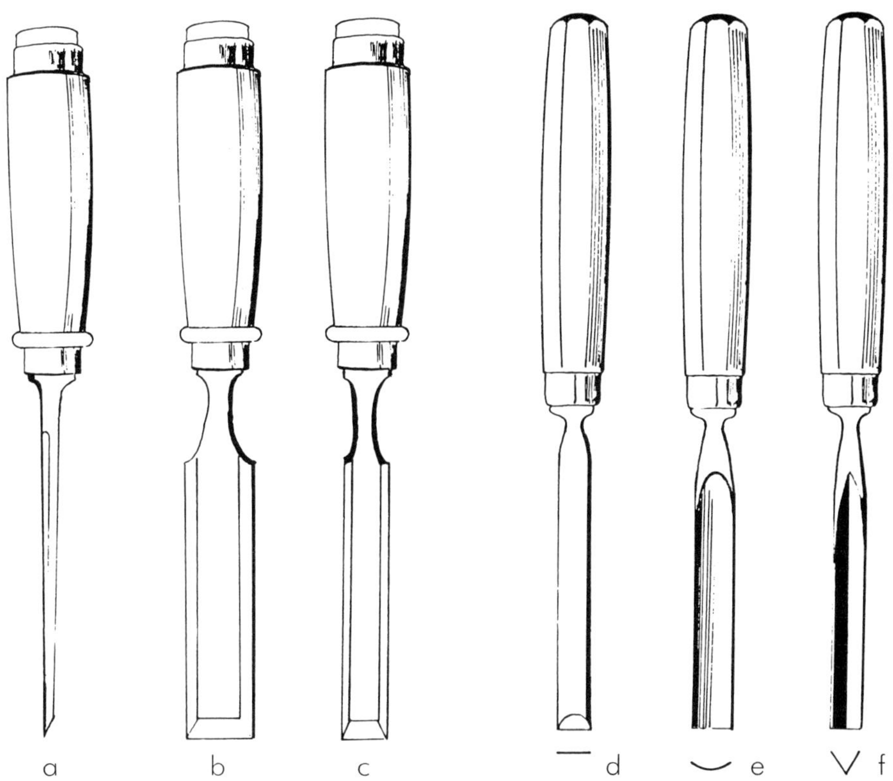

87 *Stemm- (a–c) und Bildhauereisen (d–f): a Seitenansicht eines Stemmeisens. b Breites Eisen. c Schmales Eisen. d Gerades Balleisen. e Hohleisen. f Geißfuß.*

sich eine Schräge von etwa 20–25 Grad, da die meisten Handwerker auch Harthölzer verarbeiten. Zum eigentlichen Schärfen wird ein *Abziehstein* benötigt, der zum Schleifen naß sein muß; Wasser oder Petroleum wird dafür benutzt. Beim Schleifen wird das Eisen seitlich geführt, manche schleifen etwas schräg, sozusagen diagonal, niemals aber nach vorne. Dem Anfänger bereitet es Schwierigkeiten, die Stemmeisen in der richtigen Schräglage auf den Abziehstein zu halten. Auf der Oberseite wird keine Fase geschliffen, das heißt, man legt diese Seite während des Schleifens flach auf den Stein. Geschliffen werden abwechselnd beide Seiten, bis der Grat, der beim Schleifen entsteht, verschwindet. Wer vorsichtig mit dem Daumen über die Schneide fährt, kann prüfen, ob das Werkzeug scharf ist.

Schnitzeisen können an beiden Seiten eine Fase haben. Die äußere Fase ist wie beim Stemmeisen breit, innen muß sie viel schmaler sein. Diese Innenfase wird nur mit einem Profilabziehstein abgezogen.

Fasen werden an der runden Maschinenschleifscheibe logischerweise hohl geschliffen. Durch wiederholtes Schleifen auf dem geraden Abziehstein schleift sich diese Hohlfase weg. Es empfiehlt sich dann, an der Maschine wieder neu nachzuschleifen, denn die Fase darf auf keinen Fall rund werden.

88 *Schärfen eines Stemmeisens am Abziehstein*

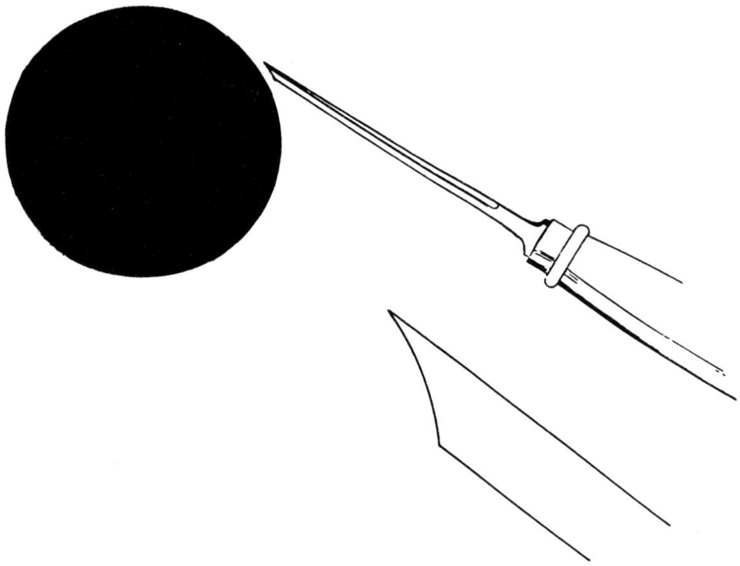

89 *Im richtigen Winkel an einem Schleifstein angelegtes Stemmeisen; so entsteht die optimal geschärfte Fase (unten)*

Stemmeisen können beidseitig benutzt werden. Beim Ausstemmen von Zinken oder Zapfen ist es selbstverständlich, daß die Seite ohne Fase an dem Riß liegen muß. Von Anfängern werden die Eisen in der Regel zu weit oben, das heißt am Griff angefaßt. Der erfahrene Handwerker greift das Werkzeug tiefer, er faßt mit der linken Hand an das Eisen. Manchmal wird das Stemmeisen auch wie ein Schneidmesser gehalten, um einen feinen Markierungsriß herzustellen oder um kleine Furnierteile zu schneiden. In diesen Fällen wird ein Lineal als Führungshilfe verwendet.

Abziehstein

Ursprünglich waren nur Natursteine in der Anwendung. Sandsteine für den groben Schliff und sogenannte Belgische Brocken, das sind graugelbliche Kalksteine, für den normalen Schliff. Um die letzte Schärfe herzustellen, wurde der Arkansas-Stein benutzt, ein grauglasiger Stein von großer Härte.

Viele der heutigen Abziehsteine sind künstlich hergestellt. Sie sind in guter Qualität ein vollgültiger Ersatz. Auch hier kommen die besten Sorten aus Japan.

Bohrer

Die moderne Bohrmaschine mit ihrer enormen Geschwindigkeit hat veränderte Bohrertypen notwendig gemacht.

Wir wollen hier die historischen Formen der Bohrer – *Löffel-* und *Schneckenbohrer* – übergehen. Es ist bewunderungswürdig, was Schreiner in Generationen damit hergestellt haben.

In manchen Werkstätten sind noch *Schlangenbohrer* zu finden. Sie bestehen aus einer spiralförmigen Schnecke mit einer Gewindespitze. Dieses Gewinde hat die Aufgabe, den Bohrer selbsttätig in das Holz zu ziehen. Neben diesem Gewinde befinden sich die Schneide und der Vorschneider. Sie schneiden das Holz, so daß ein Loch entsteht. Da durch diese Teile die eigentliche Arbeit geleistet wird, stumpfen diese Teile mit der Zeit. Man schärft diese Schneiden mit einer kleinen Vierkantfeile.

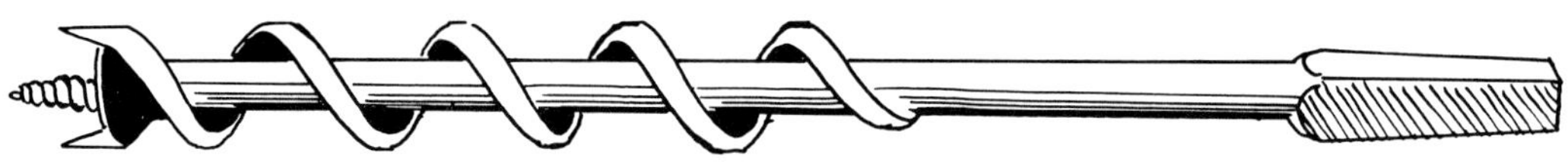

90 *Schlangenbohrer eignen sich nur für Handbohrer*

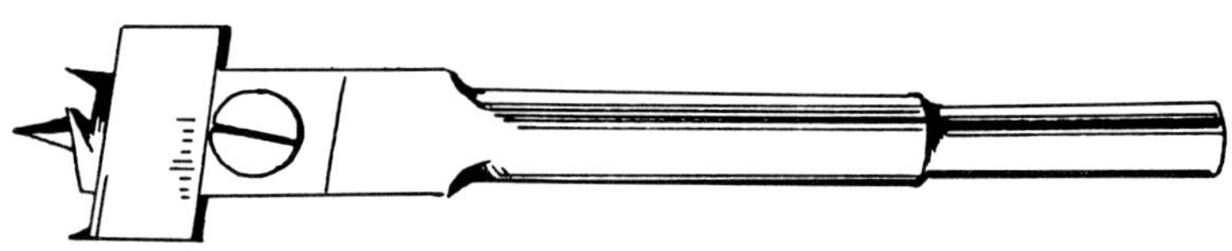

91 *Verstellbohrer mit Tiefenregelung*

Hinten hat dieser Bohrer einen Vierkant, so daß er in einen Handbohrer gespannt werden kann. Für Bohrmaschinen sind die Schlangenbohrer wegen der Schraubspitze nicht geeignet.

Schreiner bohren ihre Löcher heute in der Regel mit einer Elektromaschine; für kleinere Dimensionen werden zumeist *Spiralbohrer* verwendet. Einfache Spiralbohrer, wie sie auch für Metallarbei-

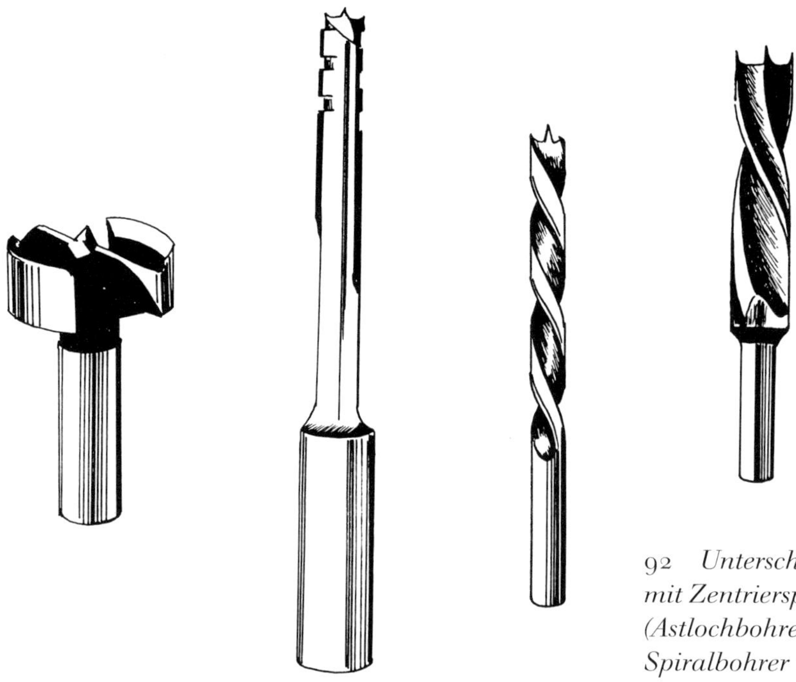

92 *Unterschiedliche Holzbohrer (v.l.n.r.) mit Zentrierspitze: Forstnerbohrer (Astlochbohrer), Maschinenfräsbohrer, Spiralbohrer und Maschinenspiralbohrer*

ten geeignet sind, sind brauchbar. Besser geeignet sind *Holzbohrer mit einer Zentrierspitze*. Diese Bohrer werden in Längen bis 50 cm angeboten.

Spiralbohrer mit Widia- oder Hartmetallschneiden sind für Arbeiten in Stein gedacht; für Holz sind sie ungeeignet.

Zum Bohren von größeren Durchmessern sind *Astlochbohrer*, sogenannte *Forstnerbohrer*, in Gebrauch. Auch sie sind nur für die Maschine zu verwenden. Sie eignen sich nur für Bohrlöcher mit geringer Tiefe, schaffen aber ein präzises Loch.

Um tiefe Löcher oder Schlitze für Zapfen zu bohren, werden *Bohrfräser* eingesetzt, meist in einer Langlochbohrmaschine, die einen doppelten Schiebeschlitten besitzt.

Forstnerbohrer ebenso wie Bohrfräser sind leider mit den Mitteln der Schreiner nur umständlich und mangelhaft zu schärfen. Es ist dabei wichtig, die Zentrierspitzen nicht zu zerstören. Die Vorschneider sollten immer ein wenig vor der Schneide stehen. Zylinder-, Schnecken-, Spiral- und Forstnerbohrer müssen außen unbedingt unbeschädigt bleiben. Daher feilen wir diese Bohrer nur innen mit verschiedenen Feilen, den sogenannten *Schlüsselfeilen*.

Für spezielle Arbeiten sind noch Bohrer mit verschiedenen Durchmessern auf dem Markt, sogenannte *Stufenbohrer*.

Nicht eigentlich zu den Bohrern zählen *Aufreiber* oder *Versenker*, die zum fasenartigen Nachbohren der Schraubenlöcher gedacht sind. Es entsteht dabei ein Bohrkegel, in dem die Schraubenköpfe versenkt werden können.

Schraubzwingen

Schraubzwingen erzeugen beim Verleimen den nötigen Preßdruck.

Seit Möbelteile verleimt werden, sind *Keilspanner* und Schraubzwingen im Gebrauch. In der frühesten Zeit des Schreinerhandwerks wurden selbstgebaute Spanngeräte, die aus kräftigen Bohlen mit Löchern bestanden, in die man Haken steckte, um den Holzkeilen ein Widerlager zu geben, benutzt. Gleich mehrere Bretter ließen sich mit diesem Gerät verleimen. Ähnliche Keilböcke sind in der Bauschreinerei noch lange im Gebrauch gewesen.

Schraubzwingen wurden zunächst aus Holz gefertigt, selbst die Schraubspindel war aus diesem Material. Heute sind Schraubzwingen aus Eisen sehr wichtige Hilfsmittel in der Schreinerei. Bei einer

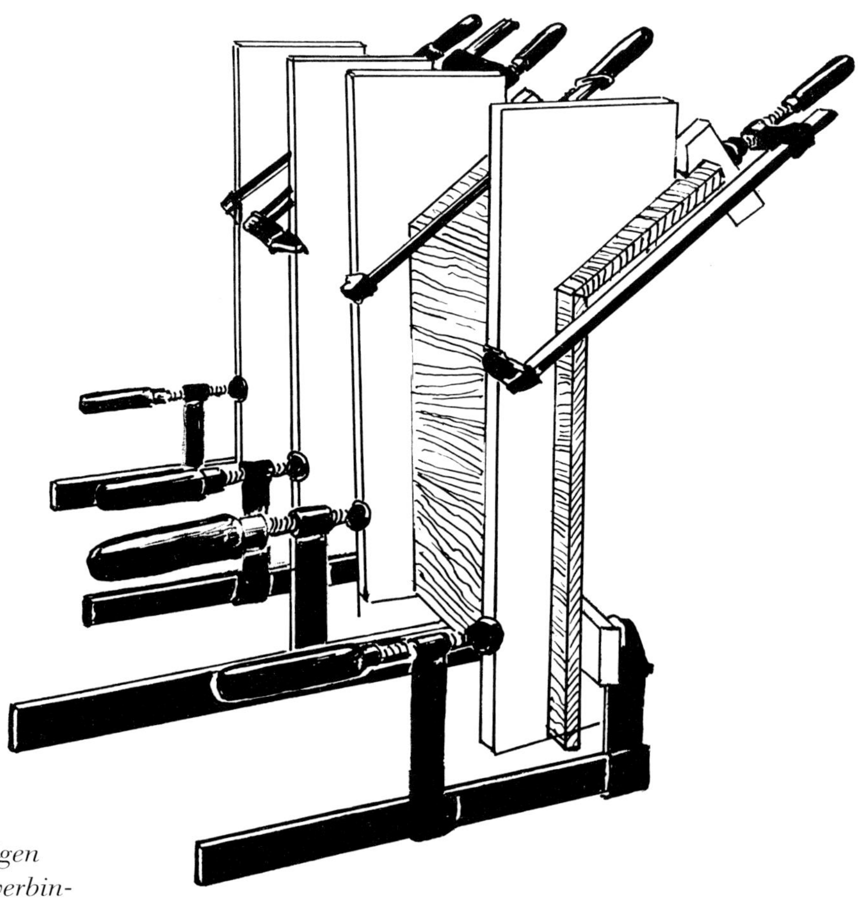

93 *Mit einer vierteiligen Zulage wird eine Eckverbindung zusammengeleimt.*

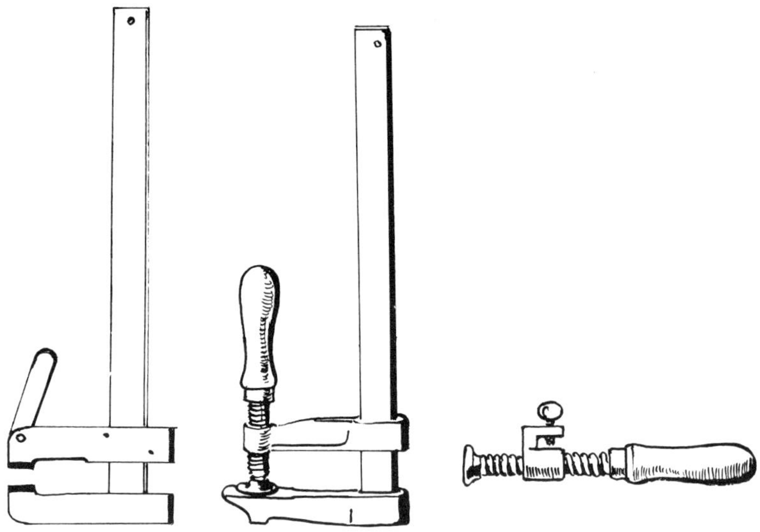

94 *Für jede Arbeit die richtige Zwinge (v.l.n.r.): Holzklammer, Schraubzwinge, Kantenschraubzwinge*

Spannweite bis 35 cm werden sie *Zwingen* genannt, von 40–200 cm Länge heißen sie *Schraubknechte*.

Das sachgemäße Ansetzen der Zwingen will gelernt sein. An dem feststehenden Winkel bildet eine Platte das eigentliche Widerlager für die *Schraubspindel*. Dieses Widerlager, auch *Schuh* genannt, hat beim Leimen voll anzuliegen, damit sich die zu verleimenden Holzteile beim Ansetzen nicht verschieben.

Für viele Arbeiten sind *Kantenzwingen* als Zusatzgerät sehr praktisch. Sie werden an die Zwingen geschraubt und bilden mit diesen dann eine Einheit. Es lassen sich hiermit auch schräge Kanten leimen, daher sind spezielle *Gehrungsschraubzwingen* nur noch wenig im Gebrauch.

Für viele Arbeiten sind auch die *Holzspannklammern* praktisch. Sie sind für komplizierte Verleimungen, die nicht so viel Druck benötigen, zu verwenden. Aufgrund einer Korkschicht an den Klemmbacken rutschen sie nicht leicht. In den größeren Ausführungen haben sie Doppelklammern und bewähren sich als ein angenehmes Werkzeug.

Mehr für die Bauschreinerei sind die großen *Spannpressen* gedacht. Tür- und Fensterrahmen, aber auch Bretter und Anleimer werden durch Luft- oder Öldruck gepreßt.

Besonders bei den Restauratoren sind einfache *Spannklammern* aus Stahlbügeln im Gebrauch. Sie werden von der Industrie angeboten. Manche Schreiner fertigen sie aus starkem Draht selbst.

Schleifpapier

Auf eine Papier- oder Textilunterlage wird Glas, Karbit oder Siliziumkorn geleimt, um Schleifpapier herzustellen. Dieses Korn ist grob bis fein. Die Feinheit der Körnung wird mit Nummern angegeben. Für die normalen Schreinerarbeiten sind die Nummern 80, 100, 120 gebräuchlich. Für das Schleifen nach dem Wässern der Hölzer werden noch 120er, 180er Papiere verwendet. Feinere Körnungen wie 240, 400, 600 oder gar 1200 sind für das Glattschleifen von Lacken und Polituren geeignet. In der Regel wird Holz trocken geschliffen, während Polituren besser mit Hilfe einer Schleifflüssigkeit zu bearbeiten sind. Je nach dem verwendeten Kornmaterial unterscheidet sich die Qualität. Meist sind *Schleifbänder*, die für Maschinen verwendet werden, dauerhafter.

Um mit der Hand Flächen eben zu schleifen, wird das Papier um einen *Schleifklotz aus Kork* gelegt. Um bei kleinen Arbeiten auch scharf bis in die Ecken glätten zu können, leimt man Schleifpapier auf kantige Klötzchen. Um Stäbe, Profile oder Hohlkehlen auszuschleifen, müssen passende Gegenformen aus Holz hergestellt werden. Für geschweifte Flächen sind *elastische Schleifkerne* aus Gummi oder Filz geeignet. Die Schleifpapiere werden über einer scharfen Kante in passende Teile gerissen.

Ziehklingen

Feine, kurvige Profile – an Sitzmöbeln beispielsweise – werden mit entsprechenden Ziehklingen gezogen.

Diese Klinge aus Stahl wird eingesetzt, um kleine Unebenheiten im Holz zu beseitigen. Entscheidend und schwierig ist das Schärfen. Dazu wird die Klinge in einen Feilkloben oder Schraubstock gespannt. Mit einer Eisenfeile muß die Klingenkante genau plan geschliffen werden. Die dabei entstehende Feilstruktur beseitigt man mit einem Abziehstein. Die Kanten der Klinge müssen aber immer scharfkantig bleiben. Nun wird mit einem Grateisen an den beiden Kantenseiten ein Grat gerissen. Manche Schreiner spannen das Werkzeug hierfür in einen Schraubstock. Manche legen die Klinge aber auch flach auf die Arbeitsbank – am Rand leicht überstehend –, um so den Grat anzureißen. Das Grateisen sollte beim Anreißen nicht zu schräg geführt werden.

Bei einem Geigenbauer sah ich, wie die Kante an der Ziehklinge zunächst schräg, sozusagen als Fase geschliffen wurde. Dabei war nur an der spitzen Seite der Grat angebracht.

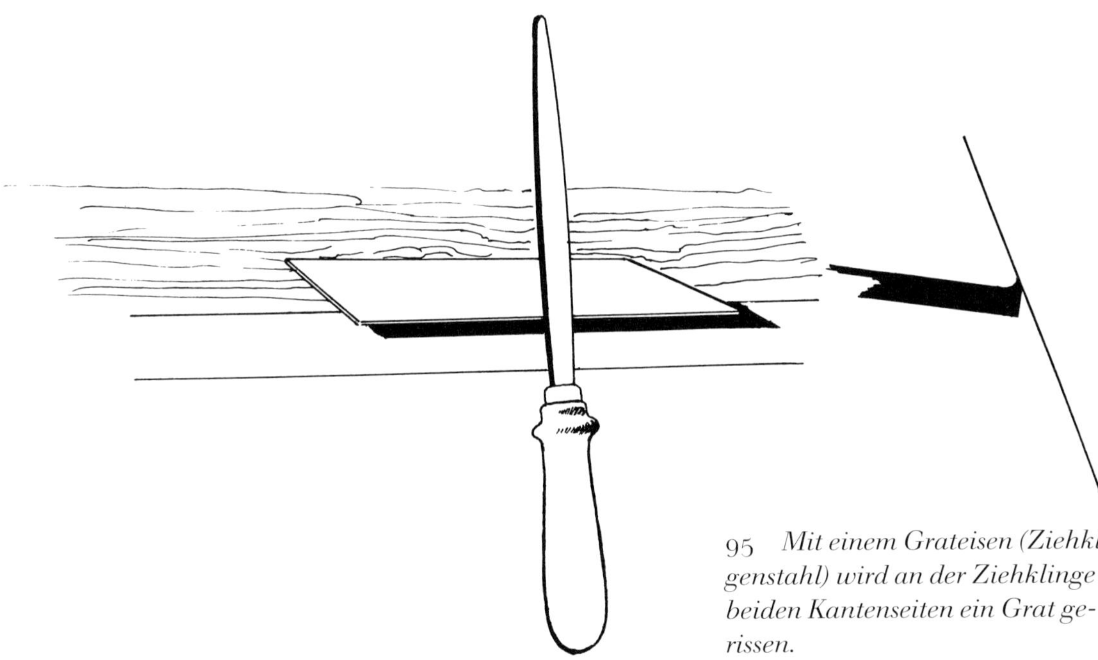

95 *Mit einem Grateisen (Ziehklingenstahl) wird an der Ziehklinge an beiden Kantenseiten ein Grat gerissen.*

Die Ziehklingen werden mit beiden Händen gehalten und mit den Daumen leicht durchgebogen. Ziehklingen schiebt man bei der Arbeit von sich weg.

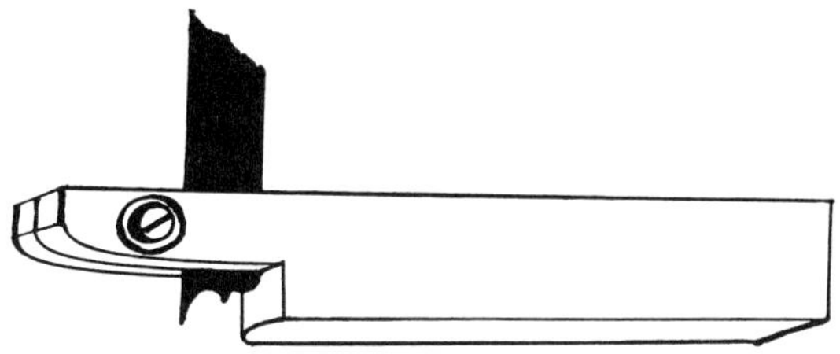

96 *Profilschaber zum Ausschaben von Profilen*

Auch dieses Werkzeug existiert in verschiedenen Formen. Geschweifte, kurvige Blattformen nennt man *Schwanenhalsziehklingen.* Kleine Ziehklingen, die einen Holzgriff erhalten, kann man sich selber, zum Beispiel aus Bandsägeblättern, herstellen. Sie sind zum Ausschaben von Profilen und außergewöhnlichen Ecken gut geeignet.

Scharfe Ziehklingen ziehen einen feinen Span vom Holz. In früherer Zeit haben Schreiner die Feinarbeit an den Holzoberflächen ausschließlich mit diesem Werkzeug ausgeführt.

Messwerkzeuge

Die meisten Meßwerkzeuge sind auch in anderen Berufen und Bereichen bekannt. So sollen sie hier nur kurz beschrieben werden.

Am verbreitetsten ist der *Zollstock*, dessen neuere Fachbezeichnung, *Gliedermaßstab*, sich nicht recht durchsetzen will. Es gibt sie für 1, 2 und 4 Meter.

Winkel sind meist aus Metall. Man sollte prüfen, ob sie wirklich genau auf 90 Grad justiert sind. Der Schreiner braucht große und kleine Winkel zum Anreißen. Auf 45 Grad sind die *Gehrungswinkel* eingestellt. Um verschiedene Grade zu messen, werden *Schmiegen* verwendet. Die größeren sind aus Holz, kleinere aus Metall.

Schreiner sind keine Uhrmacher. Es gibt aber viele Arbeiten, die eine große Präzision verlangen. Für solch genaue Messungen verwenden auch Schreiner *Schieblehren*. Mit diesem Meßgerät lassen sich Zehntelmillimeter messen.

Zu den Anreißwerkzeugen gehören *Zirkel*. Damit sie in der praktischen Arbeit des Schreiners vielseitig verwendet werden können,

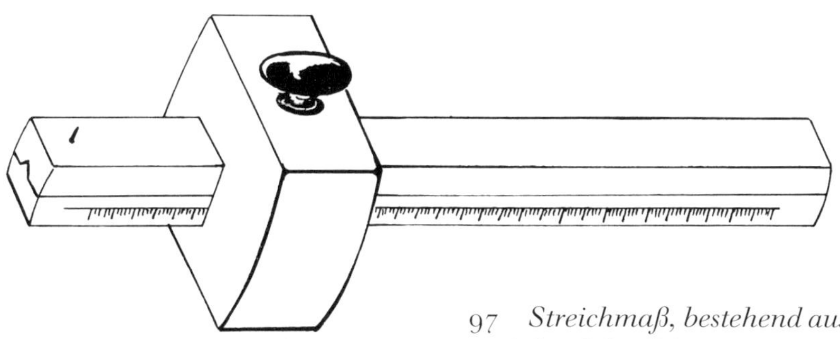

97 *Streichmaß, bestehend aus zwei Holzschienen und dem Metalldorn*

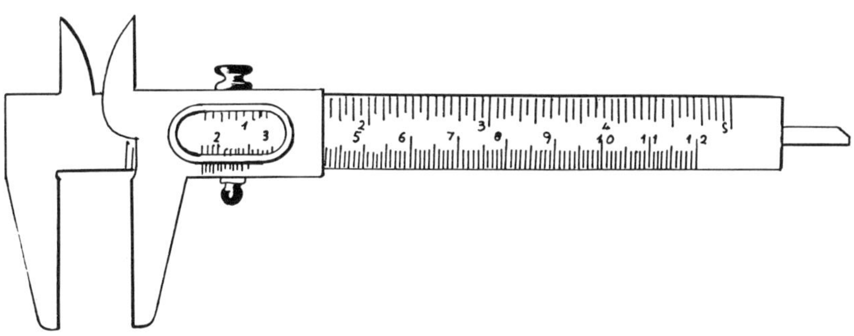

98 *Schieblehre für absolut präzise Messungen*

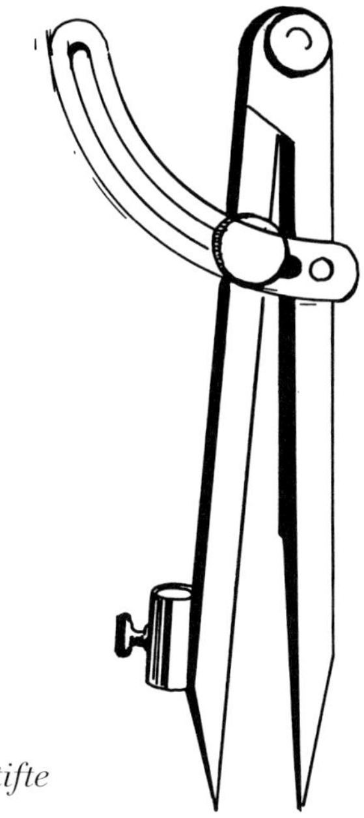

99 *Bogenzirkel mit Halterung für Stifte und Justierschraube*

sollten nur Zirkel verwendet werden, die sowohl für Metallspitzen als auch für Bleistiftminen eingerichtet sind.

Wichtig ist auch das *Streichmaß*. Zwei verstellbare Holzschienen, an deren Ende ein spitzer Metalldorn sitzt, lassen sich durch einen Block schieben. Der Dorn kann millimetergenau justiert werden. Mit diesem Gerät werden unter anderem die Hilfslinien beim Zinken angerissen.

Schließlich sei noch auf ein Gerät hingewiesen, welches zum Anreißen oder Schneiden von Kreisen verwendet wird. In der Regel bauen sich die Schreiner dieses Gerät selbst. Gerade für das runde Ausschneiden von beispielsweise Furnieren ist dieses Gerät eine wichtige Hilfe. Eine Leiste mit einer eingelassenen Achse wird mit Stiften oder Schraubzwingen auf einem Grundbrett befestigt. Um diese Achse läßt sich eine weitere Leiste drehen, in die sich Messer, aber auch Bleistifte keilen lassen.

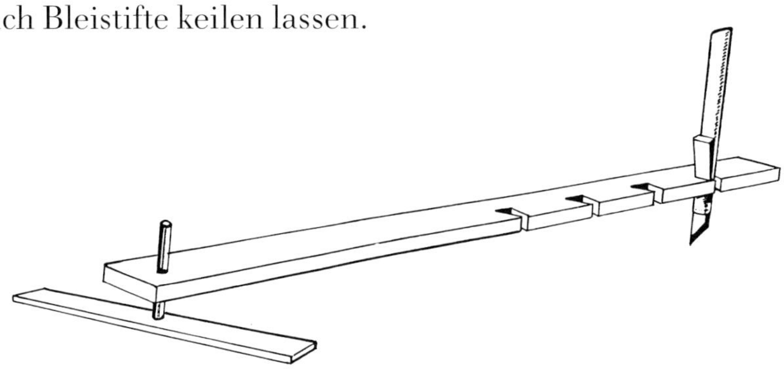

100 *Dieses Gerät zum Anreißen oder Schneiden von Kreisen läßt sich selbst herstellen.*

LEIME, LACKE, WACHSE, LÖSEMITTEL UND BEIZEN

Holz ist für den Schreiner die Grundlage seiner Arbeit. Seit sich dieser Beruf im Mittelalter von den Zimmerleuten gelöst hat, gehören auch Leime und Materialien für die Oberflächenbehandlung zu den typischen Werkstoffen dieses Handwerkszweiges.

Leime

In uralter Zeit haben sicher Harze, Asphalt, Pech als Haft- oder Klebemittel gedient. Es ist nicht bekannt, seit wann Knochen-, Haut- und Lederleime, hergestellt aus tierischen Abfällen, in Schreinerwerkstätten verwendet werden. Bis in die Mitte unseres Jahrhunderts war dieser *Heißleim*, der in der Fachsprache auch *Glutolinleim* genannt wird, das wichtigste und verbreitetste Mittel, um Hölzer miteinander zu verbinden. *Knochenleim* wird in Tafeln oder als Perlen geliefert. Sie müssen einige Stunden, am besten über Nacht, in kaltem Wasser zum Quellen gebracht werden. Es bildet sich eine gallertartige Konsistenz, die dann im Leimtopf, der in einem zweiten größeren Topf im Wasserbad hängt, erhitzt wird. Der Leim löst sich völlig auf und kann unter Zugabe von weiterem Wasser gebrauchsfertig gemacht werden. Es ist erstaunlich, welch unglaubliche Leimleistung diese dünnflüssige heiße Lösung besitzt. Unübersehbar standen früher in den Werkstätten die großen flachen Leimöfen, die – mit Holzabfällen beheizt – den Leimtopf ausreichend heiß hielten. Auf diesen Öfen wurden auch die Hölzer auf Handwärme gebracht. Für die Qualität der Verleimung ist nicht nur sauberes und exakt gefügtes Holz erforderlich, sondern auch ein durch die Wärme geweitetes und geöffnetes Porensystem der Hölzer. So kann das Holz den Leim aufnehmen, der sich sozusagen in den Poren »verankert«. Der alte Schreinerspruch: »Gut gewärmt, ist halb geleimt«, erhält darin seinen Sinn.

Um Furniere aufzuleimen, wird der *Leim mit Kreide gestreckt.* Furniere sind dünn, und wenn sie zudem noch grobporig sind, kann der Leim leicht durch die Poren an die Oberfläche dringen. Um dies zu vermeiden, ist die Kreidezutat notwendig. Der Leim wird dadurch in seiner Konsistenz zäh und sämig.

Auch wenn Heißleime nicht wasserfest sind, nimmt die Leimleistung erst nach Jahren ab. Haut- und Lederleime haben eine größere Leimkraft als jene, die aus Knochen hergestellt werden. Leime der höchsten Qualität nennt man *Hasenleime.*

Diese Leime werden heute noch von den Vergoldern und Faßmalern zum Herstellen von Kreidegrund benutzt. Für die richtige Konsistenz der Leimtränke gibt es Rezepte (siehe etwa im Buch von Hans Kellner, »Vergolden«, München 1992). In der Praxis wird aber immer noch ein Leimklecks zwischen zwei Fingerkuppen genommen, um an der Haut die Leimkraft zu prüfen.

Von einem Fisch, dem Stör, wird der beste Heißleim gewonnen, der *Hausenblasenleim.* Restauratoren gilt er als das zuverlässigste Mittel für extrem schwierige Leimprobleme. Er muß wie der Hautleim zubereitet und verarbeitet werden.

Heißleime sollen nicht kochen, das vermindert ihre Klebekraft.

Auch einen relativ wasserfesten Leim kannten die alten Schreiner. Durch das Vermischen von Kalk aus der Löschgrube der Maurer mit Topfen, dem Käsequark von Landwirten, wurde ein Leim gewonnen, der sich selbst im Schiffbau bewährt hat.

In der Mitte unseres Jahrhunderts wurden Leime aus Naturmaterialien durch chemisch hergestellte Kunststoffverbindungen verdrängt. Ein sogenannter *Weißleim* steht heute nahezu in jeder Werkstatt. Er wird aus Polyvinylacetat hergestellt. Die weiße Farbe entsteht durch das Mischen von Kunstharz mit Wasser, ähnlich einer Emulsion (bei einer natürlichen Emulsion ist Fett mit Wasser verbunden). Beim Verdunsten der Wasseranteile verschwindet der weiße Farbton, der Leim wird dadurch glasklar und durchsichtig. *Polyvinylleime (PVA-Leime)* werden nicht erwärmt, trotzdem verbessert handwarmes Holz die Voraussetzungen, um die volle Leimkraft zu erreichen.

PVA-Leime sind thermoplastisch, das heißt, sie erweichen durch Hitze in einem bestimmten Umfang. Wenn sogenannte *Kürschner,* das sind Blasen, die bei Furnierleimung entstehen können, auftreten, kann diese Eigenschaft genutzt werden. Mit einem heißen Bügeleisen wird der Leim aufgeweicht, und es kommt so zu einer nachträglichen Leimung. PVA-Leime sind für die normale Verarbeitung gebrauchsfertig, sie lassen sich aber mit Wasser weiter

101 *Stuhl, 1991, in amerikanischer Kirsche und 925-Silbereinlage.*
Entwurf/Herstellung: Hendrike Farenholtz, Hamburg

102 *Tisch, 1991, in amerikanischer Kirsche mit 925-Silbereinlage; Schellack-Politur.*
h = 75 cm, b = 220 cm, t = 90 cm
Entwurf/Herstellung: Ragna Gutschow, Hamburg
▽

103 *Sammlerschrank, 1990, in Birnbaum, massiv, mit Stahl, dreiteilig.*
h = 220 cm, b = 80 cm, t = 60 cm
Entwurf/Herstellung: Hendrike Farenholtz, Hamburg

104 *Kommoden in Eibenholz*
Entwurf/Herstellung: Ragna Gutschow, Hamburg

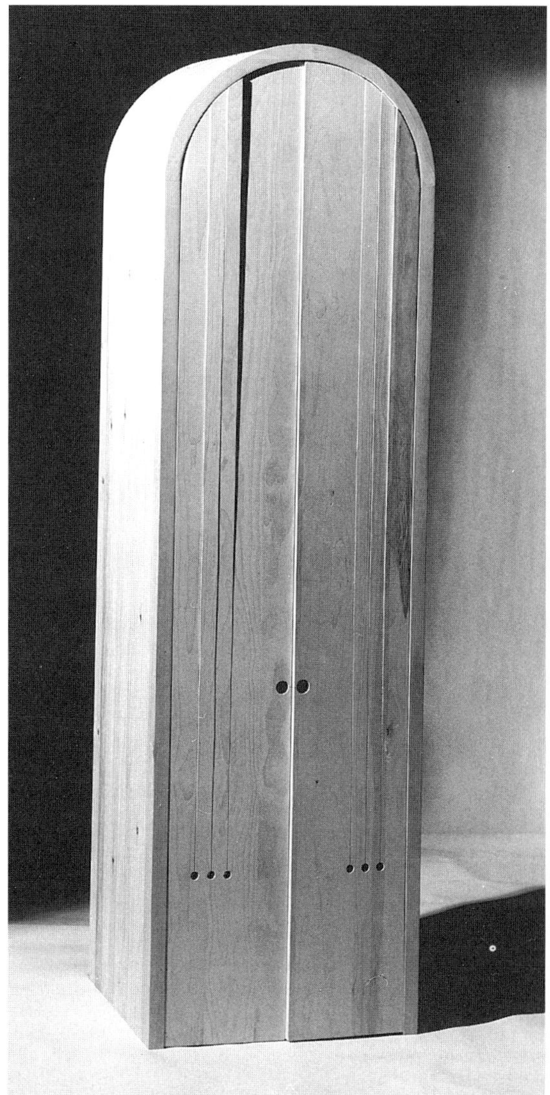

106 *Schrank in Birnbaum*
Entwurf/Herstellung: Franz Öttl, Unterwössen/Chiemgau

105 *Tisch und Stuhl*
Entwurf/Herstellung: Franz Öttl, Unterwössen/Chiemgau

107, 108 *Tische und Stühle in Massivholzbauweise Entwurf/Herstellung: Franz Öttl, Unterwössen/Chiemgau*

109 *Schminktisch in Vogelaugenahorn massiv und furniert; das Holz wurde blau und grau gebeizt. Die Säule ist mit Türen und Auszügen ausgeführt.*
h = 60 cm, b = 120 cm, t = 120 cm
Entwurf/Herstellung: Emanuel Hook, Altrip

110 *Säulenschränke mit Massivholzaufsatz, Ahorn/Birnbaum verleimt; Fronten bestehend aus je einer Tür.*
h = 120 cm, b = 45 cm, t = 45 cm
Entwurf/Herstellung: Emanuel Hook, Altrip

111 *Pyramidenschrank, blau lackiert mit violett gebeiztem Kirschholz, Front mit Auszügen und seitlich zu öffnenden Türen. h = 200 cm, b = 120 cm, t = 55 cm*
Entwurf/Herstellung: Emanuel Hook, Altrip

112 *Lesepult, 1990, in Riegelahorn, massiv, mit ausziehbaren Stützen. Die gebogenen Beine sind formverleimt, die Rahmenteile durch eine Zinken-Schwalbenschwanz-Verbindung verbunden.*
h = 132 cm, b = 40 cm, t = 60 cm
Entwurf/Herstellung: Verena Wriedt, Hamburg

verdünnen. Auch hier gilt die Erfahrung aus der Praxis: Bei Fugenverleimung verwendet man ihn etwas verdünnt. Mit Füllmittel angedickte Leime, die besonders für Flächen und Furnierungen entwikkelt wurden, sind gebrauchsfertig im Handel. Diese Leime werden mit einem *Kammspachtel* oder der *Leimwalze* aufgetragen. Bei Kanten oder Fugen wird ein Pinsel benutzt. Bei grobporigen Hölzern kann es zu Leimdurchschlag kommen. Mit Aceton oder Nitroverdünnung wird dieser Leim ausgewaschen. Das geschieht am besten während (Naßschliff mit Nitroverdünnung) oder nach dem Schleifen. PVA-Leime werden in verschiedenen Varianten und Kombinationen angeboten. Einige dieser Verbindungen enthalten leider Formaldehydanteile, diese sind in der letzten Zeit nahezu beseitigt worden, so daß eine Gesundheitsschädigung ausgeschlossen ist.

Der Einzug von hydraulischen Furnierpressen, die variable Heißtemperaturen erzeugen können, hat zur Entwicklung besonderer Leimsorten geführt: Es sind *Harzleime*, die Harnstoffe, Phenole oder Melamine enthalten. Während bei einer Kaltverleimung Stunden für den Abbindeprozeß nötig sind, reichen bei Hitzeeinfluß wenige Minuten aus. Während bei Weißleimen die Entfernung von Leimflecken mit Verdünnung möglich ist, lassen sich durch Harzleime entstandene Flecken nicht mehr entfernen. Nur durch die genaue Dosierung der Leimschicht kann man den Durchschlag bei Furnierarbeiten vermeiden.

Die modernen Leime sind durch die Marken- oder Firmennamen gekennzeichnet; ihre Bestandteile werden nicht genannt. Selbst die Kennzeichnung der DIN-Normen hilft dem Praktiker wenig. So wird der Schreiner leider immer noch durch Erfahrungen aus der Praxis, auch durch Empfehlungen von Kollegen zu den für ihn geeigneten Materialien gelangen müssen.

◁ 113 *Schreibtisch mit Schubladenkorpus, 1991, in französischem Nußbaum, furniert, und Elsbeere, massiv. Der gebogene Teil der Beine aus Elsbeere wurde aus einzelnen, 5 cm breiten, in Form gefrästen Teilen zusammengesetzt. Schubladenkorpus mit vier Schubläden auf Rollen. An die Oberseite sind zwei keilförmige Klappen mit einem eigens dafür konstruierten Scharnier montiert: Hochgeklappt wird so die Schreibfläche vergrößert, heruntergeklappt wird daraus ein Teil der Seitenwand.*
Entwurf/Herstellung: Verena Wriedt, Hamburg
Tisch: h = 75 cm, b = 160 cm, t = 65 cm
Korpus: h = 75 cm, b = 39 cm, t = 65 cm

Kleber

Der Unterschied zwischen Leim und Kleber ist nicht ganz eindeutig. Leim wird in der Regel als ein Material bezeichnet, das zwischen den zu verleimenden Holzteilen völlig in die Poren eindringt und die Hölzer wie mit unzähligen Dübeln verbindet. Beim Kleber bleibt eine Schicht als Substanz zwischen den Hölzern. Während der Leim beim Trocknen sein Volumen auf ein Minimum reduziert, behalten viele Kleber ihr Volumen, das heißt, sie schrumpfen nicht.

Verbreitet sind *Kleber auf Polyurethanbasis (PU)*. Sie sind als Zwei- oder Einkomponenten-Verbindungen in Gebrauch. Diese Kleber schäumen meist etwas auf und sind für Arbeiten mit ungenauen Kontaktstellen gut geeignet. Vorteile sind hier Witterungsfestigkeit und Klebkraft auf verschiedensten Materialien wie Kunststoff und Holz.

Epoxidharz ist ein anderes universelles Klebemittel. Beide Anteile, Harz und Härter, müssen intensiv miteinander vermischt werden. Dort, wo Metall, Holz oder Kunststoff miteinander zu verbinden sind, ist dieses Material gut geeignet. Bei einigen Exotenhölzern mit einem hohen Harz- oder Ölanteil härtet die Kontaktfläche nicht aus. So müssen Metalle und harziges Holz gut mit Aceton gereinigt werden.

Kontakt- und *Schmelzkleber* sind ebenfalls in Gebrauch. Mit dem Schmelzkleber werden Kunststoffkanten heiß aufgebügelt. Über die Dauerhaftigkeit dieser Klebesorten und den Einsatz als Schreinermaterial wird noch gestritten. Im industriellen Bereich werden sie viel eingesetzt.

Lacke haben weitgehend die Aufgabe, das Holz an der Oberfläche gegen Schmutz und Feuchtigkeit zu schützen. Nicht unerheblich ist auch die Eigenschaft der Lacke und Harze, die volle Schönheit der Hölzer hervorzuheben.

Die ältesten, von den Schreinern verwendeten *Lacke* wurden aus Baumharzen gewonnen. Da sie unter Hitzeeinfluß mit Terpentinöl zu lösen sind, müßte man hier eigentlich von *Firnissen* und nicht von Lacken sprechen. Die bekannteren Firnisse werden aus Leinöl gewonnen und ebenfalls mit Terpentinöl verdünnt. Sie eignen sich mehr für Anstricharbeiten und fallen in das Arbeitsgebiet der Maler.

Die Baumharze kommen in kleinen Brocken oder Tränen in den Handel. Sie werden im Wasserbad erhitzt und lösen sich dabei auf. Noch im heißen Zustand muß mit Terpentinöl verdünnt werden, um ein streichfähiges Material zu erhalten.

Diese Harze werden durch Einschnitte in die Rinde aus Nadelhölzern gewonnen. Je nach Baumart gewinnt man *Dammar, Mastix, Kolophonium, Sandarak*. Diese Baumharze werden härter als Firnisse aus Leinöl, dennoch war es das Bestreben der Schreiner, noch widerstandsfähigere Materialien zu erhalten. In den Kopalen fand man sie. *Kopal* ist ebenfalls ein Baumharz, es wird aus Manila oder Sansibar importiert. Kopal kann im heißen Wasserbad mit Alkohol gelöst werden. Terpentinölfirnisse haben den Nachteil einer begrenzten Lebensdauer. Neben dem Vergilben tritt durch Sauerstoff Oxidation, ein Verwitterungsprozeß, ein, der ein periodisches Nachstreichen der Firnisschicht nötig macht. Diesen Nachteil haben Spirituslacke kaum. Da auch heimische Harze wie Mastix oder Kolophonium in Alkohol löslich sind, entwickelte sich neben dem Firnis der sogenannte *Spirituslack*, der im 17. und 18. Jahrhundert als Möbellack diente.

Eine entscheidende Verbesserung erfuhr der Möbellack durch die Zugabe von *Schellack*. Schellack ist ein Ausscheidungsprodukt der Lackschildlaus, die in Indien beheimatet ist. Auch Schellack ist alkohollöslich; er wurde zunächst in Verbindung mit Kopalen und Harzen verwendet. Durch ein Bleichverfahren wird aus den ursprünglich braunen Blättern ein heller, als »blond« bezeichneter Schellack gewonnen. Diese Lackkombinationen wurden in vielen Schichten auf das Holz mit dem Pinsel aufgetragen. Anschließend wurde mit feuchtem Schachtelhalm geschliffen, dann mit Bimsmehl, später rieb man mit Trippelpulver die Oberfläche glänzend.

Die heute als *Schellackpolitur* bezeichnete Technik, den Lack mit einem Stoffballen Schicht um Schicht aufzutragen, entwickelte sich im frühen 19. Jahrhundert. Bei dieser Ballenpolitur wurde im 19. Jahrhundert nur noch Schellack, manchmal mit einem Anteil von Kopal, verwendet.

In unserem Jahrhundert werden Lacke, die aus Nitrozellulose hergestellt sind, bevorzugt. Meist mischen die Firmen, entsprechend dem gewünschten Effekt, andere Harze oder Mittel – zum Beispiel einen Matteffekt – hinzu. So werden aus Nitrozellulose *Grundierlacke, Einlaßgrund, Füllacke, Mattierungen* oder *Schleiflacke* hergestellt. Sie sind nach den Verarbeitungsrichtlinien der Herstellerfirmen anzuwenden. Schellack und Baumharzlacke kann sich ein Schreiner aus den Rohstoffen selbst herstellen, bei Nitrozelluloselacken ist dies nicht möglich. Wie Schellack können auch die Zellulosemattierungen mit dem Stoffballen oder dem Pinsel aufgetragen werden.

Mehr und mehr haben die Schreiner Spritzanlagen angeschafft, um den Lackiervorgang zu beschleunigen. Dabei entstehen intensive Lacknebel, die mit Absauganlagen beseitigt werden müssen!

Nitrozelluloselack ist wie Schellack nur bedingt wasser- und kratzfest. Auch Alkoholränder und Spuren anderer Lösemittel lassen sich auf den Oberflächen nicht vermeiden. Aber die Lösbarkeit dieser Lacke hat auch Vorteile. Mit Alkohol oder Nitroverdünnung können Schadstellen und Flecken behoben oder aufgefrischt werden.

Bedingt durch die Spritzanlagen werden heute Lacke verwendet, die nicht durch Verdunstung der Lösemittel aushärten wie Naturharze oder Zellulose, sondern durch einen chemischen Prozeß: Es handelt sich dabei um Reaktionsharze.

Polyurethanlacke in verschiedenen Komponenten, die auch *DD-Lacke* genannt werden, gehören in diese Kategorie. Dieser Lack für hohe Ansprüche ist abriebfest und relativ resistent gegen Alkohol und Laugen. DD-Lacke bestehen aus Lack und Härter, die nach den Angaben der Hersteller vermischt werden müssen. Leider wirken die Lösemittelverdunstungen während der Verarbeitung aggressiv auf die Atmungsorgane. Beim Streichverfahren sollte daher unbedingt in gelüfteten Räumen gearbeitet werden. Beim Spritzen sind Schutzmasken und Absauganlagen erforderlich. DD-Lacke dienen auch zum Absperren der harz- oder ölhaltigen Inhaltsstoffe bei exotischen Hölzern. In ein bis zwei Schichten aufgetragen, kann anschließend mit anderen Lacken weitergearbeitet werden.

Zu den härtesten Schichtlacken zählen *Polyesterlacke*. Sie bestehen aus zwei Komponenten, die in der Regel im Spritzverfahren aufgetragen werden. Polyester schließt das Holz ab und bedeckt die Oberfläche wie eine Glasur. Polyesterlacke sind kratz- und lösemittelfest.

Reaktionsharze sind nicht regenerierbar, das heißt, sie lassen sich nicht auffrischen. Sie lassen sich auch durch Abbeizmittel kaum wieder entfernen.

Für die Oberflächen der Möbel haben sich die in Alkohol, in Nitro und Aceton lösbaren Lacke bewährt. Firnisse oder Alkydharzlacke, die in Terpentinöl oder Testbenzin lösbar sind, werden heute nur mehr im Außenbereich zum Beispiel für Bauschreinerarbeiten verwendet. Um die negativen Eigenschaften der Harz- und Lösemitteldämpfe auszuschalten, wurden in neuerer Zeit für die verschiedensten Aufgaben sogenannte *Wasserlacke* entwickelt. Auch hier sind Harze ein Basisstoff, der durch ein chemisches Verfahren wasserlöslich wird.

Wachse

Neben den Lacken werden für manche Oberflächen auch Wachse verwendet. Ursprünglich waren es ausschließlich Bienenwachse. In neuerer Zeit werden sogenannte *technische Wachse* angeboten. Die harten Wachsbrocken lösen sich im Wasserbad und können entsprechend mit Terpentinöl (oder Terpentinersatz, Testbenzin) verdünnt werden. Es ist gut, die Holzflächen vor dem Wachsauftrag mit Leim oder Schellack zu grundieren, damit das Wachs an der Oberfläche verbleibt.

Das zunehmende Interesse an dem traditionellen Arbeiten mit Wachs und Naturharzen wird in der handwerklichen Schreinerei neben den modernen Werkstoffen wahrscheinlich wieder zur stärkeren Verwendung dieser Mittel führen.

Lösemittel/ Verdünnungen

Lacke und Harze müssen durch Lösemittel in die richtige Konsistenz gebracht werden, damit sie für den Streich- oder Spritzvorgang geeignet sind. Nur einige der vom Handel angebotenen Oberflächenmaterialien sind gebrauchsfertig, viele müssen verdünnt werden.

Grundsätzlich gilt es, zwischen Lösemitteln und Verdünnungen zu unterscheiden. *Lösemittel* haben eine chemische Verwandtschaft zu dem Grundmaterial, sie zerteilen, das heißt, sie lösen das Harz. Lösemittel sind die unterschiedlichen Alkohole, die als *Äthanol, Glykol* und *Spiritus* bezeichnet werden. *Benzol, Toluol, Xylol* sind starke Lösemittel, die Harze und Kunstharze lösen. Die meisten dieser Lösemittel verdunsten schnell, daher sollten sie immer verschlossen aufbewahrt werden. Sie unterliegen der Gefahrstoffkategorie und wirken unterschiedlich gesundheitsgefährdend.

Auch verschiedene *Öle* wie *Leinöl* oder *Terpentinöl* besitzen Löseeigenschaften. So konnten das Bernsteinharz oder die harten Kopale bisher nur in fetten Ölen und unter großer Hitze gelöst werden.

Methylenchlorid ist als intensives Lösemittel der wichtigste Bestandteil von *Abbeizpasten*. Diese Pasten in ihrer glasigen Konsistenz werden eingesetzt, wenn alte Lacke chemisch entfernt werden sollen.

Verdünnungen sind meist als solche gekennzeichnet. *Nitroverdünnung, Kunstharzverdünnung, Aceton-* und *Universalverdünnung* werden für Nitrolacke, Epoxidharze, Polyester verwendet. Sie müssen jeweils nach den Angaben der Hersteller benützt werden. Falsche Verdünnungen können das Grundmaterial unbrauchbar machen.

Auch *Laugen* lösen alte Farben, Firnisse und Lacke. *Natronlauge* und andere alkalische Substanzen lösen durch Verseifung; sie haben eine stark ätzende Wirkung. Laugen werden in einer wäßrigen Lösung angewendet. Durch die Feuchtigkeit wird die Holzschicht mit ausgelaugt, was nur zum Teil durch nachträgliches Neutralisieren mit Oxalsäure oder Essigsäure begrenzt werden kann.

Beizen

Bei alten Möbeln, die ein dunkles Holz mit einer schönen Patina zeigen, taucht unter Fachleuten oft die Frage auf, ob und in welcher Weise sie damals gebeizt oder gar schon patiniert wurden. Es ist ja nicht immer eindeutig zu klären, ob die Farbveränderung auf natürliche Weise, zum Beispiel durch Sonnenlicht, geschah. Wenn wir hier einmal davon absehen, daß ein großer Teil der Möbel aus gotischer Zeit bemalt war, so müssen wir für die im Holzton verbliebenen Möbel und Raumausstattungen oft die Verwendung von farbverändernden Mitteln annehmen. Da gab es zunächst die aus Pflanzen und Mineralien gewonnenen Tinkturen, die ja nicht nur den Holzhandwerkern, sondern auch den Textilfärbern zur Verfügung standen. Durch das Kochen bestimmter Wurzeln und Früchte wurden sie gewonnen. Die Mineralien wurden zerstoßen und in Alkohol oder fetten Ölen ausgekocht, um einen farbigen Sud zu erhalten. Diese Färbemittel sind noch an den alten Intarsien zu erkennen. Für Furnierarbeiten wurden die Furnierhölzer direkt im Farbsud gekocht, um die Furniere völlig durchzufärben. Manches ist in den Jahren auch wieder verblaßt, da die Naturfarben unterschiedlich, oft nur minimal lichtecht sind.

Während hier im Grunde von lasierenden Farben die Rede ist, existieren Chemikalien, die – ohne eigenen Farbstoff – durch ihre Wirkung auf die Holzinhaltsstoffe (zum Beispiel auf Gerbsäure) zu einer Farbveränderung führen. Die einfachsten und wohl meistverwendeten Mittel sind *Ammoniak*, *Salmiak*, *Salze* und *Säuren*. Salmiakdämpfe lassen besonders die gerbsäurehaltigen Hölzer wie Eiche, Nußbaum, Esche usw. dunkler werden. Salmiak kann auch aufgestrichen werden, wobei allerdings die Gefahr besteht, unterschiedliche Tönungen zu erhalten, wenn die wäßrige Lösung ungleichmäßig aufgetragen wird. *Kalk* und *Kali* haben ebenfalls eine farbtonverändernde Wirkung. Auch *Pottasche* ist ein Mittel zum Beizen, *Pyrogallussäure* ebenfalls.

Diese Mittel sind in der Anwendung nicht ganz unproblematisch. Die Schreiner früherer Zeiten hatten wesentlich mehr Erfahrung im Umgang mit solchen Methoden. Aber auch bei guter Kenntnis erzielte der Handwerker mit Laugen und Säuren nicht immer die gleichen Ergebnisse. Und doch gaben sie dem Holz die große Schönheit, die wir heute bewundern. Am besten ist noch an einigen kostbaren Streichinstrumenten diese alte Färbe- und Lackierkunst zu betrachten. Manchmal wurde zweimal gefärbt beziehungsweise gebeizt. An einer alten Gambe sah ich, wie Ahornholz zunächst gelb gefärbt war (mit Safran?), dann war eine rote Farblasur aufgetragen worden. Das Farbspiel dieser beiden Töne verlieh dem Holz eine lebendige Schönheit und Kostbarkeit. Unsere modernen Beizen mögen einfacher und zuverlässiger sein, jene Schönheit im Einklang mit dem Holz, die den alten Mitteln eigen ist, erreichen sie nicht.

Unsere rationellen Produktionsmethoden machen sichere und unkomplizierte Beizen notwendig. Dem ist die Industrie mit einem großen Angebot nachgekommen. Aus Metallsalzen, aus Anilin, aus natürlichen und chemischen Farbstoffen werden meist Mischprodukte angeboten: Spezielle *Hartholzbeizen*, *Nadelholzbeizen*, die das Holz positiv beizen oder Beizen, die durch einen Zusatz von Leim kratzfest auftrocknen. *Intensivbeizen* in fast allen Farben werden in Pulverform angeboten. Sie sind in heißem Wasser oder Spiritus zu lösen und in der Anwendung weitgehend problemlos. Die hier angesprochenen *Wasserbeizen* werden sowohl mit dem Schwamm, dem Pinsel als auch mit der Spritzpistole aufgetragen. *Wachsbeizen*, die aus einer wäßrigen Wachsemulsion bestehen, können nach dem Auftrocknen gebürstet oder frottiert werden.

Seltener werden die *Spiritusbeizen* verwendet. Es gehört eine große Geschicklichkeit dazu, ein Möbel in der notwendigen Schnelligkeit gleichmäßig einzufärben und dabei die gefürchteten Flecken und Schattierungen zu vermeiden. Spiritusbeizen sind für Restaurierungsarbeiten, wo nur Teile am Holzwerk farbig einzutönen sind, geeignet.

Nicht eigentlich zu den Beizen zählen die *Farbkonzentrate*. Sie sind zum Einfärben von Lacken geeignet, die auf Spiritus- oder Nitrobasis aufgebaut sind. Gefärbte Lacke werden meist für Retuschierarbeiten verwendet oder auch zum Patinieren.

Auch die Beizarten sind der Mode unterworfen, sie werden vom Geschmack der Zeit, vom herrschenden Möbelstil bestimmt. Die Industrie wird Beizen bevorzugen, die den Produkten einer Serie die gleiche Optik verleihen, während der Handwerker das Individuelle der Hölzer hervorheben möchte.

TECHNIKEN

VERLEIMEN, VERBINDEN

Verleimen, Verbinden von Hölzern

Das Sägen von Hölzern und deren Wiederzusammenfügen ist die wesentliche Tätigkeit des Schreiners.

Beim Verleimen von Brettern und Holzteilen wird heute mehrheitlich der *Weißleim* verwendet. Grundlage sind exakte Fugen. Wer die Hölzer und Leime beim Vorarbeiten gut temperiert, erhält die Garantie einer haltbaren Verbindung. Der Leim sollte für Fugen nicht zähflüssig sein. Wenn die Schraubzwingen oder die Leimspanner den nötigen Druck erzeugt haben, soll etwas Leim aus den Fugen quellen, der mit Wasser und Schwamm schnell zu beseitigen ist. Wenn der Leim an der Oberfläche nicht gründlich beseitigt wird, bleibt er beim Lackieren als grauer Fleck sichtbar.

Eine verbesserte Haltbarkeit von Verleimungen wird erreicht, wenn die Hölzer mit Dübeln oder mit Nut und Feder zusätzlich

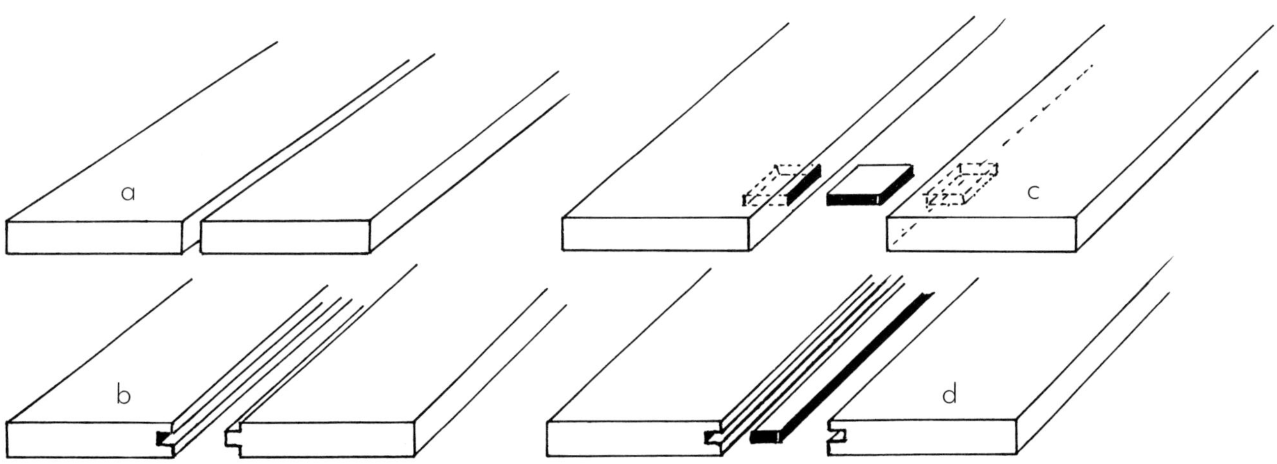

114 *Verbinden von planen Flächen:*
a Einfache Fuge
b Fuge mit Nut und Feder
c Fuge mit Kurzfeder
d Fuge mit eingesetzter Feder

verbunden sind. Auch gefälzte Fugen erhöhen die Haltbarkeit. Mit Fräsköpfen lassen sich Nut- und Zahnfugen herstellen: Verbindungen für außerordentliche Belastungen (so werden zum Beispiel Hobelsohlen zusammengefügt).

Gewölbte Flächen werden auf verschiedene Weise geleimt. Früher hobelten die Schreiner die Wölbungen zunächst an die Bretter und leimten sie wie gerade Flächen. Sie wurden in selbst hergestellten Laden mit Hilfe von Holzkeilen zusammengepreßt. Gelegentlich wurden zusätzlich Dübel- und Federverbindungen geschaffen.

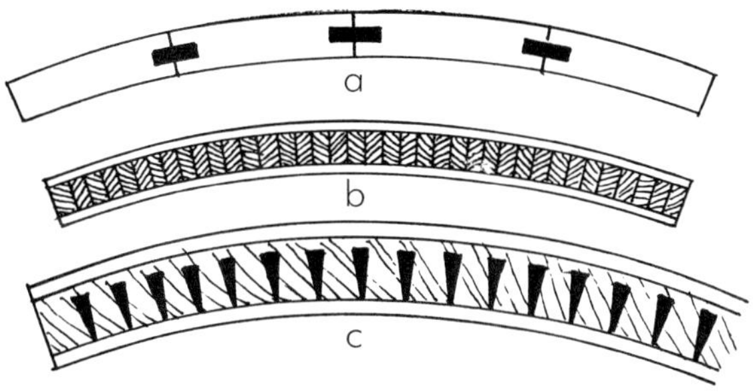

115 *Verbinden von gewölbten Flächen:*
a Gewölbte Fläche mit Federfugen
b Gewölbte Fläche mit Stäbchenmittellage und Absperrfurnier (Tischlerplatte)
c Gewölbte Fläche mit eingesägten Brettern

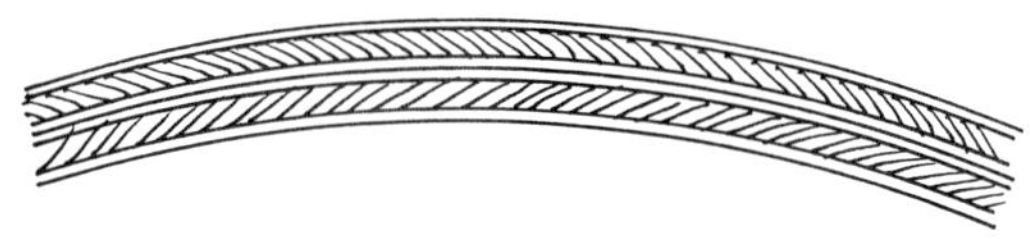

116 *Auch aus zusammengeleimten Sperrholzplatten lassen sich gewölbte Flächen herstellen.*

Mit Hilfe von Furnierpressen ist es möglich, gewölbte Tischlerplatten selbst anzufertigen. Man baut sich aus Holz entsprechende Preßformen (Matrizen und Patrizen). Auf gewölbte Lagerhölzer werden schmale Leisten geschraubt. Damit keine Haftung durch austretenden Leim stattfindet, sollte in das Formbett in jedem Fall eine Folie gelegt werden. Die eigentliche Tischlerplatte entsteht dann wie bei normalen Platten aus einer Stäbchenmittelschicht mit beidseitiger Deckfurnierabsperrung. Wir leimen auch diese Holzverbindung mit dem üblichen Kaltleim. Bei komplizierten Formen hat sich PU-Leim bewährt, der kontaktschwache Stellen ausschäumt.

Flächen mit geringer Wölbung sind auch aus Brettern herzustellen, in die dicht beieinanderliegende Kreissägenschnitte gesägt werden und ein Durchbiegen der Platte ermöglichen. Die nötige Steife erreicht man dann ebenfalls durch dickes Absperrfurnier.

Auch dünne Sperrholzplatten von 4–5 Millimeter Stärke lassen sich in einer gewölbten Form verleimen. Wer berücksichtigt, daß diese Rundformen nach dem Verleimen etwas flacher werden können, kann auch diese Methoden anwenden.

Sicher ist die Herstellung der Rundform als Tischlerplatte die solideste Lösung mit der besten Haltbarkeit.

Vorleimer, Aufleimer, Umleimer

Umleimer, Rahmen mit Füllung, auch die Eckverbindungen bedeuten heute meist das Zusammenfügen von Industrieplatten mit Massivholzteilen. Das Anfügen von Massivholz bewirkt in jedem Fall eine Verbesserung und einen guten Schutz der Plattenkanten gegen Stoß und Bruch.

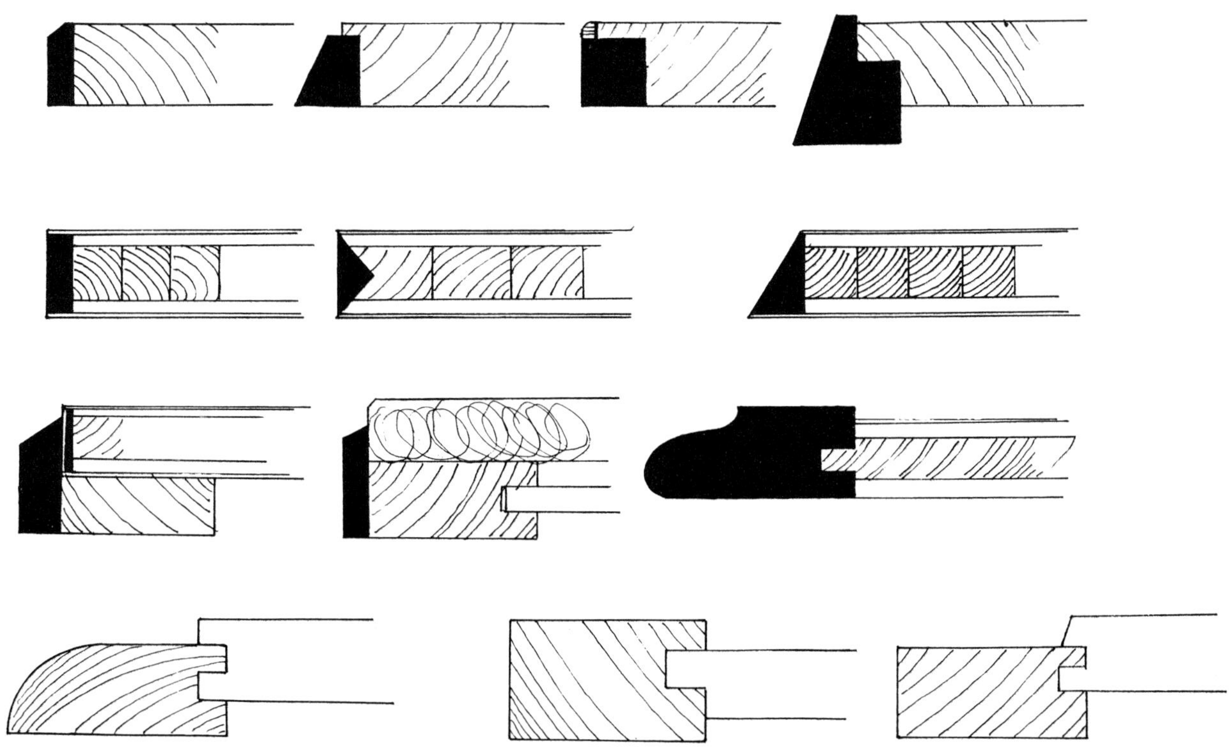

117 *An- und Umleimer*

Spanplatten, auch Sperr- oder Tischlerplatten erhalten einen *Umleimer*, er soll die Faser- oder Furnierstruktur der Kanten verdecken. Bei einfachen Arbeiten wird lediglich ein Furnier aufgeleimt. Es können aber auch zwei Furniere übereinander liegen.

Meistens werden Leisten angeleimt, oder im Falz eingeleimt. Für diese Leisten verwendet man in der Regel die Holzart des aufzuleimenden Furniers. Umleimer werden vor dem Furnieren um die Platten geleimt. Zunächst läßt man sie etwas breiter als die Plattendicke. Sie werden dann nach dem Leimen bündig geputzt. Mit Kantenschraubzwingen oder Holzklammern läßt sich dieser Leimvorgang leicht herstellen. Größere Betriebe haben Preß- und Spannvorrichtungen für diese Arbeiten.

In der Regel werden Vor- oder Anleimerleisten so schmal wie möglich gehalten. Trotzdem besteht immer die Gefahr, daß Leisten und Platten unterschiedlich schrumpfen (das heißt trocknen) und sich im *Deckfurnier* abzeichnen. Um dies zu vermeiden, gibt man unter dieses Deckfurnier noch ein zweites – ein Blindfurnier. *Blindfurnier* liegt in der Maserung immer quer zu dem Deckfurnier.

Umleimer werden auch manchmal in einem Falz eingefügt oder eine Federverbindung. Wenn diese Leisten zusätzliche Rahmen, Glas- oder Steinplatten einzufassen haben, ist eine Feder- oder Falzverbindung zu empfehlen. Anleimer sind auch nötig, wenn Platten mit einem Profil umrandet werden.

Rahmen und Füllung

Wer Möbel, Zimmer- oder Haustüren aus Massivholz bauen will, muß sich den Bedingungen und den Möglichkeiten des Materials

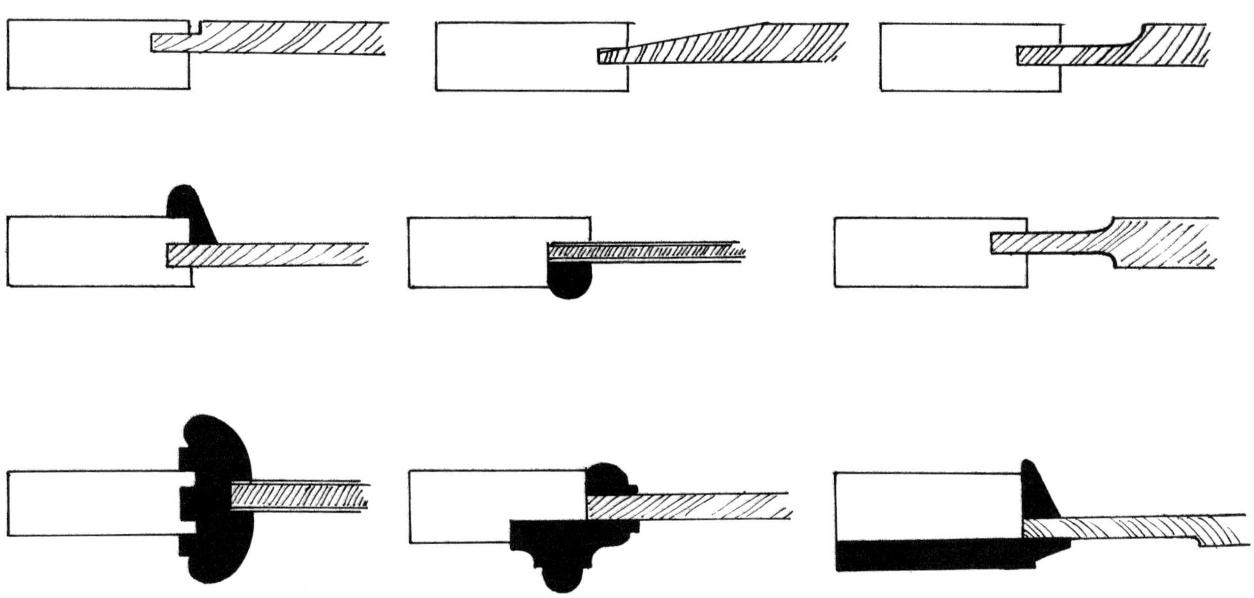

118 *Verschiedene Möglichkeiten für das Verbinden von Füllungen und Rahmen*

119 *Tür eines spätgotischen Schrankes, um 1500. Die Rahmen mit Schlitz und Zapfen sind verdübelt, die Profile wurden aus den Rahmen gehobelt. Ebenfalls gehobelt ist das Faltwerk in den Füllungen, das abschließend geschnitzt wurde.*
a Grundriß von Rahmen und Füllung
b Grundriß mit Scharnier

a

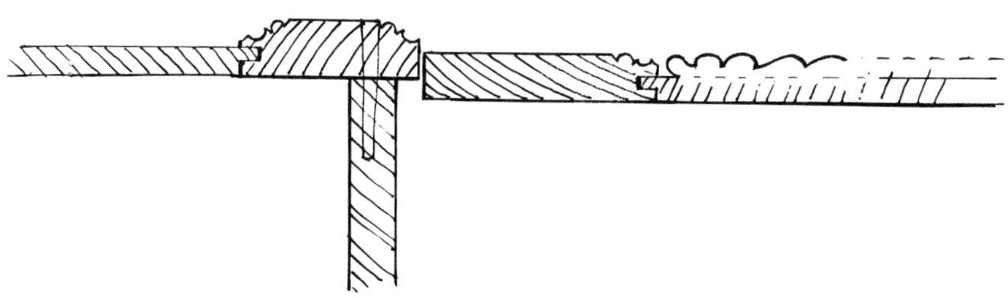

b

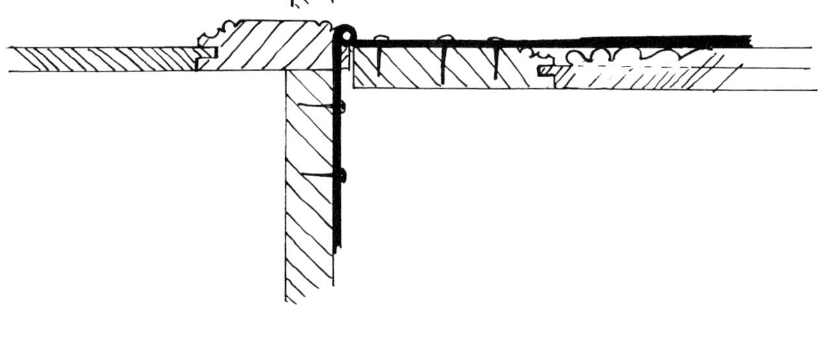

120 *Schrank, um 1700. Um Ebenholz sparsam zu verwenden, wurde es geschickt in Rahmen und Füllungskonstruktionen eingefügt; deutlich zu sehen in dem Grundriß des Schrankes.*

unterwerfen. Massivplatten schwinden in trockenen Räumen erheblich und bilden Risse, wenn Volumenschwankungen nicht durch die Konstruktion verhindert werden. Eine geeignete Methode, dieses Problem zu vermeiden, ist die Verwendung von Rahmen und Füllung. Der *Rahmen* sorgt für konstante, also unveränderliche Außenmaße, während die in ihm eingefügte Holzplattenfüllung ihr Volumen verändern kann. *Füllungen* werden in eine Nut oder in einen Falz eingeschoben. Massivfüllungen sind zum Rand meist abgeflacht. Das kann durch eine Fase geschehen, aber auch durch einen Falz oder durch Abplatten. Seitdem Sperrhölzer verarbeitet werden, finden sie auch für die Herstellung von Füllungen Verwendung. Massivfüllungen dürfen nicht eingeleimt werden. Die Sperrholzfüllungen sollten auch nur an einigen Punkten Leim erhalten, wenn sie im Rahmen liegen.

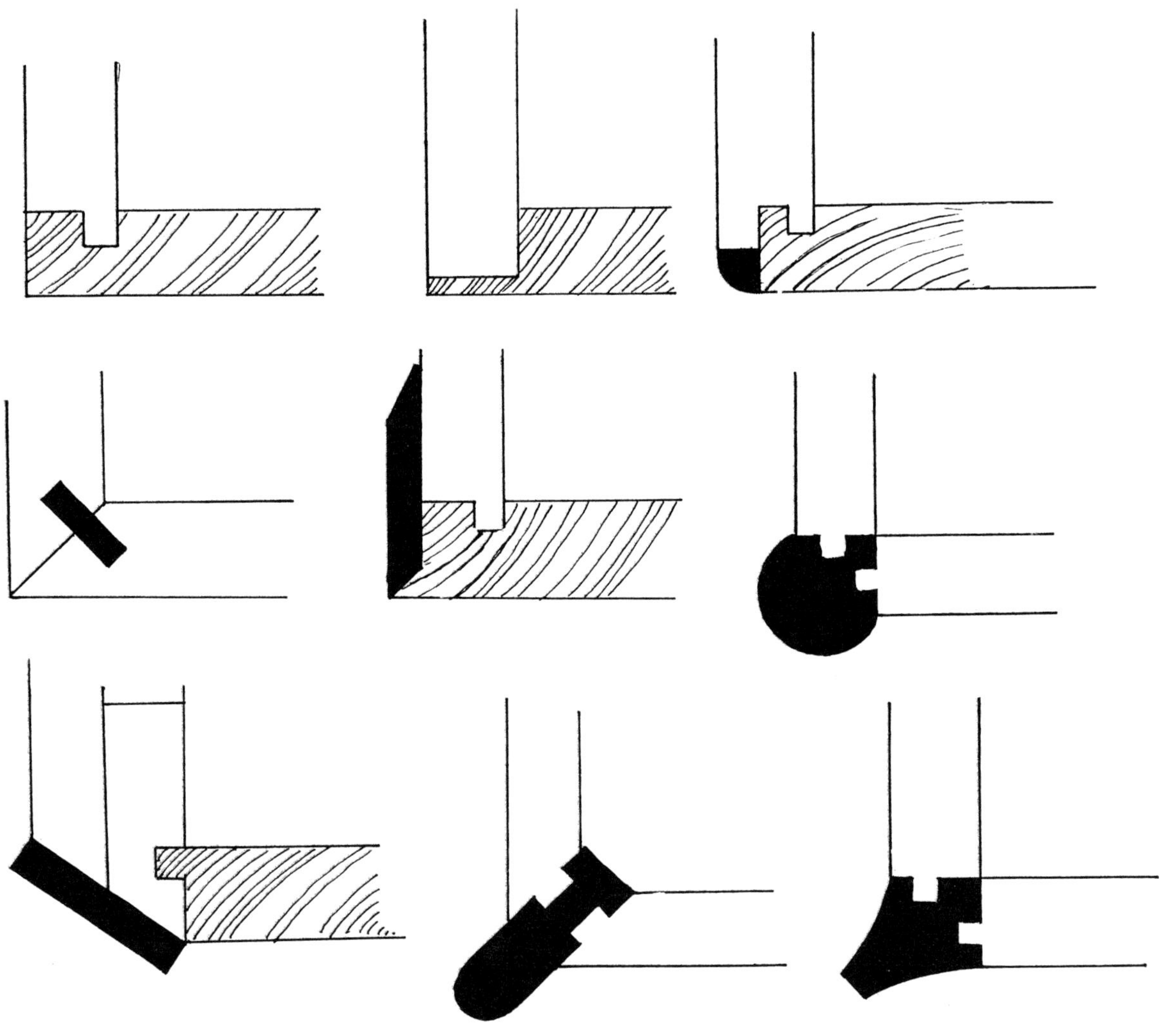

121 *Eckverbindungen für Möbel*

122 *Nicht immer lassen sich Schraubzwingen direkt ansetzen, besonders wenn geschweifte Formen verleimt werden müssen. Dann müssen Hilfsklötze, die als Widerlager für den Schraubzwingenfuß dienen sollen, passend ausgesägt werden. Manchmal genügt es, wenn mit Hilfe weiterer Schraubzwingen einfach Holzklötze fixiert werden, die als Halteblock für Zwinge oder Klammer dienen.*

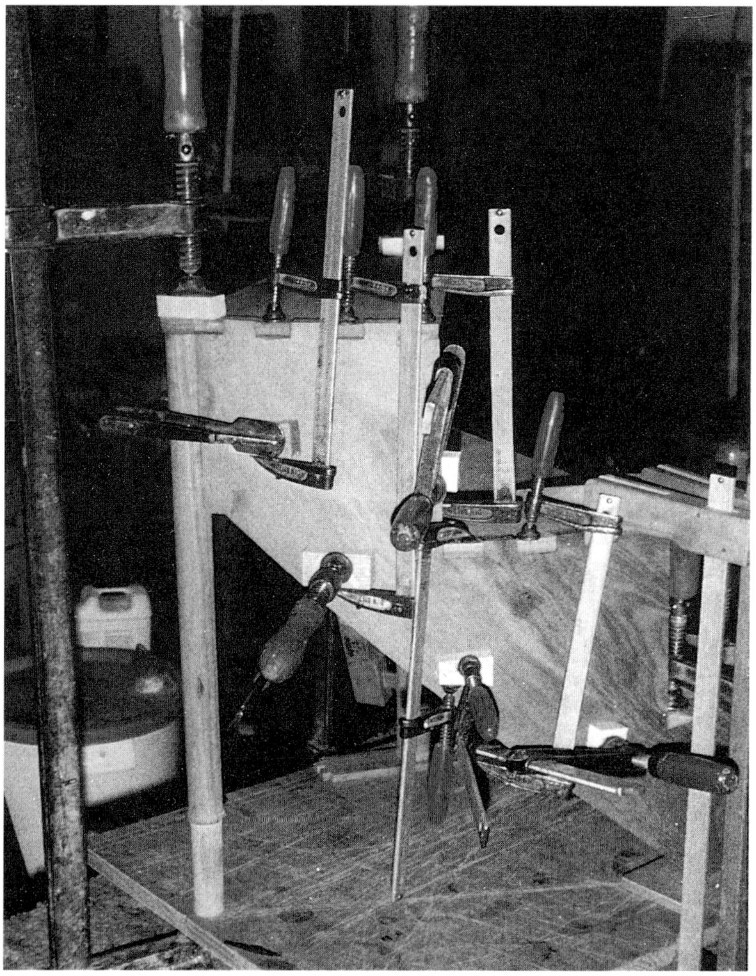

Eckverbindungen

Eckverbindungen von Möbeln sind oft heikel, sollen sie doch ausreichend Stabilität schaffen. Nut und Feder, Falze werden verwendet, um das zu erreichen. Oft zeigen sich dann außen störende und ungewünschte Fugen. Die Schreiner haben verschiedene Möglichkeiten, auch ästhetisch befriedigende, für Eckverbindungen gefunden. In manchen Fällen ist eine Gehrung möglich. Mit Nut und Feder verbunden, bietet sie guten Halt.

Eine Ecke kann ganz bewußt durch ein eingeschobenes Bein in *Stollen-* oder *Brettform* hervorgehoben werden. Hierbei wird eine konstruktive Aufgabe zur gestalterischen Funktion erweitert.

Holzverbindungen

Wir unterscheiden zwischen Holzverbindungen, die mehr für Massivholzverarbeitung oder für Plattenverarbeitung geeignet sind.

Im Schreinerhandwerk wird kontrovers diskutiert, ob und inwieweit die alten Handwerkstechniken heute noch gelehrt und geübt werden sollten. In den modernen Werkstätten werden im wesentlichen Maschinen benutzt. Die Verwendung von Span- und Sperrholzplatten hat neue Verbindungstechniken hervorgebracht. Zapfen werden, zumindest im Möbelbau, zum großen Teil durch Dübel ersetzt. Die Rahmen- und Stollenbauweise ist nahezu verschwunden; in der Regel wird sie nur noch imitiert. Federn sind vielfach durch »Lamello« abgelöst. Sicher ist jener rückschrittlich, der das ignoriert.

Wenn wir aber unser Handwerk als ein sich fortentwickelndes Gewerbe verstehen, in dem neue Bedürfnisse entstehen und veränderte Lebensweisen andere Möbeltypen, neue Aufgaben in der Schreinerei hervorbringen, so ist das nur mit der Kenntnis aller Schreinertechniken zu bewältigen. Nur wer *alle* Möglichkeiten seines Handwerks kennt, ist frei, wenn neue Ideen zu entwickeln sind. Stärke und Dimensionen von Zapfen, Federn, Stegen und Zargen usw. lassen sich durch Normen festlegen. Ein »Meister der Normen« wird aber nur Normarbeit herstellen können. Um frei zu sein, braucht man das Gespür für die Möglichkeiten von Holz und für seine Eigenschaften. Die Schreiner früherer Zeiten hatten durch lange Erfahrungen Sinn für das Auswägen von Notwendigkeiten. So wußten sie, wie tief oder breit beispielsweise ein Schlitz oder ein Zapfenloch sein darf, ohne die Statik zu gefährden.

Was ich dem Holz abverlangen kann, erlerne ich nur durch Handarbeit, durch den unmittelbaren Umgang mit dem Holz. Daher ist die Ausbildung in von Hand ausgeführten Holzverbindungen eine wichtige Grundlage für das Schreinerhandwerk.

Wir beginnen mit der Beschreibung von Holzverbindungen bei sich steigernden Anforderungen in der Ausführung.

Mit dem *Anreißen* beginnt die Arbeit.

Ränder oder Konturen der Zapfen, Schlitze usw. müssen angezeichnet werden, dieses Zeichnen wird Anreißen genannt. Ein exak-

123 *Reich verzierter Schrank aus dem 15. Jahrhundert. Interessant sind die gedübelten Holzverbindungen, die Zinken am vorgesetzten Sims und die angedoppelte Tür. Im Grundriß gut zu sehen sind die innen angeschlagenen Scharniere.*

ter Riß ist Grundlage für genaue Arbeit. Vielfach wird ein harter Bleistift benutzt. Manche Handwerker verwenden eine *Anreißnadel aus Stahl* (auch *Spitzbohrer* genannt). In manchen Werkstätten werden auch Messer oder Stemmeisen benutzt. Selbstverständlich müssen diese Werkzeuge spitz und scharf sein. Als Anschlag für diese Reißwerkzeuge dienen:

das benutzte Rahmenholz,
ein Lineal oder
ein Winkel aus Holz oder Metall.

Die Längslinien werden mit dem *Streichmaß* angerissen.

Überblattungen

Wir beginnen mit der Beschreibung der einfachsten Holzverbindung: der Überblattung. Hier werden zwei Holzteile – wie Rahmen oder Leisten – ineinandergefügt. Beide Leisten müssen an der

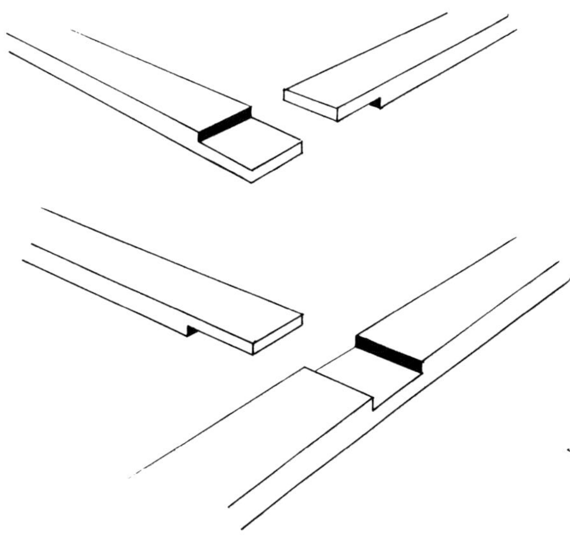

124 *Überblattung als Eckverbindung (oben) und als Rahmenverbindung (unten)*

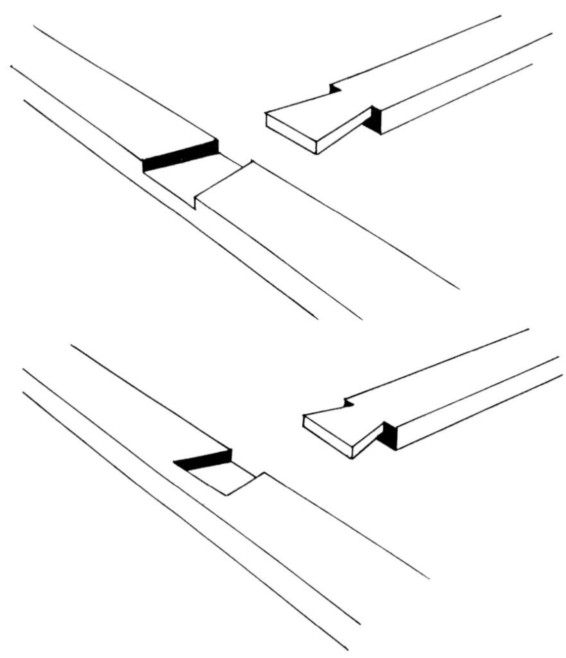

125 *Überblattung in Schwalbenschwanzform als durchgesteckter Schwalbenschwanz (oben) und als eingezogener Schwalbenschwanz (unten)*

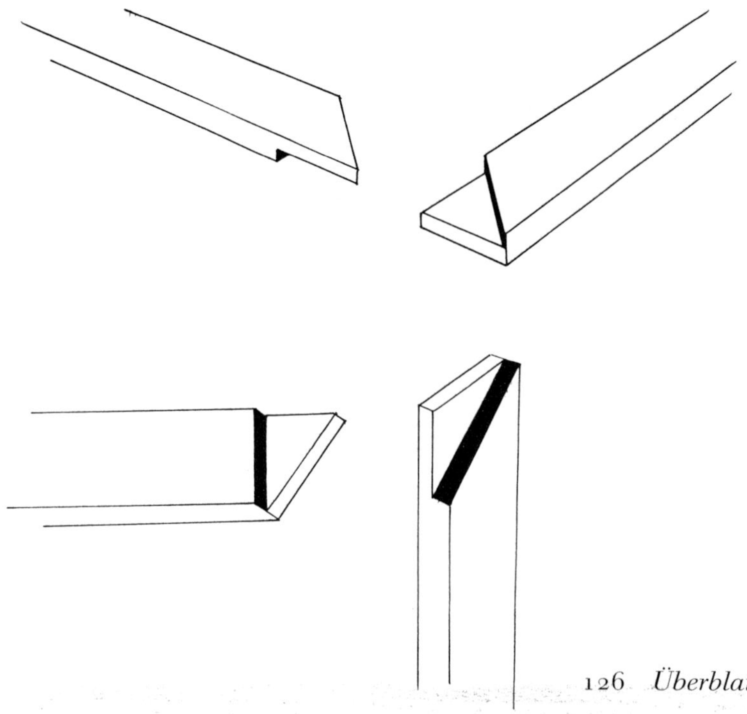

126 *Überblattung auf Gehrung*

Blattstelle auf die Hälfte ihrer Dicke reduziert werden. Wo es möglich ist, wird gesägt, der Grund im *Blattungsloch* muß mit dem Stemmeisen ausgearbeitet werden. Möglich sind einfache Überblattungen; Überblattung auf Gehrung, aber auch in Schwalbenschwanzform.

Zapfen

Zapfenverbindungen sind im Rahmenbau bei Türen und Fenstern noch immer geeignet.

Zapfenformen sind vielfältig, sie sind eine sehr stabile Verbindung von Rahmen. Besonders in der Bauschreinerei werden sie immer noch verwendet.

Die Zapfenverbindung besteht aus Schlitz und Zapfen. Oft wird die Rahmendicke in drei gleiche Teile geteilt. Wobei das innere Drittelmaß für den Zapfen gerechnet wird. Man sollte aber den Zapfen etwas dicker als ein Drittel ausführen, um dessen Stabilität zu verbessern.

Wieder ist exaktes Anreißen wichtig. Wir sägen scharf an der Innenseite vom Riß. Das Zapfenloch kann beim offenen Schlitz ebenfalls gesägt werden. Der Schlitzgrund wird dann mit einem

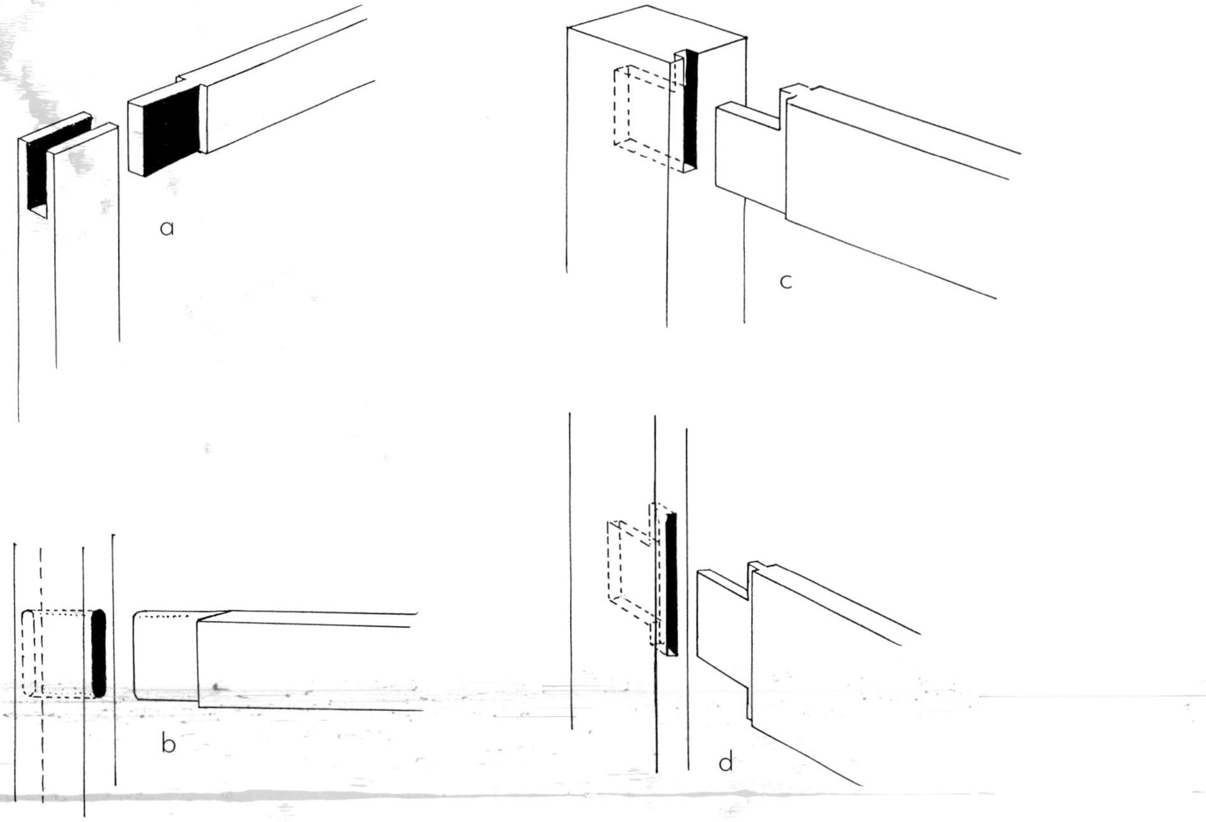

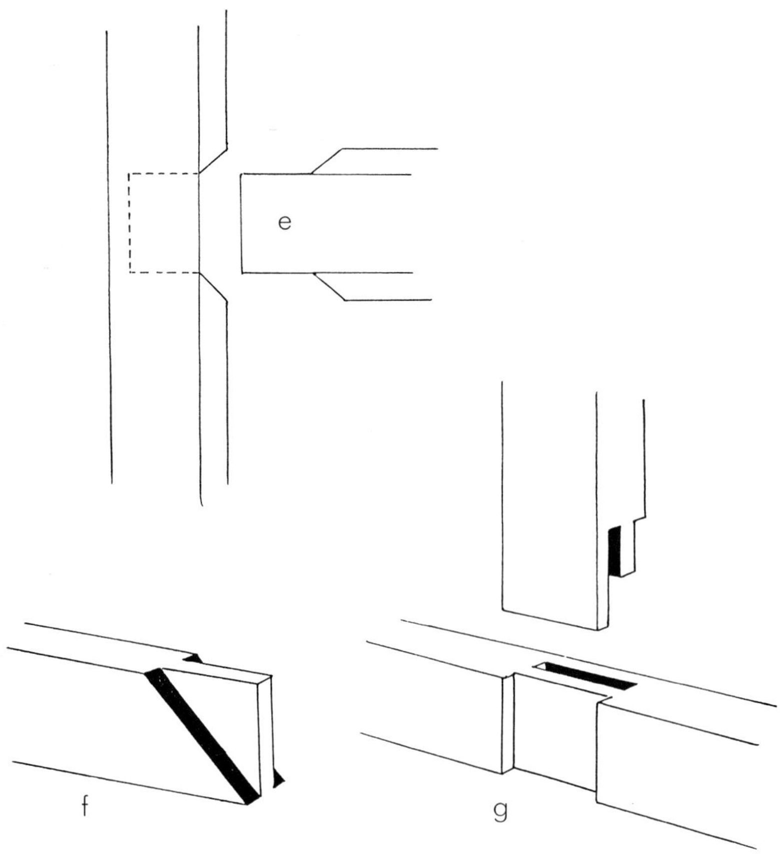

127 *Schlitz und Zapfen*
a Zapfen am Rahmenende
b Zapfen in der Rahmenmitte
c Abgesetzter Eckzapfen
d Abgesetzter Innenzapfen
e Zapfen mit Profilkante
f Gehrungszapfen
g Überblattung mit Zapfen

Stemmeisen von beiden Seiten zur Hälfte weggeschlagen. Soll der Schlitz als Zapfenloch gearbeitet werden, ist es zweckmäßig, möglichst viele Löcher nebeneinander zu bohren, um bei dem anschließenden Stemmvorgang Luft zu haben. Wenn diese Luft nicht geschaffen wird, besteht die Gefahr, beim Stemmen die seitlichen Brüstungen zu verletzen.

Zusammengeschlitzte Rahmen können auf Gehrung gearbeitet werden, wobei diese Gehrung nicht beidseitig sein muß. Je mehr Leimfläche eine Holzverbindung aufweist, um so haltbarer ist die Konstruktion.

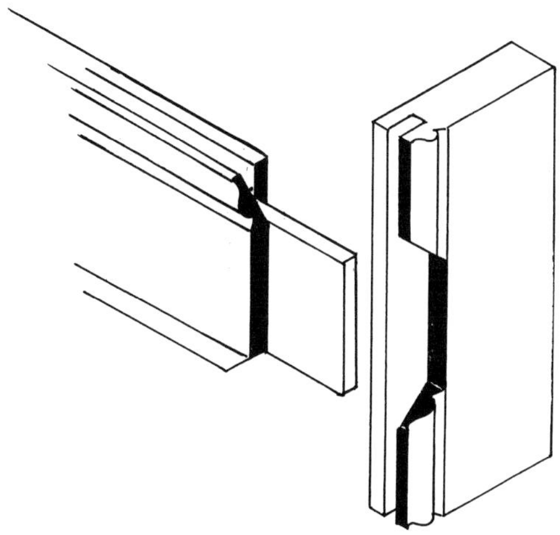

128 *Zapfen am Profilrahmen*

Bei breiten Rahmen sind abgesetzte Zapfen empfohlen. Hier wird ein Teil des Zapfens angeschnitten. Der Vorteil dieser Verbindung ist, der Schlitz wird nicht unnötig groß und schwächt daher das Rahmenstück weniger. Diese Verbindung wird gern bei Zargen und Tischbeinen angewendet.

Manche Rahmen sind gefälzt, genutet oder profiliert. Auch wenn es so scheint, das Sägen und Stemmen ist nicht schwieriger als bei einfachen Holzprofilen. Es muß nur genau, unter Beachtung der veränderten Zapfenseite angerissen werden.

Bei Serien ist es zweckmäßig, in sinnvollem Umfang Maschinen einzusetzen.

Zapfen werden durchweg an einer Fräsmaschine mit Schiebeschlitten ausgearbeitet. Je nach Werkstatteinrichtung werden daran Sägeblätter, Verstellsägen oder spezielle Fräsköpfe (Schlitzscheiben) eingebaut. Für die Bauschreinerei sind ganze Schlitzsysteme entwickelt worden, mit denen Doppelschlitze, Schlitze und Zapfen für profilierte und gefälzte Rahmen in einem Arbeitsgang ausgeführt werden können.

Schnitte für die Schlitz- und Nutwangen lassen sich auch an der Kreissäge ausführen. Man bedient sich dabei der Winkelladen, um die Rahmenstücke genau senkrecht halten zu können. Für die meisten Arbeiten sind spezielle Spannladen entwickelt worden.

Zapfenlöcher werden mit der Langlochbohrmaschine, in die Fräsbohrer gespannt sind, ausgebohrt. Bei dieser Methode wird ein Zapfenloch mit einer runden Endung entstehen. Man muß den Zapfen in der Breite daher etwas absetzen und entsprechend abrunden.

Kettenfräser, die ebenfalls für das Ausarbeiten von Zapfenlöchern geeignet sind, haben diese runden Endungen nicht. Trotzdem ist auch hier der Zapfen abzusetzen, um sicher zu gehen, eine saubere Rahmenecke zu erhalten. Wenn Kettenfräser verwendet werden, müssen die Zapfenenden noch abgerundet werden.

Zinken

Nur bedingt lassen sich Zinken aus Tischler- oder Sperrholzplatten herstellen.

Beim Erlernen der Schreinertechniken sollte beizeiten das Zinken geübt werden. Wie kaum eine andere Technik ist das Ausarbeiten von Zinken und deren Gegenstücken – den Schwalbenschwänzen –

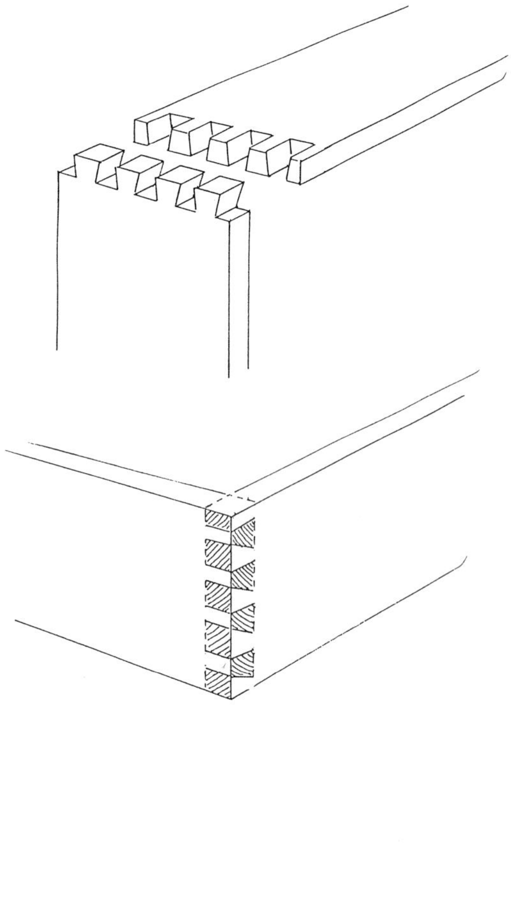

129 *Einfache Verbindung aus Zinken und Schwalbenschwänzen*

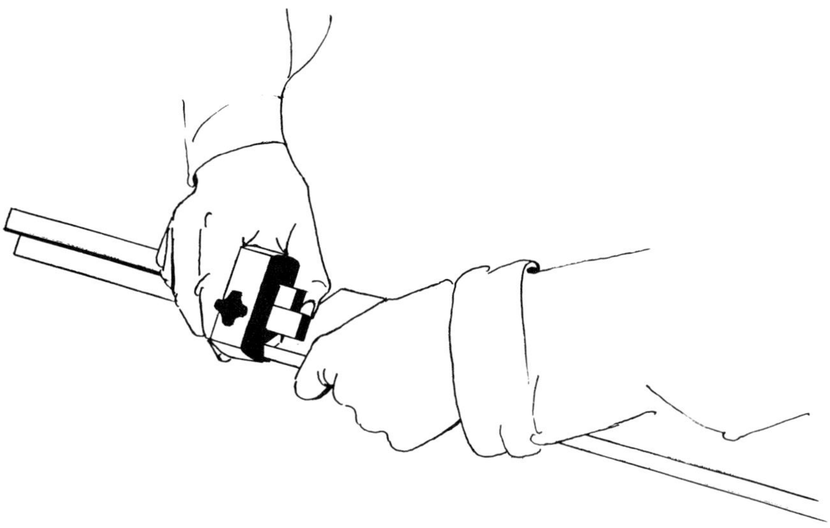

130 *Mit dem Streichmaß wird zunächst in der Dicke der Hölzer die Begrenzung der Zinken angerissen.*

geeignet, die Belastbarkeit von Holz kennenzulernen, Zähigkeit und Elastizität der verschiedenen Holzsorten zu erfahren. Zu lernen, wie das Ineinandergreifen von zwei Systemen Verbindungen schafft, die nahezu ohne Leim halten. Gerade das Schneiden von Zinken ist eine gute Übung für Augen und Hände. Immer wieder erlebe ich, wie das genaue Hinsehen fast das Wichtigste dabei ist. Dazu kommt natürlich das Führen der Säge, das exakte Anreißen und Ausarbeiten mit dem Stemmeisen.

Diese Holzverbindung wird durch *Zinken* und *Schwalbenschwänze* hergestellt. Es ist sozusagen eine Positiv- und Negativform. Am besten läßt sie sich mit Massivholz, aber auch mit Tischlerplatten und – mit gewissen Einschränkungen – auch mit Sperrholz herstellen.

Man beginnt mit der Einteilung der Zinken. An alten Möbeln sind Zinken und Schwalbenschwänze selten gleich breit. Besonders schöne und elegante Lösungen wurden im 18. Jahrhundert entwik-

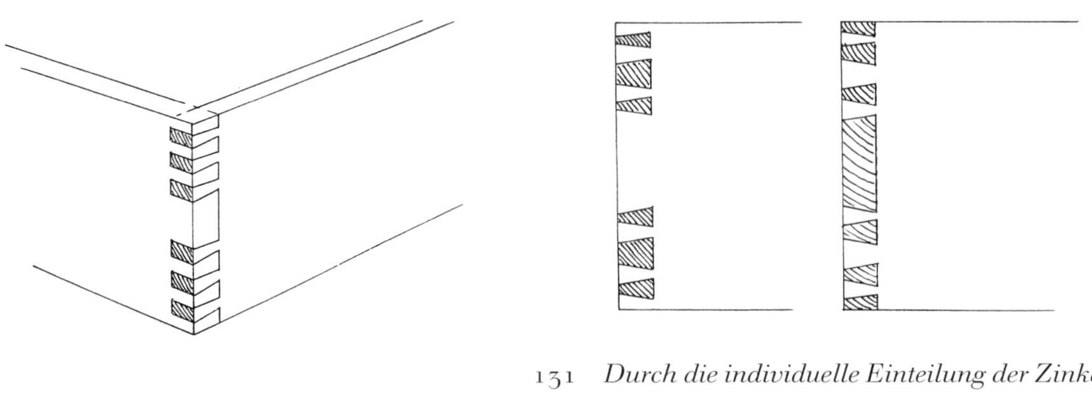

131 *Durch die individuelle Einteilung der Zinken entstehen haltbare und formschöne Verbindungen.*

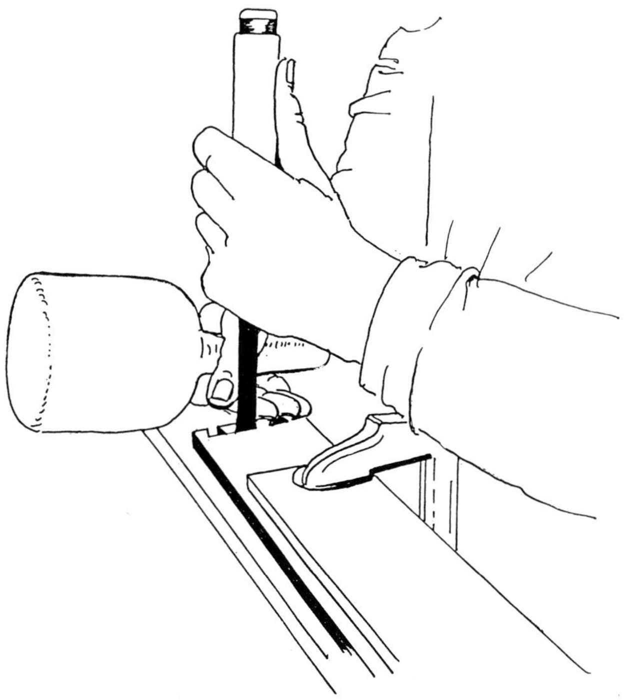

132 *Nach dem Fixieren des Brettes werden die angerissenen Zinken mit dem Stemmeisen ausgestemmt.*

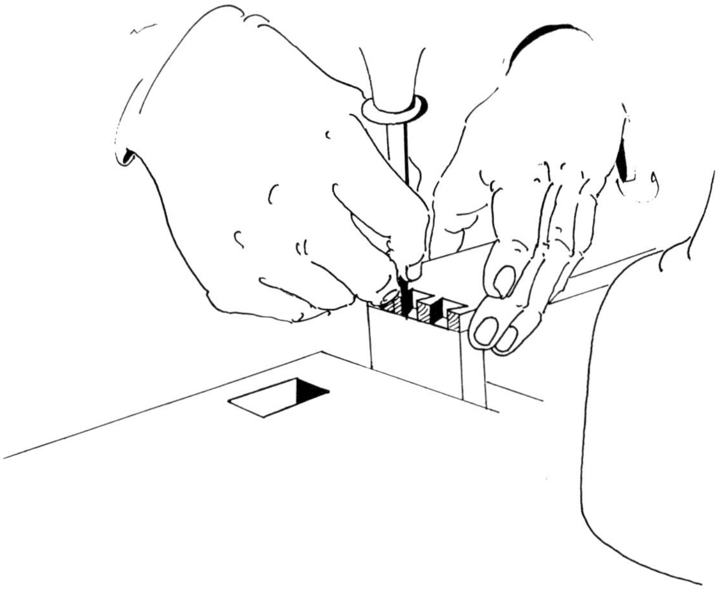

133 *Anschließend werden die ausgearbeiteten Zinken als Schablone für das Anreißen der Schwalbenschwänze benutzt.*

kelt; an Möbeln aus dieser Zeit findet man sehr schmale Zinken, die aber nur in Hartholz ausgeführt werden sollten, um so für ausreichend Stabilität zu sorgen. Bei Weichholz würden schmale Zinken zu leicht abbrechen. Wohl aus dem Grund, eine hohe Stabilität zu erreichen, werden heute in den Schulen bevorzugt gleich breite Maße geübt. Das entspricht zwar unserem derzeitigen technischen Verständnis, nur langweilt es das Auge. Diese Normierung hat mit

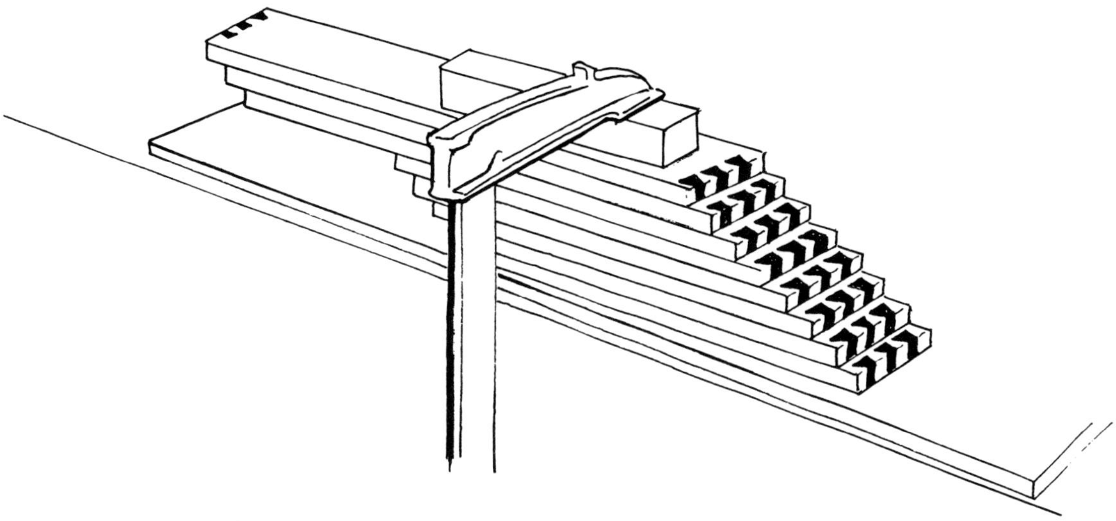

134 *So können Zinken serienmäßig ausgestemmt werden. Mehrere Bretter werden in einem treppenartigen Stapel angeordnet.*

zur Abneigung gegen traditionelle Holzverbindungen beigetragen. Das Argument, gleichmäßige Zinken erzeugen die größte Haltbarkeit, stimmt zwar, nur ist ein Optimum an Haltbarkeit gar nicht immer notwendig, um beispielsweise Schubkästen zusammenzuhalten.

135 *Fingerzapfen ohne Schräge und entsprechende Zapfenlöcher, die ausgestemmt werden. Sie eignen sich besonders für Massivkonstruktionen.*

Ich habe nie gesehen, daß Möbel mit zierlichen und eleganten Zinken aus alter Zeit weniger stabil wären. Zinken können einem Möbel große Schönheit verleihen, wenn wir die unsinnigen Dogmen beiseite schieben. Zinken können in Gruppen angelegt sein, können breite und schmale Gruppen haben. Besonders bei breiten Brettern lassen sich interessante Lösungen finden; ganze Schrankseiten können mit Zierzinken verbunden werden.

Zuerst wird mit dem Streichmaß die Dicke des Holzes angerissen. Besonders wenn Schubkästen gezinkt werden, sollte der Riß diese Holzdicke auf keinen Fall überschreiten. Das führt zu Holzverlust in der Länge der Schubkastenvorderstücke, das heißt, sie bekämen leicht zuviel Luft an den Seiten.

Wichtig ist die Schräge der Zinken! Sie müssen das rechte Maß von Stabilität erhalten. Zu schlanke Zinken keilen nicht genug, zu schräge Zinken können wegbrechen. Günstig ist eine Schräge von 10 bis 12 Grad.

Ob zunächst die Schwalbenschwänze auszusägen sind, ist unter den Handwerkern strittig. Ich meine, wenn man schmale Schwal-

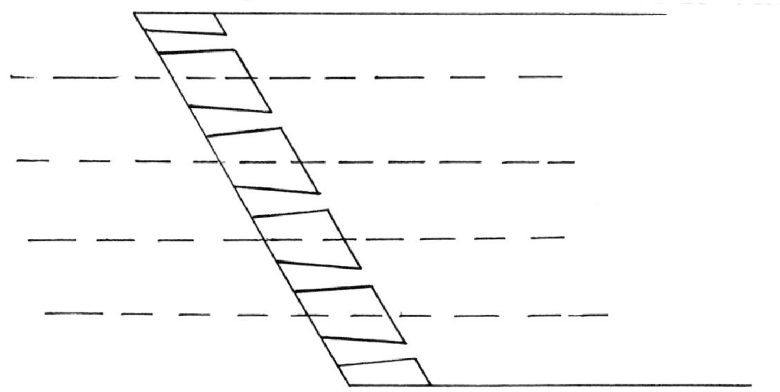

136 *Einteilung der Schrägzinken parallel zur Maserung*

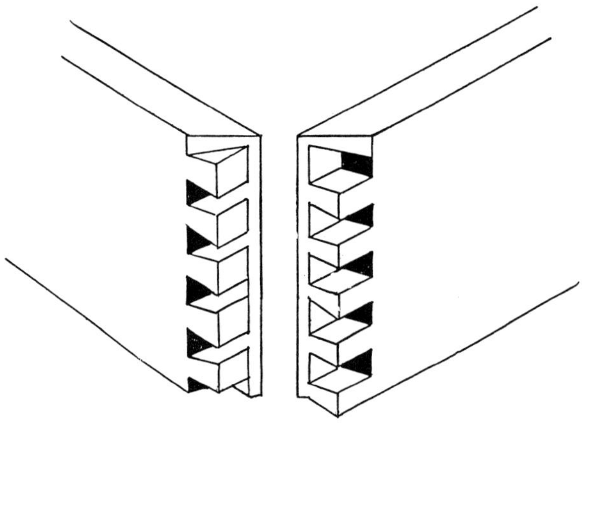

137 *Verdeckte Gehrungszinken sorgen für saubere Ecken, bei denen die Zinken unsichtbar bleiben.*

138 *Sägen der Fingerzapfen an einer Kreissäge*

benschwänze wählt, so ist es günstig, damit zu beginnen; es bleibt dann zum Anreißen der Zinken mehr Platz. Gut ist ein scharfes Seitenlicht für die Arbeit.

Wir sägen mit einer Feinsäge oder mit einer japanischen Säge, größere Zinken auch mit der Gestellsäge. Die Schräglage ist für Anfänger schwer zu treffen, daher sollten sie den Schnitt vom linken Riß erst sägen und dann das Holz umdrehen. So kann die andere Seite des Schwalbenschwanzes ebenfalls in der gleichen Schräglage gesägt werden. Der Grund neben den Schwalbenschwänzen muß ausgestemmt werden. Dazu spannen wir das Holz mit einer Schraubzwinge flach auf die Hobelbank. Wir schlagen zunächst genau an dem Riß das Stemmeisen nur wenig tief (1 bis 2 Millimeter) in das Holz und schaffen anschließend mit einem schrägen Schnitt eine Kerbe. So entsteht eine Kante als Anschlag für das weitere Ausstemmen. Bei dieser Arbeit wird das Stemmeisen mit dem Stemmknüppel geschlagen. Wenn die Hälfte des Holzes weggeschlagen ist, drehen wir unser Holzstück um und bearbeiten die andere Seite in gleicher Weise.

Das ausgearbeitete Schwalbenschwanzstück benutzen wir als Schablone zum Anreißen der Zinken. Dazu wird das für die Zinkenseite vorgesehene Holz in die Bank gespannt, auch hier sollte es nur wenig herausschauen. Das Brett mit den Schwalbenschwänzen wird nun exakt bündig auf diese Hirnseite gelegt. Der Anfänger wird mit einer Schraubzwinge ein Verrutschen verhindern. Nun wird genau angerissen! Einige Handwerker verwenden einen scharfen Bleistift oder eine spitze Reißnadel, andere nehmen ein Stemmeisen und schlagen neben der Schwalbenschwanzwange ins Holz. Daraufhin wird exakt an diesem Riß absolut senkrecht in das Holz gesägt bis auf den durch das Streichmaß bezeichneten Grund. Nach dem Aussägen wird dieses Brett ebenfalls flach auf die Bank gespannt und ausgestemmt.

Bei dem abschließenden Ineinanderstecken wird sich zeigen, wie genau gearbeitet wurde.

Routinierte Schreiner spannen, wenn viele Teile zu fertigen sind, die zu zinkenden Bretter treppenartig übereinander und führen das Stemmen dann »serienmäßig« aus.

Sehr selten werden *verdeckte Zinkungen* noch per Hand ausgeführt. Bei dieser Zinkenart ist mehr Stemmarbeit nötig, da ein Aussägen der Zinkenwangen nur beschränkt möglich ist. Schwieriger noch sind *verdeckte Gehrungszinken* herzustellen. Wer bei dieser Technik saubere Ergebnisse erzielen möchte, braucht viel Übung und Geschick. Verdeckte Gehrungszinken bieten den Vorteil einer sauberen Ecke, bei der die Zinken unsichtbar bleiben. Das ist bei

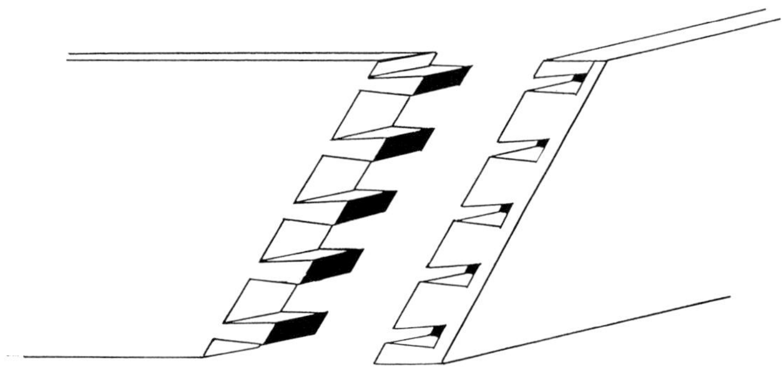

139 *Interessant sind Schrägzinken, bei denen die Achsen der Schwalbenschwänze bzw. Zinken parallel zur Maserung verlaufen müssen.*

furnierten Holzseiten angebracht. Unsere Altmeister hatten bekanntlich oft rigoros über die Zinken furniert, sie verwendeten allerdings stärkere Furniere. Unsere heutigen Dünnfurniere würden bei einer einfachen Zinkung mit der Zeit die Zapfenstruktur durchscheinen lassen.

Interessant sind auch *Zinken* an *schrägen* oder *gewölbten Seiten*. Wichtig ist dabei, auf die Richtung der Holzstruktur zu achten! Die Achse der Schwalbenschwänze beziehungsweise Zinken muß parallel zur Maserung laufen. Wenn genau angerissen wird, ist es nicht schwierig, derartige *Schräg-* oder *Zylinderzinken* herzustellen.

Maschinenzinken

Um Zinken auch maschinell herstellen zu können, sind Zusatzgeräte für Fräsmaschinen entwickelt worden. Hierbei ist es nicht möglich, unterschiedliche Zinkenformen auszuarbeiten, um auf Weich- oder Hartholz zu reagieren. Maschinelle Zinkung ist eine Arbeitserleichterung, wenn große Serien von Kastenformen Zinkenverbindungen erhalten sollen.

Fingerzinken, Fingerzapfen

Zapfen ohne Keilform werden Fingerzapfen genannt. Sie sind eine Alternative zu Schwalbenschwanz-Zinken als Eckverbindungen, eignen sich aber gleichfalls zum Einlassen von Rahmen und Böden. Auch hier sind offene und verdeckte Lösungen möglich.

Die einzelnen Fingerzapfen werden wie Normalzinken ausgearbeitet. In Serien können Fingerzapfen mit der Kreissäge ausgeführt werden. Dafür wird in die Maschine eine verstellbare Nutsäge gespannt. Eine Lade, die man selber bauen kann, wird am Schiebeschlitten der Kreissäge verschraubt. In diese Lade wird ein Dorn aus Metall oder Hartholz eingelassen, er muß genau die Dicke des Schnitts der Nutsäge haben. Wenn also die Nutsäge 9 Millimeter breit sägt, so ist der Dorn ebenfalls 9 Millimeter breit. Beim Einspannen an dem Schiebeschlitten muß der Dorn jetzt genau mit 9 Millimeter Abstand rechts von der Nutsäge liegen. Das Nutsägeblatt soll so weit aus dem Sägetisch hervorragen, wie das Holz dick ist. Nun halten wir das Brett mit dem Hirnholz nach unten an die Lade und sägen die erste Nut, stecken diese Nut auf den Dorn und sägen weiter, Nut um Nut. Die gleichbreiten Zwischenteile sind dann die Zapfen. So lassen sich ganze Brettseiten bearbeiten. Verdeckte Zapfen sind allerdings nicht möglich!

Eine alte Konstruktionsweise, die bei der modernen Sperr- oder Faserholzplattenbauweise nur noch selten zur Anwendung gelangt, ist der Keil bei durchgesteckten Stegen. Besonders bei bäuerlichen Möbeln findet man diese Holzverbindung, die sich durchaus in unkonventioneller Weise weiterverwenden läßt.

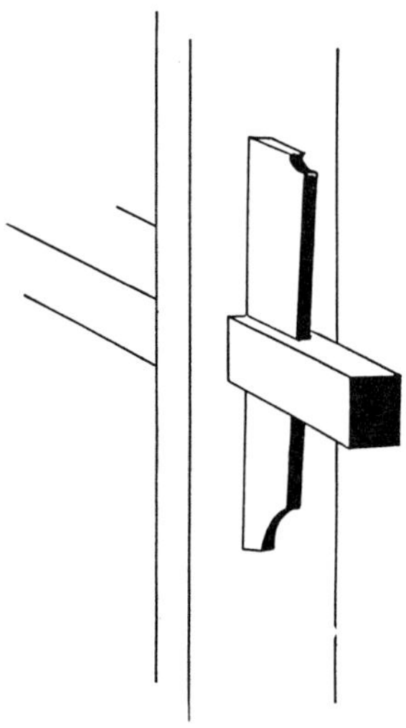

140 *Verkeilen eines durchgeschobenen Stegs*

141 *Tisch, um 1500; gut zu sehen die Keile als typisches Konstruktionselement*

Die Plattenbauweise unserer Zeit hat Techniken wie das Graten unnötig gemacht. Bei einer Rückbesinnung auf handwerkliche Möbelherstellung wird es wieder seinen Platz erhalten.

Gratleisten waren früher bei der Massivholzbauweise erforderlich gewesen. Sie hatten die Aufgabe, Massivtüren, Tischplatten usw. »gerade zu halten«, ohne den Trockenprozeß, das heißt das Schrumpfen der Hölzer, zu behindern. Aber auch Böden und Rahmen, ganze Kastenschränke lassen sich in dieser Technik verbinden.

Für das Graten wurden besondere *Grathobel* entwickelt, die mit einer verstellbaren Anschlagschiene auf unterschiedliche Breite einzustellen sind. Mit diesem Werkzeug wird der Grat an Hirnenden wie auch am Langholz gehobelt. Um den Grat später besser in die Nut schieben zu können, wird er etwas keilförmig gehobelt. So erhält man einen stramm sitzenden Grat, aber auch die Möglichkeit, noch keilen zu können.

Zum Ausarbeiten der Nut werden besondere *Gratsägen* benutzt, die an einer Anschlagleiste geführt werden. Der Nutgrund wird mit dem *Grundhobel* ausgehoben. Kurze Nuten sind auch gut mit der Feinsäge und dem Stemmeisen auszuarbeiten.

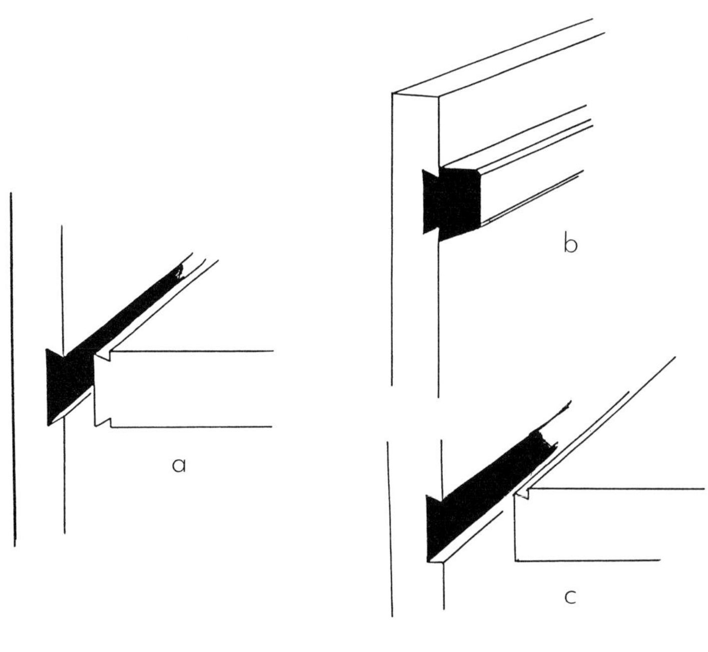

142 *Graten*
a Eine Platte wird in eine Seite eingegratet
b Eine Gratleiste, um Massivplatten waagrecht zu halten
c Ein einseitiger Grat an einem Boden

Graten Sie nicht zu tief: Knapp ein Drittel der Brettstärke ist die Regel! Die Grate an alten Möbeln haben durchweg eine Tiefe von 7 bis 12 Millimeter.

Mit Fräsmaschinen – auch mit mobilen Oberfräsen – lassen sich Grate herstellen, wenn konische Fräsköpfe verwendet werden. Als Führung für die Oberfräsen werden Leisten mit Schraubzwingen auf die zu bearbeitenden Hölzer gespannt. So lassen sich zum Beispiel auch *keilartige Gratnuten* ausfräsen. In der Regel haben Leisten und Böden beidseitig einen Grat. Bei schmalen Böden ist dies nicht immer nötig.

Überblattungen, Zapfen und Zinken sollten unbedingt verleimt werden. Grate erhalten nur am äußersten Ende etwas Leim. An bäuerlichen Haus- und Zimmertüren sieht man manchmal, daß die Enden festgedübelt sind.

Dübel

Holzdübel sind das älteste Verbindungsmittel von Holzteilen. An Schränken und kirchlichen Einrichtungsgegenständen des Mittelalters sind diese »*Holznägel*« zu erkennen. Sie wurden aus Leisten mit quadratischem Grundriß gesägt, aber auch daraus gespalten und zur einen Seite hin keilartig angefast. Dübel dieser Art ziehen zwei Hölzer regelrecht zusammen.

143 *Dübeleisen zum Riffeln der Rundstangen*

Im modernen Möbelbau werden Dübel aus Rundstangen verwendet. Sie werden dann auf die entsprechende Länge zugeschnitten und durch ein *Dübeleisen* geschlagen. So wird in den Dübelschaft eine Riffelung gequetscht, die beim Verleimen zum Teil wieder aufquillt.

Dübel können die Funktion von Zapfen übernehmen. In vielen Fällen sind sie ein vollwertiger Ersatz. So werden viele Teile an Sitzmöbeln durchaus gedübelt. Der Dübeldurchmesser kann erheblich größer sein als ein Drittel der Holzstärke, ohne die Rahmen zu schwächen. Wenn mehrere Dübel möglich sind, sollten sie möglichst etwas versetzt eingefügt werden. Ein Dübel sollte immer etwas länger als dick sein!

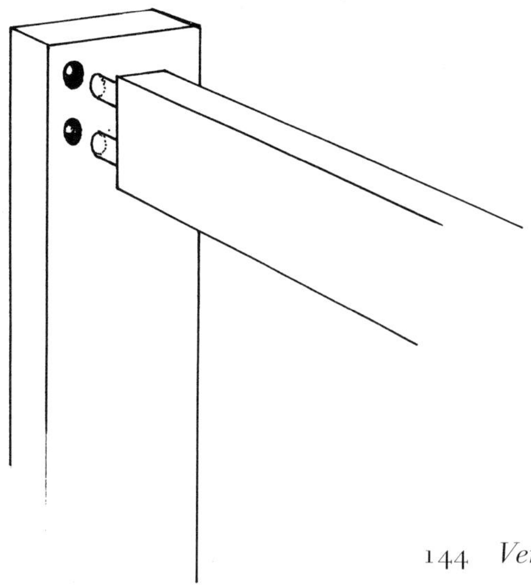

144 *Verdübeln von zwei Holzteilen*

Damit sich die Dübellöcher an zwei Holzteilen genau gegenüberliegen, ist das exakte Anreißen an den Rahmen erforderlich. An den Hirnenden der Rahmen wird das Streichmaß benutzt. Am Langholz sind die Winkel zu verwenden. Bei Serienarbeiten werden auch *Anreiß-* oder *Bohrschablonen* zum Teil aus Metall benutzt.

Eine einfache und für besondere Zwecke anzuwendende Methode des Anreißens ist es, einen kleinen Nagel senkrecht in den Rahmen zu schlagen, ihn 2 bis 3 Millimeter über dem Holz abzukneifen und

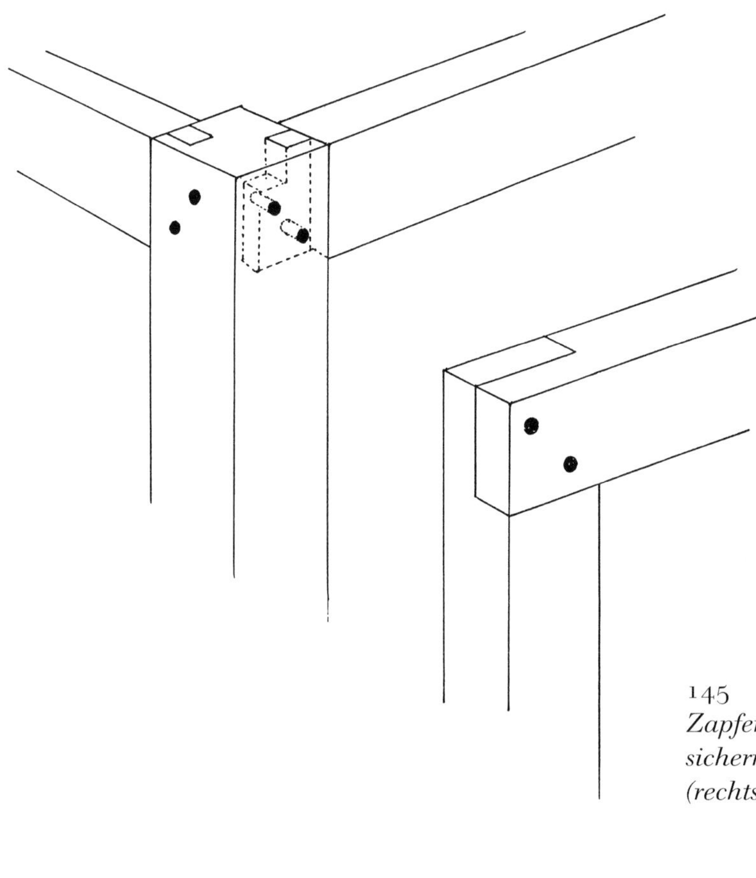

145 *Mit Dübeln lassen sich Zapfenverbindungen (links) sichern oder Überblattungen (rechts).*

das andere Holzstück dagegenzupressen. Der Nagel wird anschließend wieder herausgezogen. So entstehen an den beiden Hölzern Markierungen für den *Zentrierbohrer*, mit dem das Dübelloch hergestellt wird.

Auch heute können Dübel an Möbeln sichtbar bleiben und Zierformen haben, die ein Möbel gliedern können. Es sind in diesem Fall Formen zu schaffen, an denen Knöpfe oder besondere Endungen vom Drechsler hergestellt werden.

Nut und Feder

Bei der klassischen Verwendung werden Bretter mit Nut und Feder verbunden. Das bedeutet, daß eine Seite der Bretter angefräst werden muß.

Für solche Arbeiten waren in den Werkstätten früherer Zeit spezielle Hobel vorhanden: *Nut-* und *Federhobel*. Heute werden diese Holzverbindungen ausschließlich maschinell hergestellt. Für die Kreissäge sind verstellbare *Nutsägen* einsetzbar, sie können meist ebenso in die Fräsmaschine gespannt werden. Es stehen spezielle *Nutfräser* in verschiedenen Breiten zur Verfügung, aber auch entsprechende *Falzköpfe* zum Herstellen der Federn.

Federn können in der Mitte des Brettes liegen, sie können auch durch einen einseitigen Falz gebildet werden. Oft werden Federn

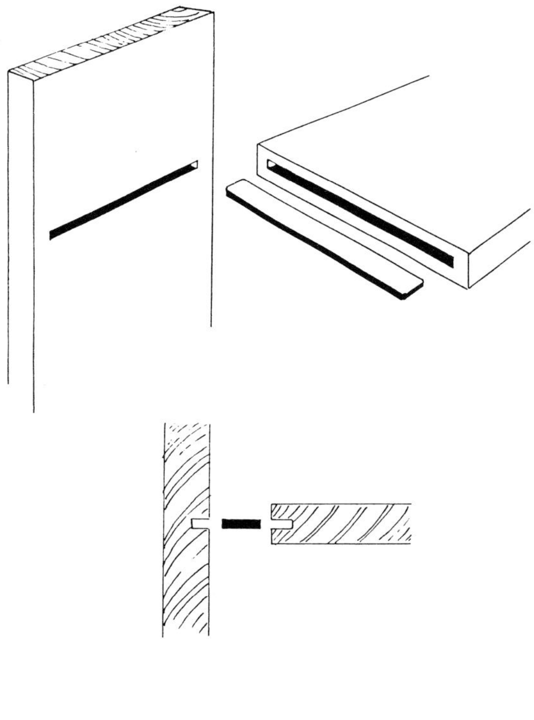

146 *Im Gegensatz zum Grat wird eine Feder ganz eingeleimt. Es ist nicht möglich, gegenläufiges Massivholz mit Federn zu verbinden.*

gesondert in beidseitige Nuten eingeleimt. Diese Federn stellt man entweder aus Massiv-Querholz oder auch aus Sperrholz her. Die Nuten arbeiten wir mit der Oberfräse aus. Sie eignet sich besonders, wenn Platten genutet werden sollen. Die Oberfräse wird in diesem Fall an einer Anschlagseite geführt. Nuten sollten wie Gratleisten möglichst nur ein Drittel der Holzdicke betragen. Mittelwände müssen manchmal von beiden Seiten eine Nut erhalten. In diesem Fall sollte die Nut mehrfach unterbrochen werden, um so die Mittelwand weniger zu schwächen.

Eine besondere Art der Verwendung von Federn ist der *Lamello*. Mit einer speziellen Maschine werden Viertelkreisnuten gefräst, in die dann ovale Federn, die Lamellos, geleimt werden. Besonders beim Bau von Kastenmöbeln in Sperr- oder Faserholzplattenbauweise ist diese Methode verbreitet.

Bau von Schubkästen

Laden, Schiebladen, Schubkästen sind Bezeichnungen für Behältnisse, die in ein Möbel hineingeschoben werden können. Ein Möbel, das ausschließlich für Schubkästen konstruiert wurde, ist seit der Barockzeit als Kommode bekannt. Man schreibt dem französischen Ebenisten Charles Boulle deren Erfindung zu.

Schubkästen werden bis heute wegen der Abnutzung beim Gebrauch aus Massivholz gearbeitet. Die vier Seitenzargen werden durch Zinken miteinander verbunden und der Boden in einer Nut von hinten eingeschoben. In den meisten Fällen zeigt man die Zinken in dem Vorderstück nicht. Sie werden dann verdeckt gezinkt oder aber durch ein aufgedoppeltes Vorderstück verdeckt.

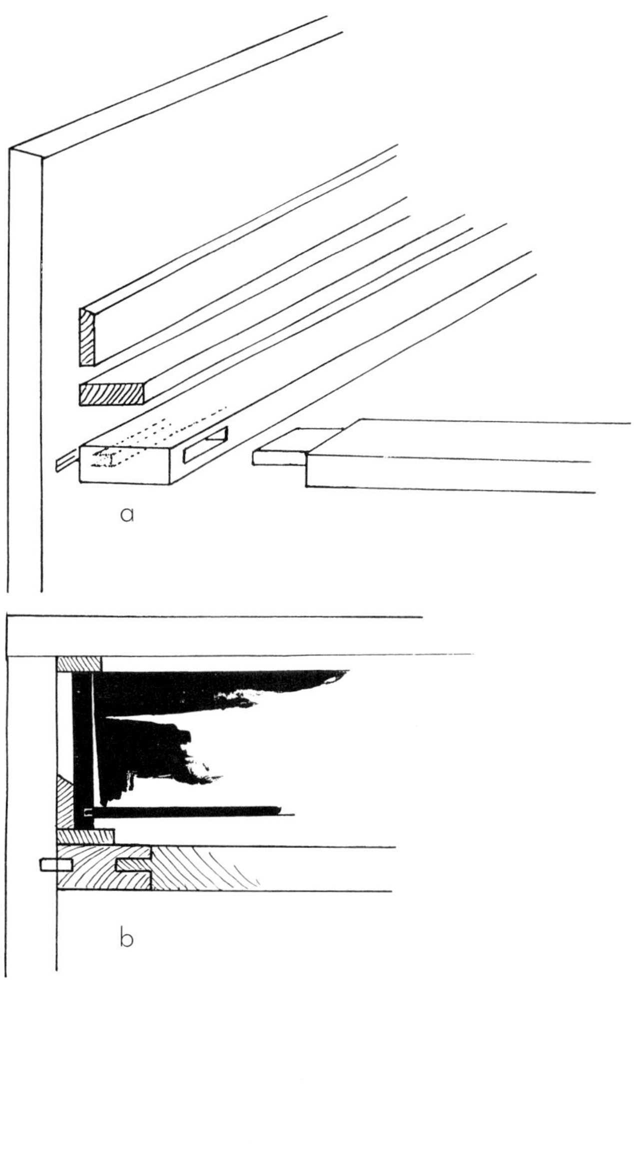

147 *Laufrahmen*
a Isometrische Ansicht eines Laufrahmens mit Gleit- und Streichleisten
b Die einzelnen Teile des Laufrahmens mit Schubkasten von vorne gesehen: Gleitleiste (unten), Streichleiste (seitlich) und Kippleiste (oben)

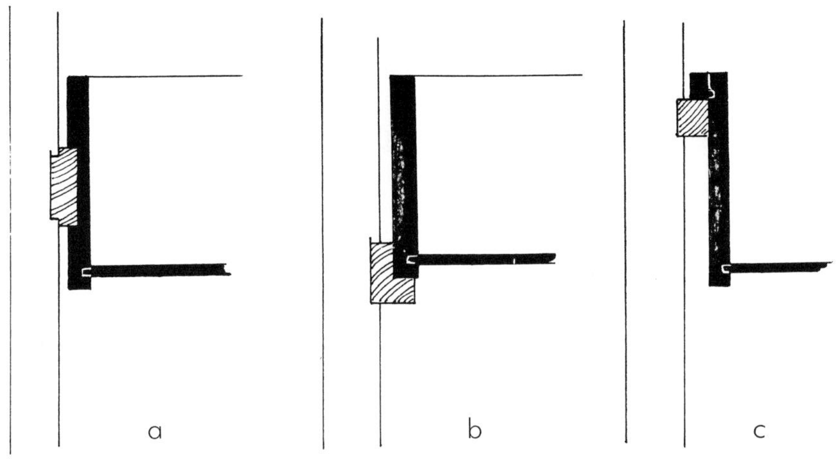

148 *Schubkastenführungen*
a Die seitliche Gleitleiste läuft in der ausgefrästen Schubkastenseite.
b Ausgefälzte Laufleiste unter dem Schubkasten
c Gleitleiste im Oberteil des Schubkastens. Die Leiste zur Verbreiterung der Schubkastenleiste (oben) sollte eingenutet werden.

Bevor man mit der Herstellung der Kästen beginnt, muß das Gehäuse dafür mit den *Laufleisten* gefertigt werden. Dieses Gehäuse kann ein einfacher Kasten sein, mit Seiten, Boden und Decke, aber es ist auch als Rahmenwerk vorstellbar, das gezapft oder gefedert wird. Es ist außerordentlich wichtig, dieses Gehäuse so zu konstruieren, daß keine Maßveränderungen durch Schwinden oder Trocknen entstehen können! Für *Laufböden* können durchaus auch Tisch-

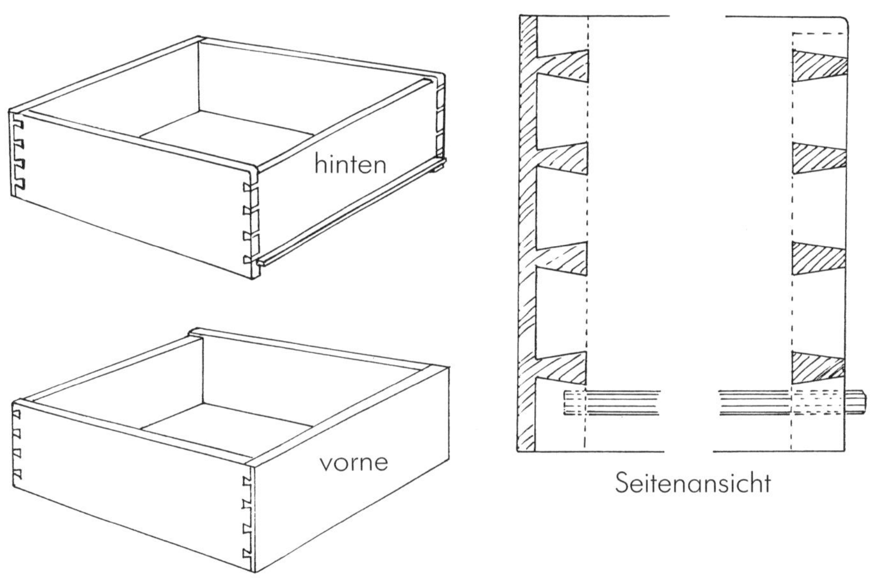

149 *Traditionelle Konstruktion eines Schubkastens: vorne mit verdeckten Zinken und einem hinten herausragenden Boden. Bei Sperrholzböden ist diese Maßnahme nicht erforderlich.*

ler- oder Sperrholzplatten verwendet werden, auf die man dann die *Gleit-* und *Streichleisten* leimt. Diese Plattenkonstruktionen eignen sich aber mehr für kleinere Schubkästensysteme.

Mit steigenden Ansprüchen in den Jahrhunderten haben diese *Laufrahmen* Verbesserungen erfahren; besonders durch die Laufleiste. Sie besteht aus einer schmalen Bodenleiste, auf der die Schubkästenseiten gleiten können. Oft sind auch seitliche Streichleisten nötig, wenn die Gehäuseinnenseiten zurückgesetzt sind und zum Führen nicht genutzt werden können. Auch bei großen Schubkästen sind diese Streichleisten empfehlenswert, um die Reibung der breiten Schubkastenzarge zu vermindern. Schubkästen müssen oben

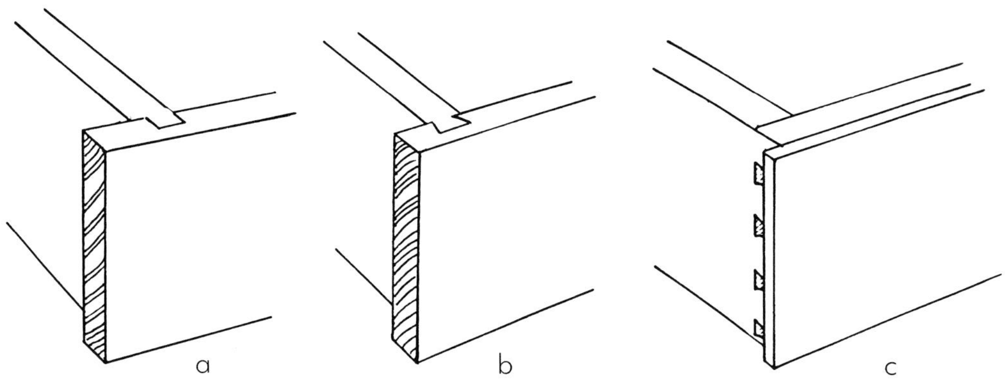

150 *Schubkästen mit seitlich vorstehendem Vorderstück*
a Verbindung durch eine eingenutete Seite
b Verbindung durch eine eingegratete Seite
c Verbindung durch Zinken mit aufgedoppeltem Vorderstück

ebenfalls eine Gleitführung haben, wenn durch die Unterseite des Rahmens dies nicht möglich ist. In diesem Fall müssen *Kippleisten* eingeleimt werden. Diese gesonderten Leisten – Gleit- oder Laufleiste, Streichleiste, Kippleiste – sind sinnvoll, da sie ausgewechselt werden können, wenn sie nach jahrelangem Gebrauch »ausgelaufen« sind. Sie sollten in jedem Fall aus Hartholz gefertigt werden. Kleine, zierliche Schubläden laufen meist in einfachen Kästen ohne Gleitleisten, um Platz zu sparen.

Schubkästen können auch in *Führungsleisten* hängen, wenn die Kastenseitenzargen eine Nut erhalten, worin die Führung laufen kann. Es ist dann notwendig, die Schubkastenwandung entsprechend stärker herzustellen. Die Führungsleisten werden mit Federn direkt an die Kommodeninnenwand geleimt. Sie können aber auch in eine flache Nut geleimt werden. Besonders vorteilhaft ist das Eingraten dieser Leisten! Sie sind so leicht auszuwechseln, wenn ein Teil »ausgelaufen« sein sollte.

151 *Besteckkommode in Eschenwurzelholz*
Entwurf/Herstellung: Erich Brüggemann, Winsen

152 *Schrank mit Schubkästen und Jalousien, 1991, in Eibe mit Ebenholz abgesetzt. Besonders meisterlich ist hier der abschließende Auftrag einer Schellack-Politur.*
h = 150 cm, b = 100 cm, t = 45 cm
Entwurf/Herstellung: Ragna Gutschow, Hamburg

153, 154, 155 *Klapptisch, 1991, in amerikanischer Kirsche mit durchgebeiztem Ahornfurnier*
h = 76 cm, b = 60 cm, t = 210 cm
Entwurf/Herstellung: Hendrike Farenholtz, Hamburg

156, 157 *Tisch mit Schiefereinlage, 1990, in Ulme, massiv, und 2 Schubläden mit Holz-Teleskopauszug (siehe Abb. 157). Die Schiefereinlage ist um 2 mm erhöht, so daß man heiße Töpfe abstellen kann.*
h = 74 cm, b = 236 cm, t = 74 cm
Entwurf/Herstellung: Verena Wriedt, Hamburg

Etwas aufwendiger ist die Herstellung der Laufgehäuse, wenn schräge oder abgerundete Schubkästenseiten eingefügt werden müssen. Wir fertigen dann zunächst ein Modell aus Sperrholz- oder Hartfaserplatten von dem Schubkastenhinterstück an. Nach diesem Modell ist es leichter, die konischen oder runden Streichleisten in dem Gehäuse einzupassen. Das Modell dient gleichzeitig zum Anreißen von Kastenvorder- und Hinterstück.

Bei Eckschränken ist es oft nicht möglich, rechtwinklige Schubkästen zu bauen. Diese haben dann dreieckige oder trapezförmige Grundrisse. Um dort die nötige Führung zu schaffen, wird eine nicht zu schmale Führungsleiste in die Mitte des Kastenbodens gelegt. Diese Leiste leimt man auf den Laufboden. Sie bekommt zwei seitliche Gleitleisten, die aber unter den Schubkastenboden geleimt werden. Man sollte sie zusätzlich noch in die Kastenzargen einlassen.

Wir kennen derartige Schubkästenführungen aus der Biedermeierzeit. Dort wurde das Laufgehäuse aus Massivplatten gefertigt. Die Platten übernahmen dann die Funktion der Gleit- und Kippleisten.

Traditionelle Schubkästen werden immer noch aus massiven Hölzern gefertigt und mit Schwalbenschwänzen und Zinken zusammengefügt. Diese Konstruktion ist die solideste und bewährteste Bauweise, wenn Möbel mit dem Anspruch auf Dauerhaftigkeit und die Möglichkeit einer späteren Restaurierfähigkeit gebaut werden sollen. Die Böden wurden in alter Zeit ebenfalls aus Massivholz hergestellt. Da die Hinterzarge schmäler war, das heißt, nur bis zur

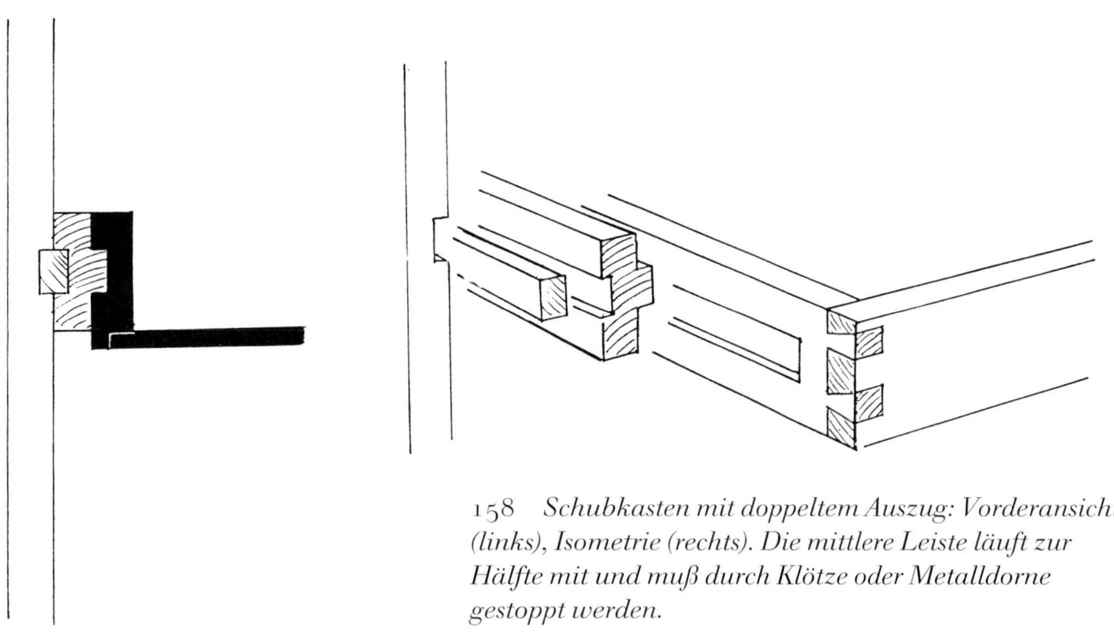

158 *Schubkasten mit doppeltem Auszug: Vorderansicht (links), Isometrie (rechts). Die mittlere Leiste läuft zur Hälfte mit und muß durch Klötze oder Metalldorne gestoppt werden.*

Nut reichte, wurde der Boden länger gelassen und unter die Hinterzarge genagelt. Beim Trocknen konnte er dann leicht weiter in den Kasten geschoben werden. Wir verwenden heute Sperrholzböden. Sie sind ohne Gefahr an allen vier Seiten in die Nuten einfügbar. Auch die Sperrholzböden sollten nicht eingeleimt werden. Ein kleiner Leimklecks in die Mitte der Nut läßt den Boden aber zur besseren Steife des Kastens beitragen.

Damit die Zinken vorne nicht hervorschauen, können sie in verdeckter Weise ausgeführt werden. In vielen Fällen ist es aber angebracht, vorne ein zweites schmales Vorderbrett aufzuleimen. Besonders wenn das Vorderbrett breiter sein muß, ist diese Methode praktisch. Wir werden in diesem Fall den Vorteil nutzen und das zweite Vorderbrett erst aufleimen, wenn der Kasten eingepaßt ist und gut läuft.

Das *Einpassen* der Kästen erfordert Geschick und Aufmerksamkeit, um zu erkennen, wo eine Seite noch klemmt. Putzhobel, Ziehklinge und Schleifpapier werden für diese Arbeit verwendet. Auch mit einer Kantenschleifmaschine ist dieses Nachbessern gut zu bewältigen. Es ist vorteilhaft, die Seitenzargen beim Einpassen mit Wachs einzureiben – sie laufen dann gleich angenehmer. Grundbedingung ist, die Zargen vor dem Zinken stramm in den Laufkasten einzupassen. Das Putzen nach dem Zusammenleimen schafft in der Regel die nötige Luft, damit der Kasten gut läuft. Ein kleiner Kasten mit wenig Reibungsfläche braucht wenig Spielraum, bei größeren ist

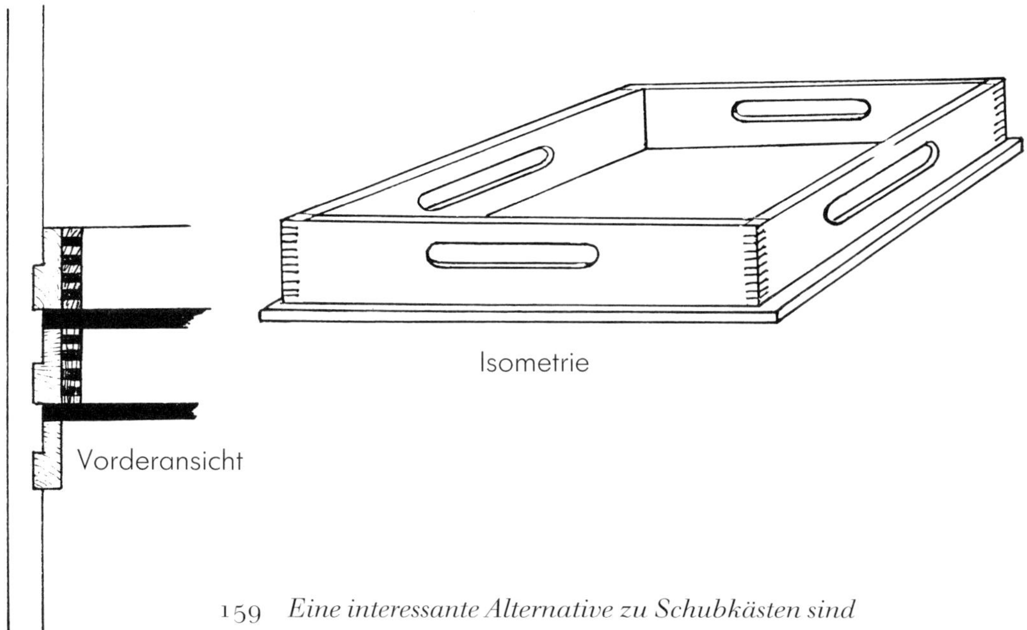

159 *Eine interessante Alternative zu Schubkästen sind herausziehbare Tabletts, die leicht einzubauen sind.*

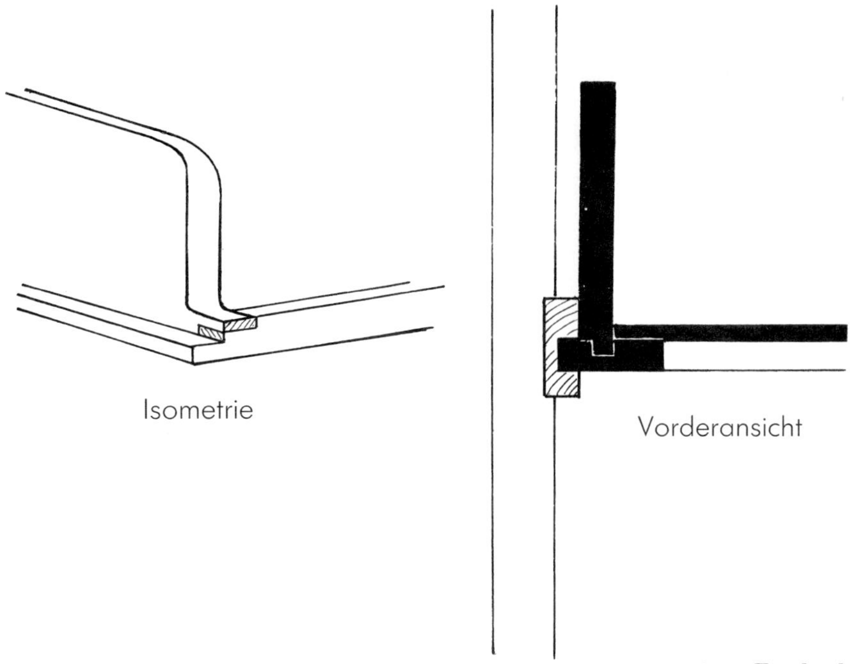

160 *Englische Züge sind für Wäscheschränke sehr praktisch.*

es nur wenig mehr. Einerseits ist ein eng geführter Kasten angenehm zu schieben, andererseits neigt er aber bei Feuchtigkeit dazu, leicht zu klemmen.

Bei neueren Fertigungsmethoden werden größere Schubkästen auch durch Federn zusammengehalten. Selbst gedübelte Kästen werden gebaut. Es ist sicher von den geforderten oder gewünschten Ansprüchen abhängig, in welcher Weise gearbeitet wird.

Zunehmend werden für besondere Aufgaben wie Küchenmöbel oder Wäschekommoden *Metallführungen* verwendet. Das sind rollen- oder kugelgelagerte Profilschienen, die an den Kasten und an die Innenseite des Laufgehäuses geschraubt werden. Da dieses Schienensystem seitlich Platz benötigt, muß der Kasten entsprechend kleiner gearbeitet werden. Kästen für dieses System können in Nut- oder Dübelverbindung hergestellt werden, da hier die hohe Paßgenauigkeit der traditionellen Kästen nicht gefordert wird. Insofern sind auch Sperrholz- oder Tischlerplatten für die Herstellung möglich.

Bei der Verwendung von Metallaufschienen können Schubkästen weit herausgezogen werden, weiter als es bei der normalen Holzführung möglich ist. Diese vorteilhafte Technik läßt sich aber auch aus Holz herstellen. *Doppelt geführte Kästen* sind seit Generationen bekannt und haben sich bewährt. Je nach der Größe der Kästen sind

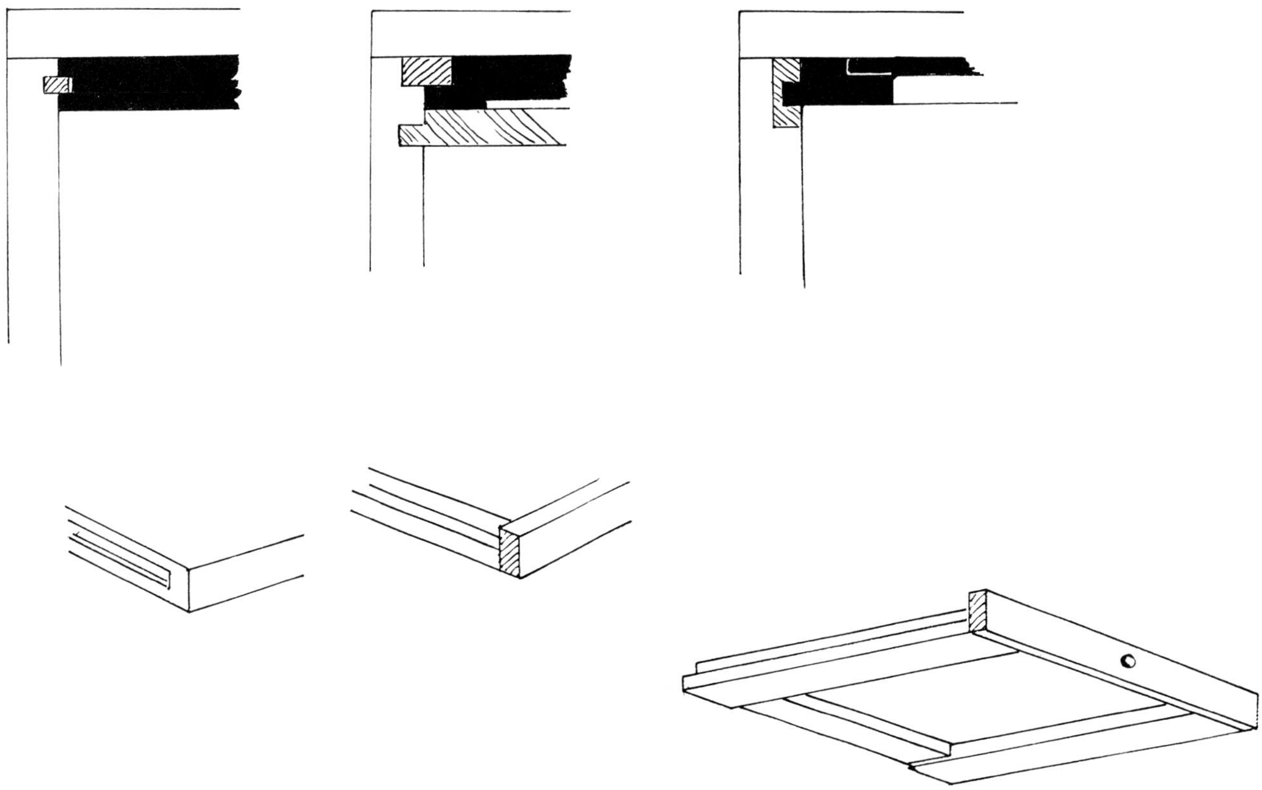

161 *Drei Beispiele für die Führung von Ablageplatten*

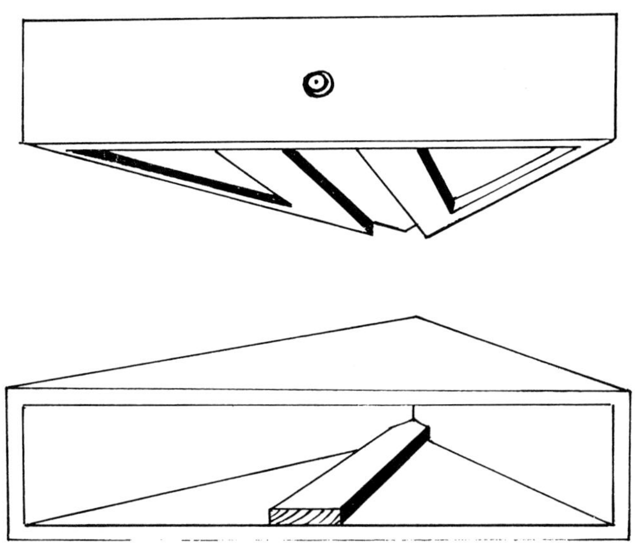

162 *Beispiel für einen Dreieckschubkasten: Kastenuntersicht mit Mittelführung (oben) und Kastengehäuse mit Führungsleiste (unten)*

verschiedene Lösungen möglich. Man sollte aber unbedingt abgelagertes Hartholz wie Buche, Ahorn oder Teakholz verwenden. Das Prinzip besteht aus zwei Führungen, die je zur Hälfte auszuziehen sind und durch Dübel oder Schraubstifte gestoppt werden. So ist es möglich, das ganze Laufgehäuse der Schubkästen selbst herausziehbar herzustellen, um dem Möbel zusätzliche Ablagen zu verschaffen. Englische Möbel, besonders jene, die nach den Vorlagen des Architekten Thomas Cheraton um 1800 gebaut wurden, zeigen derartige Mechaniken.

In England wurden auch Schubkästen und Züge entwickelt, die sich durch Türen verschließen lassen. Sie haben dann manchmal schmale Vorderstücke, um sie gut nutzbar zu machen; manche sind als Tablett zu verwenden. Für die vielfältigsten Nutzungen sind variable Formen möglich, selbst einfache Schieber, die als Ablagebrett dienen, sind möglich. Lauf- oder Gleitleisten können sowohl oben als auch unten an den Kästen angebracht sein.

Rolläden

Rolläden sind praktisch; sie behindern den Zugang zum Möbel nicht durch offenstehende Türen. Besonders für Schreibmöbel wurden sie deshalb schon in der zweiten Hälfte des 18. Jahrhunderts verwendet. Zudem kam gleichmäßiger Rhythmus der Leisten dem Geschmack des Frühklassizismus entgegen.

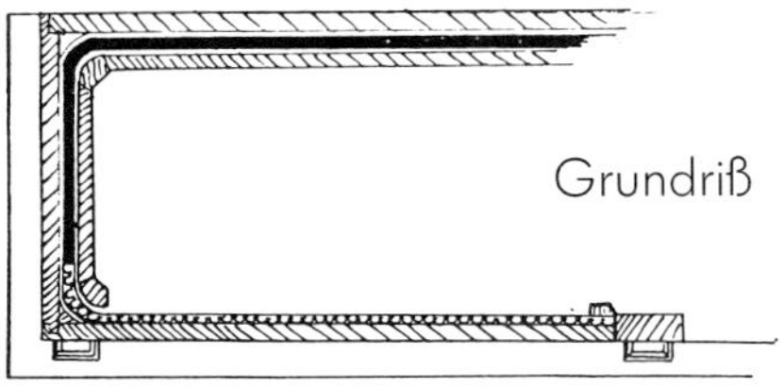

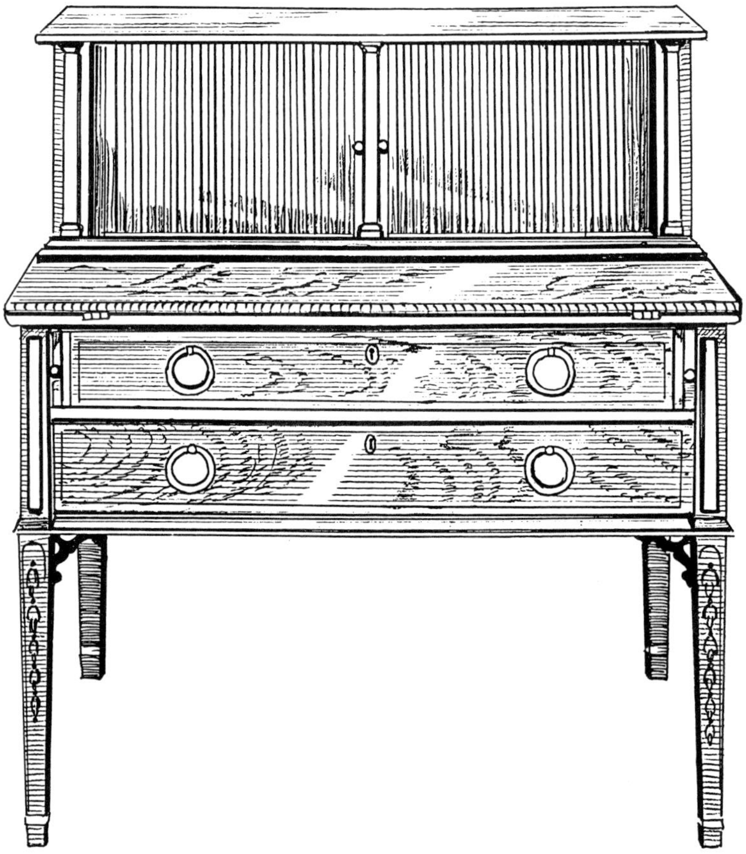

163 *Schreibsekretär aus der Zeit um 1800. Im Oberteil befinden sich zwei horizontal laufende Rolläden. Das Führungsprinzip ist im Grundriß des Oberteils gut zu erkennen. Die doppelt liegende Schreibplatte läßt sich ausklappen und ruht dann auf den beiden seitlichen Schiebern.*

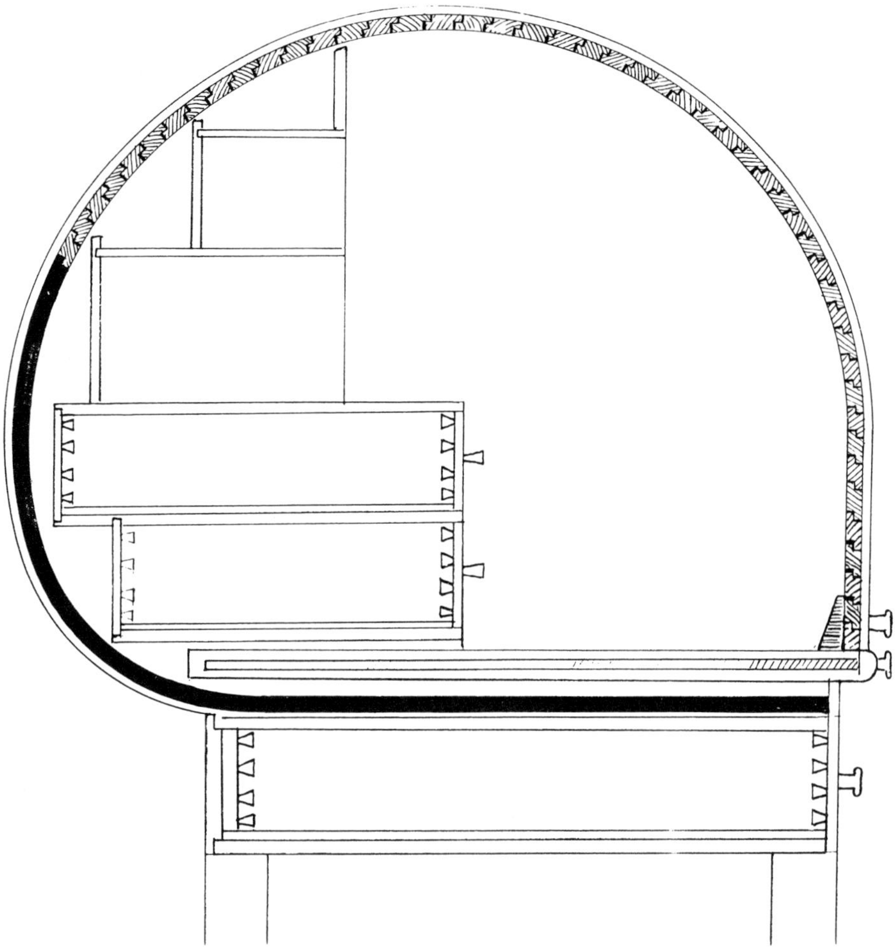

164 *Seitenansicht für ein »Rollbureau«. Der Rolladen läuft unter die Schreibplatte, die im geöffneten Zustand herausziehbar ist.*

Rolläden oder *Jalousien* bestehen aus *schmalen Leisten*, die, auf festen *Drillichstoff* geleimt, eine bewegliche Wand ergeben. Sie lassen sich in ein Möbel hineinschieben. Dafür wird ein Hohlraum benötigt, den die Schreiner durch eine zweite innere Wand schaffen. Dabei entsteht ein Schlitz, der genügend Spielraum lassen muß, damit die Laufwand beim Schieben nicht klemmt.

Die Leisten sollten schmal genug sein, um auch enge Kurven bewältigen zu können. Bei historischen Möbeln kann man Leisten von weniger als 10 Millimeter Breite sehen. In der Regel werden heute Leisten von 15 bis 25 Millimeter verwendet. Die Schreiner früherer Tage haben sie gern abgerundet. Für unseren derzeitigen Geschmack sind aber gerade Vorderkanten beliebter. In diesem Fall dürfen sie sogar furniert werden. Leisten und Drillichstoff werden am besten in der Furnierpresse verleimt. Stoff und Leisten sollten dabei auf eine Platte gespannt werden, die Faltenbildungen verhin-

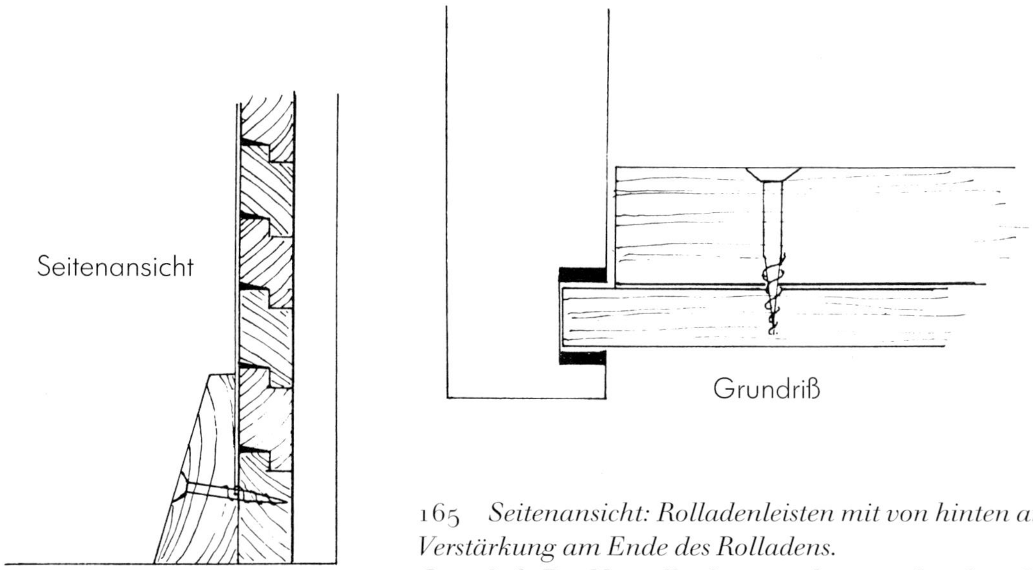

165 *Seitenansicht: Rolladenleisten mit von hinten angeschraubter Verstärkung am Ende des Rolladens.*
Grundriß: Die Nut sollte für einen besseren Lauf mit Hartholz ausgeleimt werden, wenn die Seitenwand aus Tischlerplatten besteht. Praktisch ist es, wenn zwei Tischlerplatten so nebeneinandergeleimt werden, daß der verbleibende Abstand dazwischen als Nut dient.

dert und darüber hinaus die Leisten dicht beieinander hält. Zwei Stoppleisten an den Seiten sorgen zusätzlich dafür.

Man kann ganz einfache Leisten nebeneinander leimen, besser ist es aber, einen Falz zu fräsen, damit im gewölbten Zustand der Drillich nicht in unschöner Weise zwischen den Leisten sichtbar wird. Die ersten Leisten in der Lade müssen hinten eine Verstärkung erhalten. Ein Brett in der Breite von 2 bis 3 Leisten wird von innen angeschraubt, in ihm läßt sich ein Schloß einbauen, auch Griffe oder Knöpfe finden hier einen Halt.

Rolläden sind senkrecht, aber auch horizontal zu verwenden. Bei größeren Läden sind manchmal Federn oder Gewichte erforderlich, um die Hantierbarkeit zu erleichtern.

Scharniere sind die Gelenke der Möbel. Sie ermöglichen es, Türen, Klappen und Platten zu bewegen. Scharniere werden durchweg aus Metall – aus Eisen, aber auch aus Messing – gefertigt.

Wenn man die geschichtliche Entwicklung der Scharniere betrachtet, so wurden Achsen zunächst aus Holz gefertigt. Von alten chinesischen Schränken, Türen aus Afrika, von Scheunentoren aus den Alpenländern kennt man die Konstruktionsweise, wo das Drehelement aus Holz besteht. Diese Türen haben einen vorstehenden *Holzdorn*, der meist mit der Seite des Türblattes eine Einheit bildet. Dieser Dorn dreht sich in dem Loch eines hölzernen Lagers. Manchmal liegt in dem Loch ein Stein als Widerlager für den Holzdorn. Besonders, wenn harzige Harthölzer verwendet wurden, ist diese Lösung durchaus kein Notbehelf. Ist doch noch in unserem Jahrhundert, vor der Einführung der Kugellager, Pockholz für Maschinenlager von großer Bedeutung gewesen.

Die Möbel im Mittelalter hatten geschmiedete Scharniere. Es waren große langgestreckte Bänder, an denen die Schmiede ihr Können und ihre Dekorfertigkeit zeigten. Sie wurden von außen auf die Möbel genagelt.

In der Renaissance wurden die Scharniere oft innen angebracht. Durch eine Kröpfung schaut nur das Gelenkstück aus dem Schrank, um den Drehpunkt, wie es hier nötig ist, außerhalb zu legen.

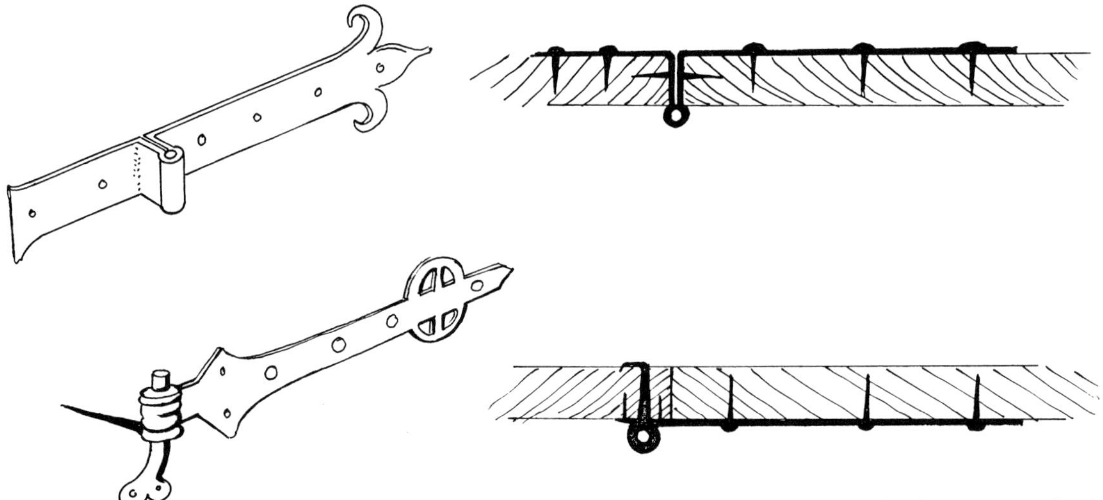

166 *Zwei Beispiele für historische Scharniere. Sie wurden zum Teil innen angebracht, wobei Nägel zur Befestigung verwendet wurden.*

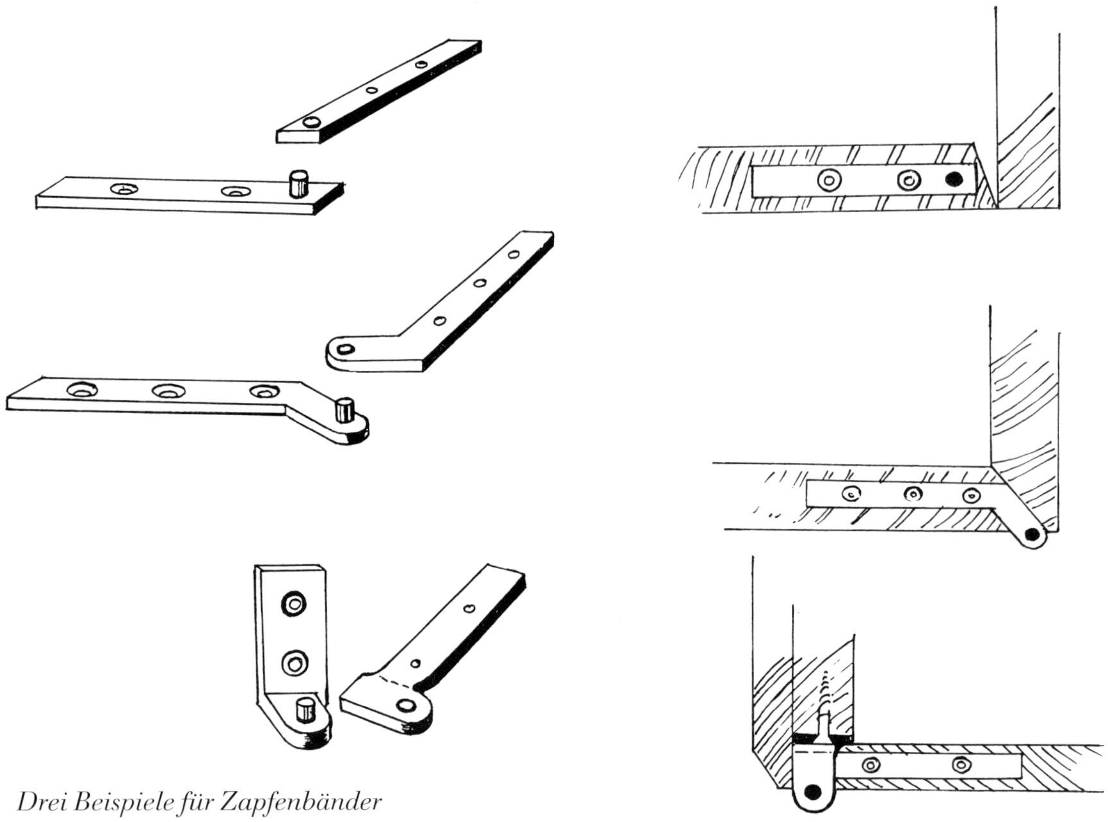

167 *Drei Beispiele für Zapfenbänder mit den erläuternden Grundrissen:*
Oben: einfaches Zapfenband
Mitte: gekröpftes Zapfenband
Unten: gewinkeltes Zapfenband

Es gab Zeiten, wo man Scharnier- und Bänderformen an der Fassade grundsätzlich als störend empfand. So wurden völlig versteckte Gelenke in Form von Zapfenbändern entwickelt. In gewisser Weise wurde hier die uralte Form der Holzlager in stark verkleinerter Weise in Metall wieder aufgenommen.

Zapfenbänder sind aus Eisen oder auch aus Messing, sie bestehen aus zwei Teilen. Das obere Teil hat an seinem Ende einen *Runddorn*, den sogenannten Zapfen, um den manchmal eine Scheibe gefügt ist, damit die Reibefläche möglichst klein bleibt. Dieses Zapfenstück wird an den Türen oder Klappenenden eingelassen. Das *Lochteil* sitzt am feststehenden Möbelkorpus. Erfindergeist hat die verschiedensten Formen solcher Bänder erdacht. Während das Lochteil im Boden und oben unter der Platte zum Beispiel am Gesimsteil sitzt, können gekröpfte Zapfenlochteile an den senkrechten Schrankseiten angebracht werden. So sind Zapfenlöcher möglich, die gleich zwei Türen lagern. Hier besteht das Band aus einem Lochteil und zwei Lagerteilen.

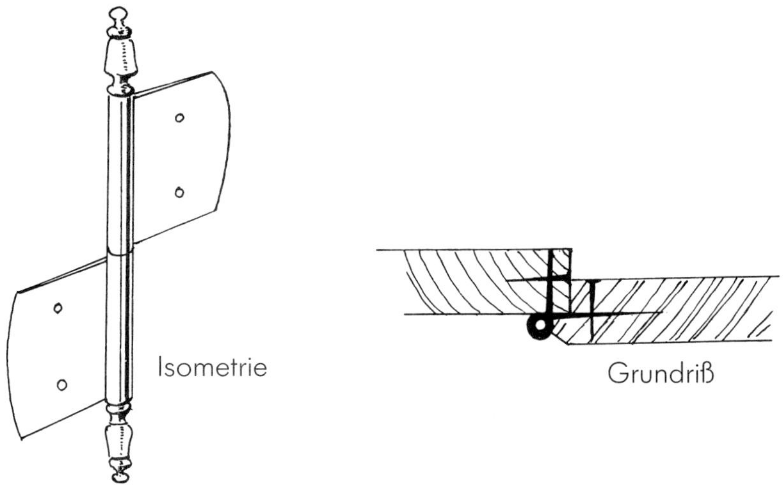

168 *Fitschenband in seiner historischen Form*

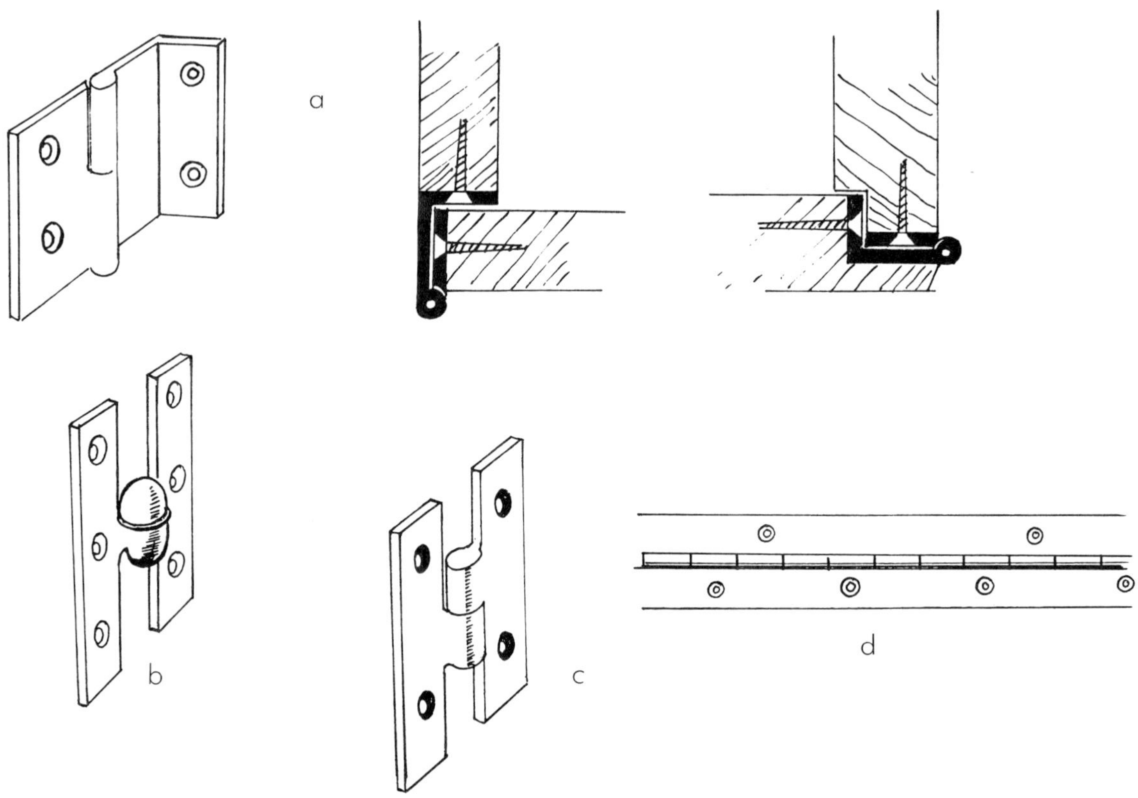

169 *Vier Beispiele für Scharnierbänder:*
a Scharnierband in abgewinkelter Form; die Grundrisse (rechts) zeigen die beiden möglichen Anordnungen dafür.
b Scharnierband in Eichelform
c Scharnierband mit verkürztem Zylinder
d Klavierband

Türen werden unterschiedlich angeschlagen. So ist es manchmal erforderlich, den Drehpunkt außerhalb der Tür zu legen. In diesem Fall werden *abgewinkelte Zapfenbänder* verwendet. Hierbei ist das Lagerende des Bandes außen sichtbar. Dieses Lagerende kann einfach abgerundet sein oder die Form einer Eichel haben.

Mit Zapfenbändern werden auch Schreibklappen bewegt. Besonders stabile Ausführungen können ein Widerlager haben. Mit diesem Widerlager wird die Klappe in waagerechter Haltung festgehalten. Türen mit Zapfenbändern lassen sich nur aushängen, wenn das Zapfenteil abgeschraubt wird, was nur bei geöffneter Tür möglich ist. Scharnierbänder werden nicht nur als aufgesetzte Zierblattformen verwendet (in der Gotik und im Jugendstil finden wir diese Beispiele). Scharnierblätter, auch *Lappen* genannt, werden an die Seiten der Türen und Rahmen geschraubt und sind daher bei geschlossenen Möbeln nicht sichtbar.

Eine frühe Form dieser Scharniere ist das *Fitschenband*. Beim Fitschenband oder *Einstemmband* wird der Lappen in einen schmal ausgestemmten Schlitz eingefügt. Der Lappen hat Löcher für Stifte, die durch den Holzrahmen geschlagen werden, um das Band zu

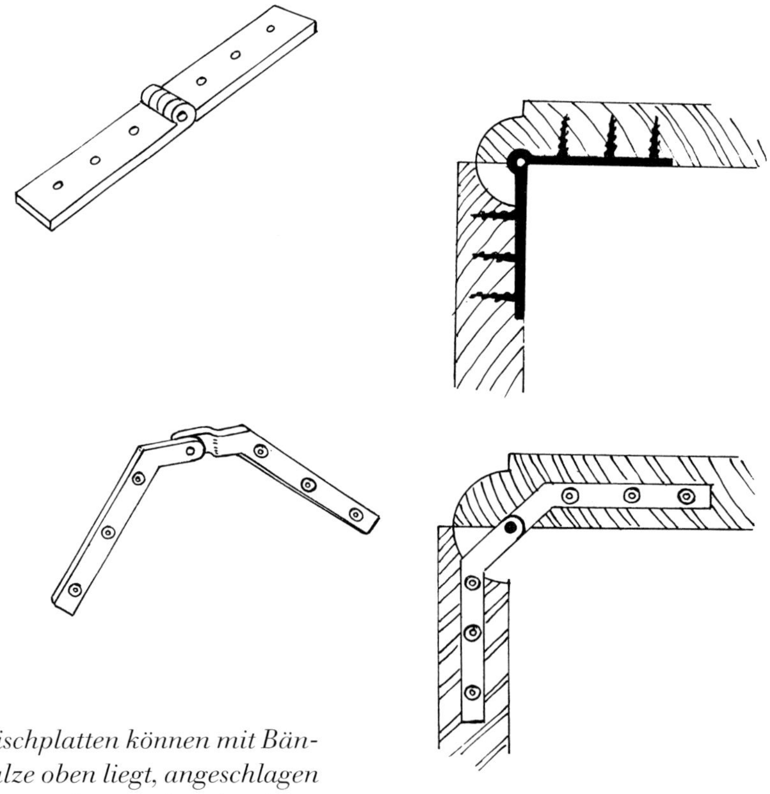

170 *Klappbare Tischplatten können mit Bändern, deren Walze oben liegt, angeschlagen werden (oben), aber auch mit gekröpften Zapfenbändern (unten). In den Grundrissen ist die unterschiedliche Montage gut zu erkennen.*

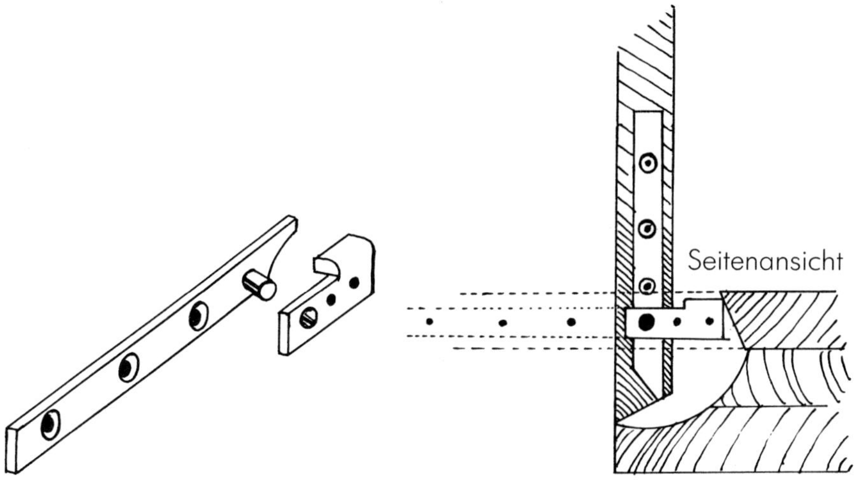

171 *Besonderes Zapfenband mit abgewinkeltem Halteblock, wie es bei Schreibklappen Verwendung findet.*

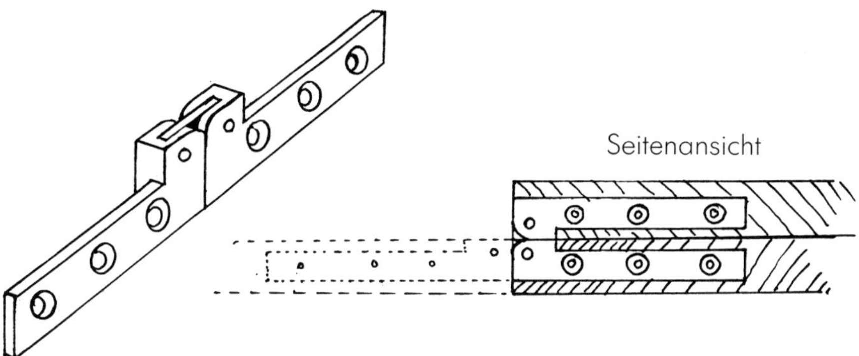

172 *Auch Spieltischbänder können verwendet werden, um zwei Tischplattenteile zu bewegen.*

halten. Diese Einsteckbefestigung verleiht dem Scharnier einen sehr guten Halt. So sind neben Möbel- und Zimmertüren auch Fensterflügel auf diese Weise angeschlagen worden. Ohne das Scharnier abzuschrauben, lassen sich die beweglichen Teile leicht aushängen. Fitschenbänder und das dazugehörende *Fitschenstemmeisen* sind heute aus der Schreinerpraxis nahezu verschwunden.

Das heute meistverwendete Scharnierband wird an den Lappen angeschraubt. Es wird in unterschiedlicher Qualität im Handel angeboten. In der einfachen Ausführung sind die Lappen aus Eisen- oder Messingblech am Ende um den Dorn gebogen. Bei einer anderen Version sind dünne Walzbleche um den Dorn gezogen, so daß auch der Lappen aus zwei Schichten Blech besteht. Zwischen den Lappen befindet sich ein Luftschlitz, daher müssen diese Scharniere tiefer eingelassen werden. Sind beide Lappen aneinandergepreßt, entsteht ein *durchgedrücktes Scharnier.* Sie können einseitig, aber auch symmetrisch gedrückt sein.

Von besonderer Güte sind gezogene Scharniere aus Messing. Der Lappen hat hier bei Möbelscharnieren eine Dicke von etwa 3 Millimetern. Lappen und Walze sind dann aus einem Stück. Die Walze ist aufgebohrt, um den Dorn aufzunehmen.

Wenn Türen tiefer als der Rahmen liegen, müssen *gekröpfte Scharniere* verwendet werden. Bei überfälzten Türen sind *Winkel-*

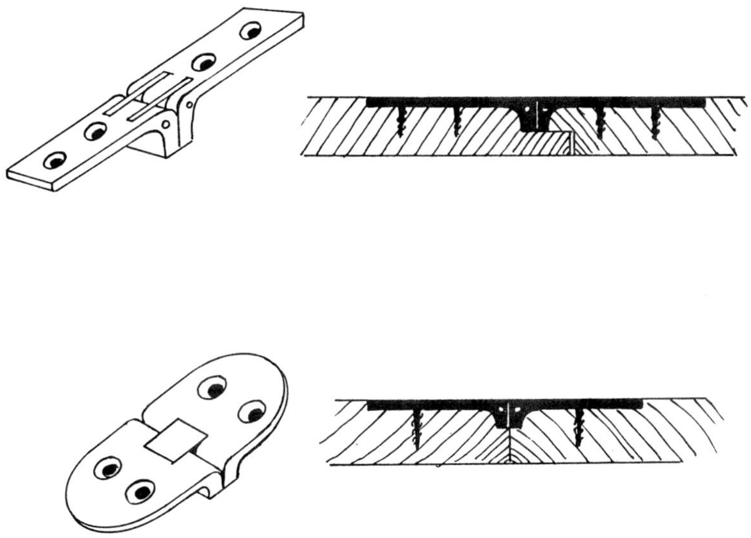

173 *Diese beiden Spieltischbänder werden oben in die Platte bündig eingelassen, wie die jeweiligen Seitenansichten zeigen.*

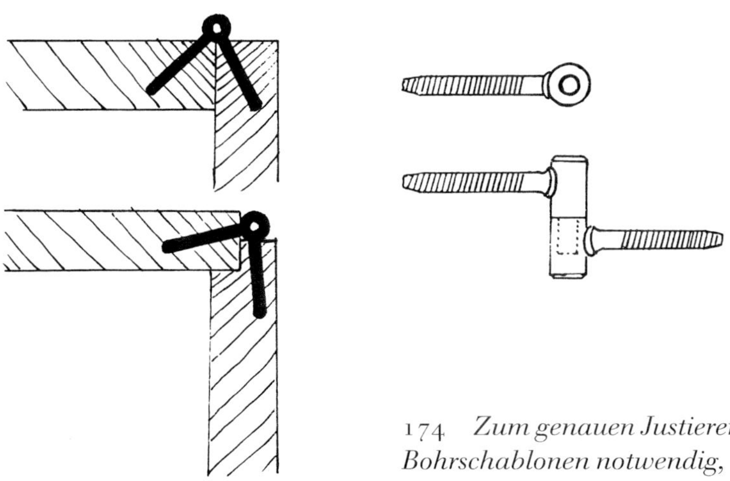

174 *Zum genauen Justieren eines Zylinderscharniers sind Bohrschablonen notwendig, damit läßt sich der exakte Sitz des Schraubzapfens bestimmen. Die Seitenansichten zeigen die beiden Anschlagmöglichkeiten einer derart befestigten Platte oder Türe.*

scharniere erforderlich. In früherer Zeit waren diese Bänder geschmückt, indem zum Beispiel an den Walzenenden Zierköpfe eingesteckt waren. Diese Ausführungen werden nur noch an sogenannten Stilmöbeln eingebaut. Solche Scharniere gestatten das Aushängen der Türen bezeichnenderweise nicht. Sie müssen abgeschraubt werden. Wenn die Scharniere, etwa für Zimmer- oder Haustüren, als *Zylinderbänder* ausgeführt sind, kommen je nach Anschlag der Tür linke oder rechte Bänder zur Verwendung.

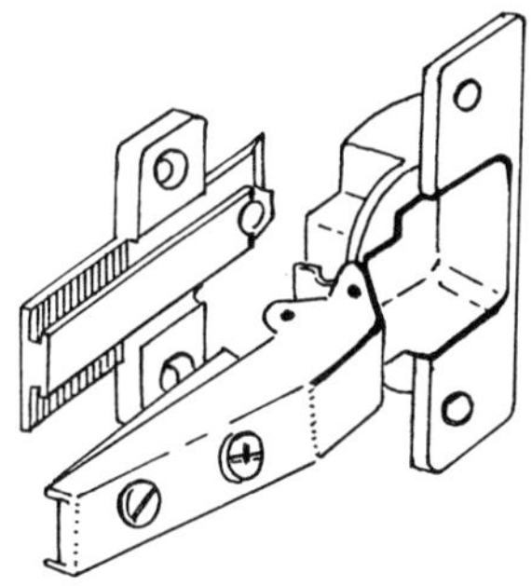

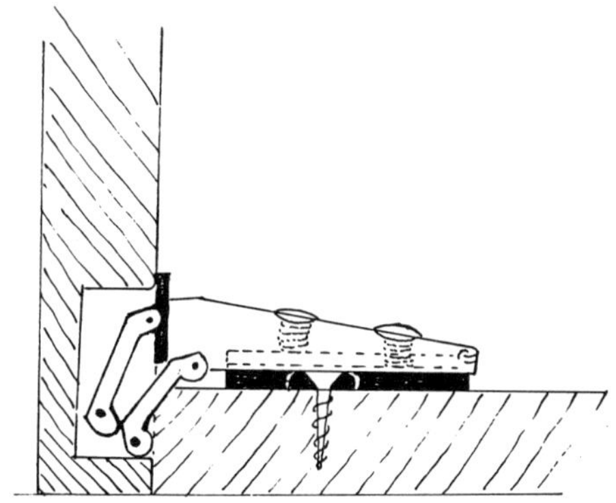

175 *Topfband; die Seitenansicht zeigt recht anschaulich das »Versenken« des Topfs in dem entsprechenden Bohrloch.*

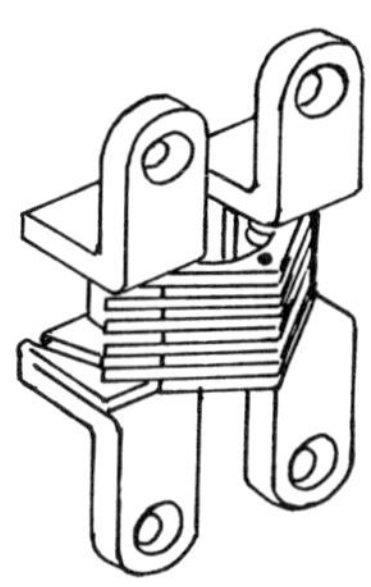

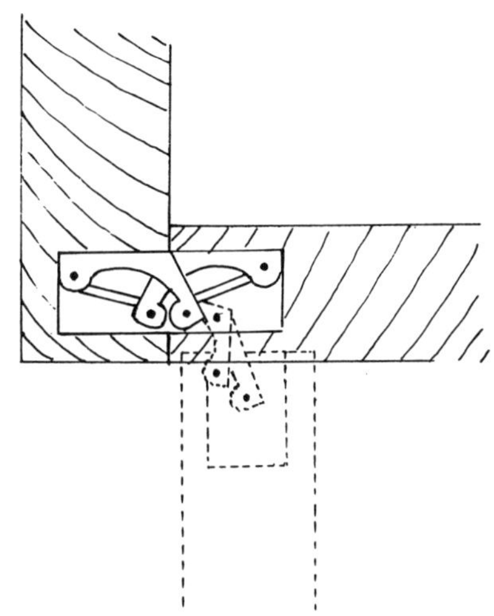

176 *Gelenkbänder oder Einlaßscharniere eignen sich nur für kleinere Türen; das Einpassen ist recht kompliziert.*

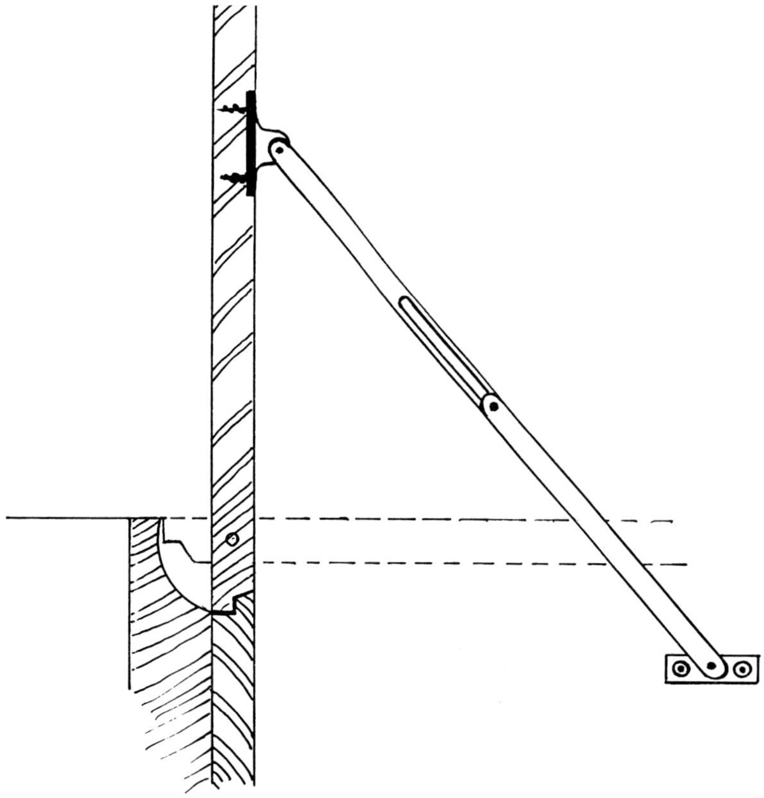

177 *Seitenansicht einer Schere zum Halten von Schreibklappen*

Klavierbänder oder *Stangenscharniere* waren einige Jahrzehnte zum Anschlagen von Möbeltüren beliebt. Es sind gezogene Bleche von über 3 Meter Länge, die sich der Schreiner nach Bedarf abschneidet. Wie der Name schon andeutet, wurden diese Bänder ursprünglich für Klavierdeckel entwickelt. Die außen sichtbare, durchgehende Walzenkante ist für das Stangenscharnier charakteristisch.

Eine besondere Entwicklung bei den Scharnieren stellen die *Spieltischbänder* dar. Dies sind Bänder mit zwei Achsen. Besonders für Klapptische und Schreibtischklappen sind sie geeignet, da dann bei geöffneter Platte keine Walzen vorstehen.

In neuerer Zeit finden sogenannte *Topfbänder* viel Verwendung. Sie sind an der Außenfront der Möbel nicht sichtbar und kommen daher einer derzeitigen Ästhetik entgegen. Leider sind sie innen recht unbescheiden und stören die Optik bei geöffneter Tür. Der »Topf« dieses Scharniers wird in ein Bohrloch eingelassen, während die Grundplatte einfach aufgeschraubt wird. Ein Vorteil dieser Scharniere ist die Möglichkeit, die Türen nach dem Einbau genau justieren zu können. Um auch innen ein befriedigendes Aussehen zu

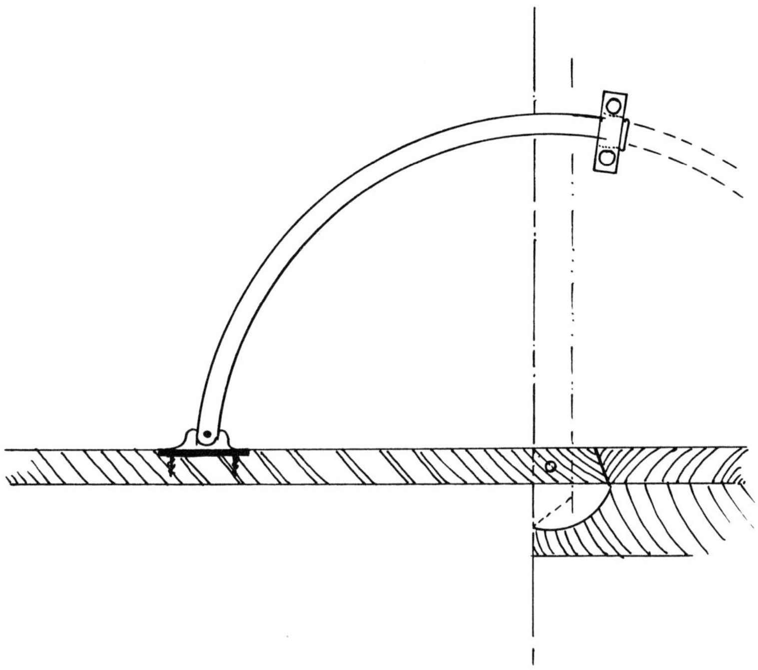

178 *Seitenansicht eines Haltebügels für Schreibklappen*

erreichen, hat man *Einlaßscharniere* entwickelt. Dies sind komplizierte Gliedermechaniken, die eingestemmt und bei kleineren Ausführungen in ein Bohrloch gesteckt werden müssen. Leider ist das Einpassen kompliziert, auch sind diese Gelenke nur für kleinere Türen geeignet.

Nicht eigentlich zu den Scharnieren zählen die *Scheren* und *Bügel* zum Halten der Schreibklappen. Scheren sind zwei- und dreiteilig, je nach Bedarf. Neue Systeme sind in Form von Stangen und Schiebemechaniken im Handel. Hiermit lassen sich zum Beispiel nach oben schiebbare Klappen arretieren.

Einpassen der Scharniere

Auch an der Art, wie Scharniere eingebaut sind, zeigt sich die Erfahrung und die Sicherheit eines Schreiners. Das Einpassen ist eine Arbeit, die Feingefühl und Konzentration verlangt.

Wie immer ist genaues Anreißen die Grundlage. Bei Einzelfertigung wird das Scharnier als Anschlag für den Riß direkt auf das Holz gelegt. Für genaue Arbeit könnte der hintere Riß mit dem Streichmaß geschaffen werden, der seitliche an dem Winkel. Bei Serien lohnt es sich, eine Anreißschablone herzustellen. Aus einem dünnen

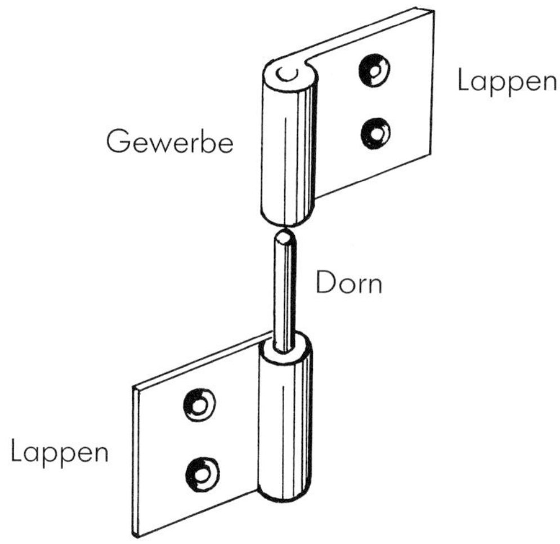

179 *Scharnier mit Zylinder bzw. Walze und Lappen. Die Achse wird als Dorn bezeichnet, das angebogene, ösenförmige Gelenk als Gewerbe.*

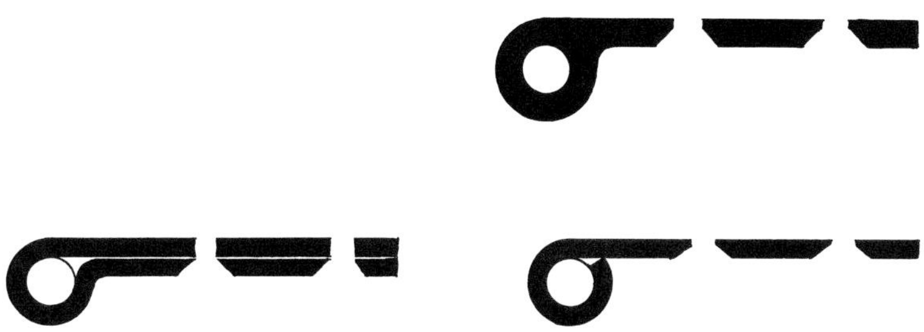

180 *Gefräste oder gezogene Scharniere (oben) werden aus einem Stück hergestellt. Das Gewerbe für den Dorn wird dabei ausgebohrt. Bei gerollten Scharnieren (unten) wird das ösenförmige Gelenk aus Walzblech gebogen.*

Hartholzbrett wird dafür der Umriß des Scharniers negativ herausgeschnitten. So läßt sich dann an dem Ausschnitt das Scharnier exakt anreißen. Es empfiehlt sich, die Schablone zusätzlich mit einer Klammer an der Tür oder am Rahmen zu sichern. Zum Anreißen ist ein Messer geeignet, aber auch ein Stemmeisen, mit dem gleichzeitig der erste Einstich vorgenommen werden kann. Zunächst wird – wie beim Zinken – die Leibung der Kante durch eine Kerbe freigelegt. Wer mag schon eine ausgefranste Kante am Scharnier sehen? Die genaue Tiefe für das Scharnierbrett ist oft nicht gleich zu treffen. Da hilft nur Probieren und Vorsicht, um mit dem scharfen Metall die Holzkanten zu schonen. Nur bei Serien ist diese Arbeit mit der Oberfräse rationell; der geschickte und erfahrene Schreiner wird vier oder acht Scharniere schneller per Hand einfügen können. Für Schreiner taucht ein Problem auf, wenn abgerundete Scharniere ohne passende Hohleisen in der Werkstatt einzulassen sind. Selbst

181 *Eine Tür aus der Zeit um 1600. Bemerkenswert sind hier vor allem die Metallarbeiten. Die geschmiedeten Bänder wie auch das Kastenschloß sind außen aufgesetzt.*

Forstnerbohrer sind nicht immer die Rettung. Aus diesem Grunde werden die Scharniere heute meist mit eckigen Kanten hergestellt.

Auch saubere, nicht »ausgenagte« Schrauben heben das Ansehen der Scharniere. Es gibt sensibel anzuschlagende Türen, die ein mehrmaliges Einpassen nötig machen. Dann sind die Scharniere öfter zu lösen. Insofern sollten zunächst Ersatzschrauben verwendet werden. Erst beim Zusammenbau benutzt man die endgültigen.

Manche Schreiner befürworten das Einpassen der Scharniere schon vor dem Zusammenbau der Möbel, wie es bei Fabrikationsfertigung üblich ist. Das mag bei einfachen Möbeln, wo den Türen ausreichend Luft gegeben wird, geeignet sein. Bei scharf passenden Türen ist ein späteres Anschlagen ratsamer.

Scharniere, besonders jene aus Messing, sind mit einem besonderen Lack gegen Oxidation geschützt. Wer diesen Glanz unpassend findet, kann den Lack mit einer Abbeizpaste, aber auch durch Abbrennen mit der Lötlampe entfernen. Wird eine gewisse Patina erwünscht, läßt sich diese mit sogenanntem *Goldschwefel* erzielen. Schwefelpulver wird mit Salmiak zu einer schlammartigen Konsistenz verrührt und auf das Metall aufgetragen.

Arbeiten mit Furnieren

Mit Furnieren lassen sich Muster und die verschiedensten Kombinationen herstellen. Das noch immer angewendete »Stürzen«, das heißt das Nebeneinanderlegen gleicher Maserbilder, ist nicht mehr zeitgemäß. Auch die Reduzierung auf schlichte Hölzer wie Birnbaum oder Buche ist keine Lösung; es ist lediglich Verweigerung. Aufgabe der Schreiner ist es, wieder verstärkt mit Furnieren zu gestalten.

Seit dem späten Mittelalter werden Furniere in Mitteleuropa verarbeitet. Zunächst wurden sie sehr sparsam verwendet, da meist kostbare und seltene Hölzer dafür benutzt wurden. Die Furniere wurden mit großen Gestellsägen von zwei Arbeitern, die sich gegenüber standen, abgetrennt. Im 16. Jahrhundert wurden ganze Möbel mit Ebenholz verkleidet; kostbare Kabinettschränke, die zusätzlich noch Elfenbein- oder Schildpattverzierungen erhielten. Mehr und mehr verfeinerte sich die Technik, um mit Mustern und Intarsien und mit verschiedenen Hölzern die Sprache und den Geschmack der jeweiligen Zeit auszudrücken. Gefärbte Furniere wurden zu jeder Zeit verarbeitet.

Nachdem im 19. Jahrhundert die *Furnierschneidemaschinen* entwickelt wurden, stehen den Schreinern die vielfältigsten Holzsorten in nahezu unbeschränktem Umfang zur Verfügung. Diese Furniere sind in der Regel etwas unter einem Millimeter stark. Nur für besonderen Bedarf werden 2 bis 3 Millimeter Stärken angeboten, die aber heute ebenfalls von Maschinen gemessert sind. *Sägefurniere* sind dagegen kaum noch im Handel. Da sie zum Ausbessern von alten Möbeln gebraucht werden, muß sie der Schreiner oder Restaurator selber sägen.

Der Streit, ob furnierte Möbel einen höheren Wert haben, ist längst entschieden. Seit Jahrhunderten werden Möbel mit furnierten Oberflächen hergestellt, während Massivmöbel mehr in die bäuerlichen Bereiche gedrängt wurden. Nicht die Herstellungsart, sondern Stil und Qualität der Arbeit setzen den Wert.

Furniere werden blattweise geliefert und müssen passend zerteilt werden. Dies geschieht mit der *Furniersäge*, dem *Furniermesser*, auch mit der *Furnierstanzmaschine* oder einfach mit einer Schere. Zum Arbeiten mit der Furniersäge ist ein gerades Lineal oder eine Leiste als Anschlag nötig. Wer eine gerade Fuge erhalten möchte, sollte ein absolut gerades Lineal verwenden.

Fugen sind nötig, um zwei Furniere aneinander zu bringen, wenn die Breite eines Furniers nicht ausreicht, aber auch, um verschiedene Teile zu einem Muster zusammenzufügen. Um viele gleiche Muster zu erhalten, fertigen die Schreiner sich sogar *Laden*. Schon bei einfachen Motiven, wie einem Schachbrett, sind sie eine Hilfe. Für besonders feine Arbeiten, aber auch bei feinporigen Hölzern, wird eine gesägte Fuge oft nicht dicht genug (nur in größeren Betrieben stehen exakt arbeitende Furniersägemaschinen zur Verfügung). In diesem Fall muß die Furnierkante gehobelt werden. Das geht mit einer einfachen Lade, wie sie von den »alten« Schreinern verwendet wurde, am einfachsten. Diese Lade besteht aus einer Grundplatte und einem daraufliegenden Brett. Auf dieses Brett legen wir das Furnierblatt; es sollte nur wenig vorstehen. Auf das Furnier legen wir ein weiteres Brett, das für den Hobel als Führung dient. Für kurze Fugen wird der Putzhobel benutzt, lange Fugen hobeln wir mit der Rauhbank. Aber auch mit der Hobelmaschine lassen sich Furniere fügen, wenn sie mit Schraubzwingen zwischen zwei Bretter gespannt werden.

Manchmal sind Furniere, besonders die gemaserten Sorten, durch das Lagern wellig geworden. Dann ist es notwendig, die Blätter

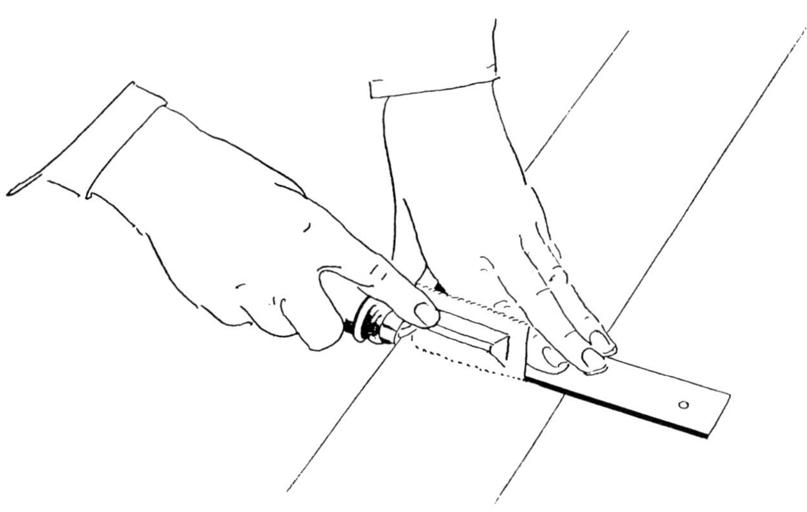

182 *Sägen eines Furniers mit der Furniersäge*

anzufeuchten und unter die Furnierpresse zu legen. Wer vor zuviel Feuchtigkeit Angst hat, legt zwischen die Furniere Zeitungen.

Furniere werden mit *Fugenpapier* zusammengehalten. Das gibt es in 2–3 cm Breite. Wird Fugenpapier mit Löchern verwendet, kann es zwischen den Holzschichten verbleiben. Besser ist es aber, geschlossene Streifen zu verwenden und sie auf die Oberseite zu kleben. Später werden sie befeuchtet und mit dem Stemmeisen abgeschabt. Bei einer größeren Produktion lohnt sich eine Fügemaschine, die die Furniere gleichzeitig mit einem Plastikfaden zusammennäht.

Grobporige Furniere lassen manchmal Leim durchkommen. Wenn Knochenleim verwendet wurde, läßt sich der Leimdurchschlag mit heißem Wasser vorsichtig wegwaschen. Bei der Verwendung von PVA-Weißleim kann nach dem Trocknen noch mit Nitroverdünnung oder Aceton ausgewaschen werden.

Furniere werden nach dem Aufleimen geschliffen. Wenn es gut sein soll, wird ein- oder zweimal gewässert und jeweils zwischengeschliffen. Nach dem Wässern verwenden wir 120er oder 180er Schleifpapier. Bei unseren dünnen Furnieren hat jeder Schreiner schon einmal durchgeschliffen, wenn er keine Walzenschleifmaschine besitzt. Der Handarbeiter braucht Erfahrung und Gefühl für das Material.

Furniere lassen sich auf alle Holzplatten leimen, diese sollten aber absolut plan sein. Das ist sicher bei Sperrholz am ehesten zu erwarten. Tischlerplatten, selbst Stäbchenplatten, werden manchmal wellig, weil die Stabmittellage unterschiedlich schrumpft. Hier muß mit dem Putzhobel oder der Walzenschleifmaschine abgerichtet werden. Wer sicher gehen will und auch Umleimer, die später sichtbar werden könnten, nicht verwenden möchte, sollte unter das Deckfurnier ein *Blindfurnier* leimen. Dieses Blindfurnier sollte immer quer zum Deckfurnier verlaufen.

In früheren Jahrhunderten wurde die Technik der Furnierverarbeitung zur höchsten Vollendung geführt, davon ist uns nur wenig erhalten geblieben.

Wenn man bedenkt, daß die Furnierflächen heiß verleimt werden mußten, mit einem Gemisch aus Knochenleim und Kreide, erkennt man die Leistungen dieser Handwerker. Da noch keine Furnierpressen zur Verfügung standen, wurden heiße, 5 bis 6 Millimeter dicke Zinkplatten mit den Zulageplatten unter Furnierböcke geschoben und mit vielen Spindelschrauben festgepreßt. Heiße Zinkplatten waren notwendig, um den inzwischen erkalteten Leim wieder flüssig zu machen. Das Furnieren von gewölbten Flächen, wie dies im 18. Jahrhundert Mode war, ist mit unseren heutigen Erfahrungen kaum zu bewältigen. Ältere Schreiner berichten von Methoden wie heißen Sandsäcken, die für gleichmäßigen Druck sorgten und zur Erweichung der Leime benutzt wurden. Es gibt keine Berichte, wie zum Beispiel die Frankfurter Wellenschränke furniert wurden. Für vieles fehlt uns heute die Praxis.

Wenn hier auf Methoden zum Furnieren schwieriger und seltener Furnierverleimungen eingegangen wird, so sind wir weitgehend auf Vermutungen angewiesen. Wer selbst einmal mit derartigen Aufgaben konfrontiert wird, muß durch Versuche Erfahrungen sammeln.

Wie wurden Profile quer furniert? Wir wissen, daß viele Hölzer durch Kochen eine nahezu elastische Konsistenz annehmen. Eine Eigenschaft, die in der Zeit des Biedermeier bekannt war und durch die Thonet-Stühle weit verbreitet wurde. Nicht nur Schlittenkufen, Schiffsplanken, auch ganze Stuhlteile wurden unter Dampf dauerhaft gebogen. So wurden Furniere im erweichten Zustand mit Hilfe von Sandsäcken zunächst ohne Leim auf das Blindholzprofil gepreßt. Diese Furniere bewahrten im erkalteten Zustand nahezu ihre Form, sie konnten anschließend austrocknen und wurden dann in einem zweiten Arbeitsgang mit Leim aufgepreßt. Weniger kurvige Wölbungen können wir heute mit Hilfe von dicken Hartschaumplatten, wie sie Polsterer verwenden, und mit PVA-Weißleim erfolgreich furnieren. Bei stärkeren Profilen müßte man zusätzliche Kontraprofile als Gegendruck einsetzen.

Die Methode, gewölbte Furnierungen mit Gummimatten unter Vakuumabsaugung anzupressen und gleichzeitig thermoplastische Leime durch eine Heizhaube anzulösen, ist nur in Spezialwerkstätten zu verwirklichen.

Einfach gewölbte Flächen, wie runde Türen, werden in den gleichen Matrizen und Patrizen furniert, die zuvor zur Herstellung der gewölbten Tischlerplatten dienten. Wenn früher gewölbte Zinkplatten zum Aufwärmen der Leime nötig waren, so dienen bei dem heutigen Weißleim dünne Sperrholz- oder Hartfaserplatten als zusätzliche Auskleidung der Matrizenform. Auf das Furnier legen wir dünne Folien. Wer Angst hat, es könnten sich bei der Leimung noch Leimblasen, sogenannte *Kürschner*, bilden, sollte 4 bis 6 Millimeter dicke Druckfilze als Ausgleichspolster dazwischenlegen.

Kürschner können, wenn zum Leimen PVA-Weißleim verwendet wurde, meist mit einem Bügeleisen gefestigt werden. Dieser Leim ist thermoplastisch und kann für kurze Zeit bei etwa 80 °C wieder erweicht werden. Das Furnier wird dann sofort mit einer Hammerspitze unter Druck festgerieben. Bei Leimungen mit Knochenleim

183 *Furnierintarsie aus verschiedenen Hölzern*

wird man das Furnier mit einem Messer aufschneiden müssen und Heißleim unter das Furnier bringen. Anschließend muß gepreßt werden. Restauratoren verwenden für die Leimungen Injektionsspritzen, die dann sofort in heißem Wasser ausgespült werden, damit das Werkzeug benutzbar bleibt.

In vielen Werkstätten stehen heute hydraulische Heizpressen. Mit thermoplastischen Leimen kann dort im schnellen Wechsel von 8 bis 10 Minuten Preßzeit ein Furnier aufgeleimt werden. Sonst wird mit Flächenleim auf PVA-Basis gearbeitet. Hier sind die Preßzeiten erheblich länger, sie sind auch von der Raumtemperatur und der Holzart abhängig. Harzhaltige Hölzer brauchen eine längere Abbindezeit. Die Leime werden mit einem Kammspachtel oder mit dem Leimauftragegerät aufgetragen.

Es ist gut, die Furniere größer zuzurichten als das zu beleimende Blindholz. Man muß dann nach dem Leimen die Plattenkante besäumen. Mit Kantenschneidern, mit Stemmeisen oder der Furniersäge wird der überstehende Rand entfernt. Besonders wenn Furniermuster aufgeleimt werden, darf sich nichts verschieben, darum leimen wir kleine Holzklötzchen passend auf den Furnierrand.

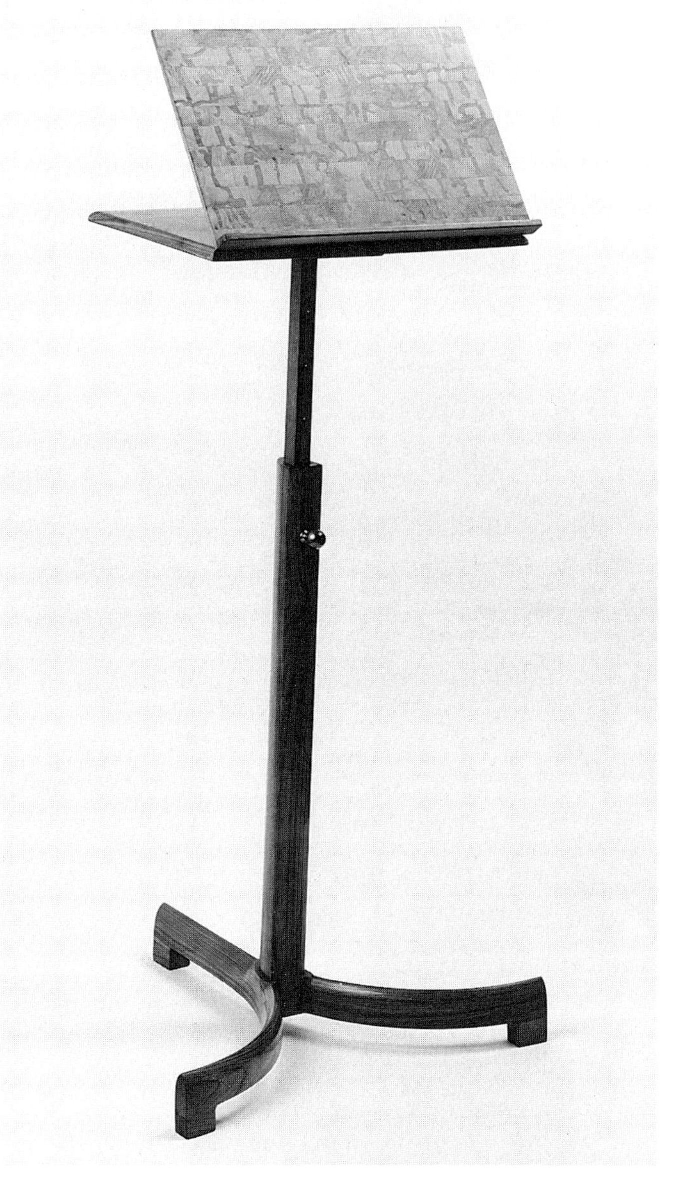

185 *Notenpult in Wenge*
Entwurf/Herstellung: Erich Brüggemann, Winsen

184 *Stuhl, 1990, in Padouk mit Zypresse, massiv; die gebogenen Teile des Stuhls sind formverleimt. Ein Entwurfsmotiv ist der gebogene Schwung am Kopfende der Rückenlehne und an den Armlehnen, welches durch Zypressenstreifen (gelb) betont wird.*
h = 127 cm, b = 52 cm, t = 60 cm
Entwurf/Herstellung: Verena Wriedt, Hamburg

OBERFLÄCHENBEHANDLUNG

Beizen

Beizen sind wäßrig in der Konsistenz und lassen sich mit einem Pinsel oder der Spritzpistole auftragen. Man sollte nicht zu ängstlich und sparsam bei der Arbeit sein. Gebeizt wird naß in naß, mit vollem, sattem Strich, damit keine Absätze oder Flecken entstehen. Bei der Verwendung der alten Materialien wie Kali, Kalk oder Pottasche ist die Gefahr der Fleckenbildung noch größer. Da ist es ratsam, das Möbelstück zuerst zu wässern und dann in das nasse Holz die Lösung zu streichen. Am besten macht man vorab an einer nicht sichtbaren Stelle einen Probeanstrich! Besonders bei den alten Rezepten ist das unerläßlich, um Enttäuschungen zu vermeiden. Ohne Zweifel bewirkt Salpeter zum Beispiel auf Ahornholz einen sehr schönen goldbraunen Farbton, wenn der nasse Anstrich sofort unter Hitzeeinwirkung zum Verdunsten gebracht wird. Wir wissen heute nicht, wie die Schreiner früherer Zeiten diese Prozedur bewältigt haben. Es bleibt auch für uns schwierig, obwohl heute zum Beispiel Heißluftgebläse zur Verfügung stehen.

Salmiak kann mit dem Pinsel aufgetragen werden, es kann aber auch durch Verdunsten seine holzfärbende Wirkung, besonders bei Eichenholz, entfalten. Man stellt das Möbel mit der Salmiakschale einfach in einen geschlossenen Raum; auch Salpeter färbt auf diese Weise. Danach unbedingt an ausreichendes Lüften denken!

Das Verarbeiten der heutigen chemischen Beizen ist dagegen unproblematisch.

Lackieren und Polieren

Es ist manchmal gut zu fragen, warum Holz lackiert wird. Die Antwort fällt dabei wahrscheinlich unterschiedlich aus. Wir bauen zum Beispiel einen Schrank, damit jemand seine Habe darin verstauen kann. Wir bauen, damit der Kunde sich in seiner Wohnung wohlfühlen kann. Wir bauen, um Stil, Geschmack und das Lebensgefühl unserer Zeit auszudrücken. Im Idealfall haben alle drei Aussagen die gleiche Wichtigkeit.

Auch bei der Oberflächenbehandlung der Holzteile können verschiedene Aufgaben oder Effekte den Vorrang haben. Wachse, Firnisse und Lacke dienen zunächst immer dem Schutz des Holzes vor Feuchtigkeit und Schmutz. Wer aber einmal ein Möbelteil gewässert hat und sah, wie die Schönheit der Maserung, die Tiefe des Farbtons sich zeigte, wird diesen Effekt gern als Dauerzustand erhalten wollen.

Generationen haben daran gearbeitet, Schönheit und Solidität zu verbessern. Lack- oder Polierverfahren, die allen Wünschen in gleichem Umfang gerecht werden, sind bisher nicht bekannt. In der Handpolitur, wie sie im 19. Jahrhundert am besten beherrscht wurde, mögen Eleganz und das Herausheben der Holzschönheit am weitesten entwickelt gewesen sein. Die Empfindlichkeit der Oberflächen gegen Alkohol und Wasser konnte damit nicht beseitigt werden. Moderne Hochglanzlacke auf Polyester- oder Acrylbasis haben sich in der Widerstandsfähigkeit gegen Lösemittel und Abrieb bewährt und bieten von daher viele Vorteile. Die Schönheit der alten Polituren erreichen sie nicht. Das Holz wirkt oft wie unter einer Glasur. Bei den Schreinern sind heute Mattlacke beliebt und bewährt, die im Grunde einen Kompromiß darstellen: Sie sind relativ stabil an der Oberfläche, bringen mit ihrem Matteffekt nicht die Tiefe der Maserung hervor, verraten aber auch nicht soviel von manchen Mängeln.

Wachsüberzüge

Wachs schützt die Oberfläche gegenüber Flüssigkeiten nur bedingt. Ein Vorteil ist jedoch die leichte Verarbeitungsweise. Es kann nachgerieben werden, wenn Schäden entstanden sind. Was einmal mit Wachs behandelt wurde, muß immer weiter mit dem gleichen

186 *Stuhl, Toledo, in Buche natur und Lederpolster.*
Entwurf/Herstellung: Emanuel Hook, Altrip

187 *Bücher- oder Bibliotheksleiter in Nußbaum*
Entwurf/Herstellung: Erich Brüggemann, Winsen

188 Rolladenschrank, 1988, in Schweizer Birnbaum, massiv
h = 210 cm, b = 42 cm, t = 56 cm
Entwurf/Herstellung: Hendrike Farenholtz, Hamburg

189 *Achteckiger Säulenschrank, 1989, in amerikanischer Kirsche; Stollenbauweise*
h = 220 cm, b = 60 cm, t = 60 cm
Entwurf/Herstellung: Hendrike Farenholtz, Hamburg

190, 191 *Schrank, 1991, in Birnbaum. Auffallend die halbrunde Vorderfront und die durchbrochene Korpusseite. Im Mittelteil befindet sich ein halbrunder Schubkasten.*
h = 207 cm, b = 56 cm, t = 58 cm
Entwurf/Herstellung: Hendrike Farenholtz, Hamburg

192 *Stuhl in Massivholzkonstruktion*
Entwurf: Franz Öttl, Unterwössen/Chiemgau

193 *Stuhl und Tisch, interessant die gedrechselten Beine.*
Entwurf: Franz Öttl, Unterwössen/Chiemgau

Material bearbeitet werden. Auf Wachsgrund halten sich keine Lacke oder Firnisse. Besser ist es, auf einem Lackgrund mit Wachs weiterzuarbeiten.

Bienenwachs, auch die synthetischen Wachse, lassen sich erweichen, indem sie in einem Metallbehälter im Wasserbad erhitzt werden. In diesem Zustand wird Terpentinöl, auch Testbenzin, das heißt Terpentinersatz, zugesetzt. Bei ausreichender Zugabe entsteht mit dem Erkalten eine weiche Paste, die mit einer Bürste oder einem Pinsel auf das Holz verteilt wird. Auf einer Lackgrundierung kann das Wachs mit feiner Stahlwolle verrieben und frottiert werden. Auf ungrundiertem Holz ist das Verteilen besser mit Roßhaar oder Wolle zu bewerkstelligen.

Wachs-Harzüberzüge

Durch die Zugabe von Harzen wird das Wachs stabiler und härter. Wachs und Harz verträgt sich durchaus, wenn es mit Hilfe von Terpentinöl oder dessen Ersatz gelöst und verdünnt wird. Auch dadurch läßt sich eine weiche Paste oder eine noch flüssigere Konsistenz erreichen. Zum Auftragen eignet sich hier ein Pinsel. Das Mischungsverhältnis von Wachs und Harz variiert je nach Bedarf und Anspruch. Bei geringen Harzanteilen kann noch gebürstet oder frottiert werden, um einen angenehmen Glanz zu erreichen. Bei höheren Harzanteilen ist das nicht mehr möglich. Hier sollte die Flüssigkeit mit einem Pinsel in schnellem Zug auf der Fläche verteilt werden, da sie sofort auftrocknet. Es lassen sich zum Mischen verschiedene Harze verwenden: *Dammar, Mastix, Sandarak, Kolophonium.* In alten Rezepten liest man sogar von *Kopal.* Auch Kunstharze wie *Paraloid* sind möglich, allerdings nicht in höherer Konzentration, da sich diese Harze oft nicht in Terpentin lösen lassen. Wachs-Harzüberzüge lassen sich mit terpentinlöslichen Pflanzenauszügen und mit Pigmenten, die in der Ölmalerei verwendet werden, einfärben. Geeignet sind Farbkonzentrate auf Ölbasis, wie sie Geigenbauer verwenden. Wachs-Harzüberzüge sind nicht alkoholfest, sie sind aber regenerierbar, das heißt, sie lassen sich durch Nachstreichen wieder auffrischen.

Firnisüberzüge

Firnisse sind ebenfalls terpentinlöslich. *Leinöl-* und *Harzfirnisse* sind untereinander mischbar. Für Türen und Fenster, für Anstriche im Außenbereich sind sie zu empfehlen. Harzfirnisse brauchen für außen aber immer einen größeren Leinölanteil, da Harze nicht fettig genug sind, um der Witterung zu widerstehen. Im Innenraum sind Harze besonders gut geeignet, sie haben sich über Jahrhunderte bewährt. Firnisse gilben, besonders die fetten Öle wie *Standöl* oder *Mohnöl*. Firnisse sind nicht regenerierbar, zumindest als Holzlasur nicht, auch Vergilbungen, die mit der Zeit auftreten, sind nicht zu vermeiden. Firnisse können aber in vielen Lagen aufgetragen werden; zu dicke Farbschichten sollten jedoch entfernt werden. Für diese Arbeiten haben sich Heißluftgebläse gut bewährt: Hitze führt zum Erweichen der Farbschicht, sie kann dann mit dem Spachtel abgeschabt werden. Firnisse sollten immer mit einem Pinsel aufgetragen werden, wobei eine schwerflüssige Konsistenz von Vorteil ist; man vermeidet so, daß die Flüssigkeit verlaufen kann. Da Leinölfirnisse erst nach Tagen austrocknen, kann der Trockenprozeß durch die Zugabe von Harzen oder 3 bis 5%igem Kobaltsikkativ verkürzt werden. Auch Firnisse lassen sich mit Pulverfarben einfärben und können so als Lasur wie auch als Deckanstrich verwendet werden.

Harze und Schellacküberzüge

Die meisten Harze wie auch der in Blattform erhältliche Schellack sind in Alkohol zu lösen: In ein Behältnis gibt man die Schellackblätter und gießt Spiritus darüber. Nach kurzer Zeit lösen sich die Blätter auf, und das gewünschte Gemisch entsteht. Wiederholtes Schütteln beschleunigt den Lösungsvorgang. Harze und Schellack sind ebenfalls untereinander mischbar. Schellack, den es in verschiedenen Gelbtönen gibt (von »Rubin« bis »Blond«), läßt sich mit Kopalharzen aufhellen und qualitativ verbessern. Manche Firmen bieten »farblosen«, das heißt entfärbten Schellack an.

Auch Harz und Schellack vergilben mit der Zeit. Sie sind mit Alkohol zum Teil regenerierbar. Man nimmt dafür Spiritus und Stahlwolle und löst den Schellack damit soweit, bis der klare Holzton wieder sichtbar wird. Ein völliges Abtragen der Lackschicht ist nicht sinnvoll. Auch das Schellackgemisch wird mit dem Pinsel aufgetragen. Wenn viele Schichten nötig sind, um dem Holz einen guten Schutz und der Maserung Tiefe zu verleihen, entsteht leicht ein speckiger Glanz. Der läßt sich entfernen, indem die Fläche mit Bimsmehlschlamm (in Wasser gelöst) ausgebürstet wird. Auch mit feiner Stahlwolle ist ein Matteffekt zu erreichen. Leider vermindert dieses Mattieren die Klarheit des Holztons.

Bis Anfang des 19. Jahrhunderts wurden ausschließlich diese Mixturen zur Oberflächenbehandlung für Möbel verwendet. Nach einer Reihe von Anstrichschichten, die bis zu 20mal aufgetragen wurden, wurde zunächst mit angefeuchtetem Schachtelhalm geschliffen und anschließend mit Bimsmehl und Trippel für den notwendigen Glanz gesorgt.

Handpolitur

Für die Handpolitur werden eine Anzahl von Utensilien benötigt: Zunächst Schellack, eventuell Kopal- und Benzoe-Harz, Spiritus, besser ist Polier-Verdünner, *Bimsmehl* und farbiges Porenfüllpulver (für »Mahagoni« wurde früher ein Ziegelstein zerrieben). Nicht zu vergessen Leinwand für den Ballen, am besten oft gewaschen und benutzt, damit sie nicht mehr fusselt, und ein »Wollkern« aus einem alten Strumpf oder Watte. Dazu sind einige flache Behälter oder Schalen und Polieröl nötig.

Das geschliffene beziehungsweise vorgebeizte Holz wird zunächst mit einer schwachen Lösung Schellack eingerieben. Man benutzt ausschließlich den Ballen zum Auftragen: Dazu wird der »Wollkern« in die Flüssigkeit getaucht, die Leinwand dann stramm darüber gelegt, damit ein fester kugeliger Ballen entsteht. Bei großen Flächen sollte er entsprechend groß sein, so daß großflächig gearbei-

194 *Beim Polieren legt man über den Wollkern ein Stück Leinwand, um einen festen Ballen zu erhalten.*

tet werden kann; Ecken und Kanten sorgfältig bearbeiten. Man fährt in großen Zügen über das Holz, ohne an einer Stelle anzuhalten, da sonst der Leinenstoff kleben bleiben würde. Anschließend muß Bimsmehl zugefügt werden. Dazu wird der »Wollkern« wieder mit Schellack getränkt, in Bimsmehl getaucht und die Leinwand darüber gelegt. Weiter wird in kreisender Bewegung Lack und Bims in das Holz hineingerieben, Schicht um Schicht. Es ist aber nicht möglich, eine Politur in einem Zug fertig zu bringen. Die vielen Schellackschichten haben auch viel Lösemittel auf die Fläche gebracht, das muß erst ausreichend verdunsten. Ich kannte einen erfahrenen Polierer, der in seiner Werkstatt die Einzelteile der Möbel in der Runde ausgebreitet hatte. Wenn ein Teil mit Schellack eingelassen war, ging er zum nächsten Teil in der Runde. So hatte der Lack des ersten Teils Zeit, anzutrocknen, bis er wieder dort angelangt war. Ziel dieser Arbeit ist es, die Poren der Hölzer mit der Mischung aus Lack und Bimsmehl zu füllen. Das Bimsmehl bleibt dabei unsichtbar. Dennoch wurde auch gefärbtes Bimsmehl verwendet, besonders bei dunklen Hölzern oder beim sogenannten *Schwarzpolieren* der Klaviere. Wenn die Poren geschlossen sind und ein feiner Lackglanz über der Fläche liegt, folgt das *Deckpolieren*. Manche nehmen dafür einen besonderen Ballen. Der Bimsmehlanteil unter der Leinwand soll jetzt geringer sein. Manchmal reibe ich mit dem angefeuchteten Finger nur eine Spur von dem Pulver auf die Wolle. Jetzt wird auch etwas Polieröl außen auf die Leinwand gegeben und auf der Fläche verteilt. Der Schellack dringt durch den Stoff weiterhin in das Holz ein, aber zwischen Holz und Leinwand entsteht ein Ölfilm. Er soll das Ankleben verhindern, denn jetzt muß unbedingt jede Schellack-Ballen-Füllung so lange gerieben werden, bis der Lack trocken ist: Beim Reiben mit dem Ballen entsteht durch den Ölfilm ein sogenannter Schleier, der sich hinter dem Ballen herzieht und dann langsam verschwindet. Ein Ballen ist erst dann trocken auspoliert, wenn sich dieser Schleier sofort wieder entfernt. Erst durch dieses *Trockenpolieren* entwickelt sich das »Ziehen«, das der Polierer als Bremse empfindet. Auch bei diesem Auspolieren ist immer noch eine Spur von Bimsmehl im Ballen. Bims wirkt auch als Schleifmittel, es macht die Fläche glatt. Da der Lack während des Poliervorgangs immer eintrocknet, das heißt schrumpft, zeigen sich später wieder im Licht die offenen Poren. Daher müssen immer neue Schichten von Schellack die Poren schließen. Beim *Schlußpolieren* steht die Fläche in gleichmäßigem Glanz. Am Ende muß das Öl wieder entfernt werden. Wir verwenden dafür ein Polish, wie es von der Lackindustrie für diesen Zweck angeboten wird, und reiben mit einem damit getränkten Lappen das Öl von der Fläche. Wenn ein Matteffekt gewünscht wird, so kann mit *Bimsschlamm* gebürstet werden oder mit einer speziellen *Mattierpaste*.

Es wurden in unserem Jahrhundert neue Polierverfahren entwikkelt, die neben den klassischen Verfahren besonders bei modernen Möbeln angewendet werden. Eine dieser Methoden benutzt *Zelluloselacke*. Dies sind *Polier-* und *Schwabbellacke*, die zunächst mit dem Pinsel oder der Spritzpistole aufgetragen werden. Die Anzahl der Schichten richtet sich danach, wie grob- oder feinporig die Hölzer sind. Wenn genug Lack aufgebracht ist, wird die Schicht mit Schleifpapier, das mit einer Schleifflüssigkeit genäßt ist, geglättet. Anschließend benutzt man eine Verteilerflüssigkeit, um die Lackfläche zu verreiben. Die Poren werden dabei zugeschlämmt, ohne Öl oder Bimsmehl zu verwenden. Zum Schließen von großen Poren haben Firmen spezielle Pulver und Porenflüssigkeit entwickelt, die, zu Schlamm verrührt, eingerieben werden. Nach dem Verteilen wird die Fläche wie bei der Handpolitur mit Alkohol und Bimsmehl poliert, zum Schluß auch mit Öl. Wer dieses Verfahren beherrscht, kann in recht kurzer Zeit eine polierte Fläche erhalten.

Beim Polieren ist gutes Licht notwendig, die alte Erfahrung, was man schlecht sieht, poliert sich auch schlecht, bestätigt sich immer wieder.

Polieren ist nicht mittels Rezept zu erlernen, nur praktische Arbeit vermittelt die Sensibilität, um Fehler zu vermeiden. Eine gute Kontrolle, ob richtig gearbeitet wird, kann am Ballen vorgenommen werden. Wenn die Ballensohle, also jener Teil, der beim Reiben auf der Fläche liegt, verschmiert ist, wurde entweder nicht trocken poliert oder es ist mit zu konzentriertem Lack gearbeitet worden. Es sollte dann eine Weile mit reiner Verdünnung weitergearbeitet werden. Unbedingt ist der Lackanteil bei den letzten Arbeitsgängen immer geringer zu halten. Zum Schluß poliert man mit einem gesonderten Ballen mit Polierverdünnung und nur einer Spur von Bimsmehl. Dieses Auspolieren wird von manchen Praktikern gerne mit schwachkonzentriertem Benzoe-Harz ausgeführt. Wie in vielen anderen Bereichen auch sind hier mehrere Arbeitsweisen möglich. Auf einige Gefahren soll hier noch hingewiesen werden. Wenn mit zuviel Bimsmehl zu naß gearbeitet wird, entstehen an bestimmten Stellen Anhäufungen dieses Materials, sogenannte *Bimsnester*. Beim Polieren sollte man immer wieder mit dem Ballen über den Rand der Flächen fahren, um die über die Kante gewischte Politur zu entfernen. Heikle Stellen sind Ecken und Profile. Mit kleinen und kantig geformten Ballen ist das oft zu bewältigen. Früher benutzte man für

Ornamente und schwierige Stellen *»Petersburger Möbellack«*. Man schliff die Ecken sorgfältig mit feinstem Schleifpapier aus und lackierte diese Stellen so oft, bis eine gute Fläche entstand. Mit dem Ballen wurde dann, soweit es ging, in diese Lackierung hineinpoliert. »Petersburger« ist eine konzentrierte Lackmischung.

Wenn die Poren nicht mit Lack geschlossen werden, handelt es sich um *Anpolieren*. Für diese Arbeit ist keine Ölzugabe nötig, denn es wird nicht auspoliert. Wenn der Lack mit dem Ballen nur Strich neben Strich aufgetragen wird, handelt es sich um *Mattieren*. Dabei wird der Schellack oder die Mattierflüssigkeit zunächst mit dem Pinsel ebenfalls Strich neben Strich gleichmäßig aufgestrichen und dann nach einem Zwischenschliff mit dem Ballen mattiert. Auch diese Mattierung läßt sich durch Bürsten oder Reiben mit feiner Stahlwolle weiter mattieren. Die hierfür früher verwendeten sehr weichen Messingbürsten sind kaum noch zu bekommen.

Beim Polieren von exotischen Hölzern mit hohen Harzanteilen löst sich manchmal das Harz im Holz, dringt in die Politur und erzeugt einen *Graueffekt*. Wir grundieren in diesen Fällen mit einem dünnen Lack auf DD-Basis. Er schafft eine Sperre zwischen Holz und Politur. In alten Büchern wird berichtet, die Schreiner hätten mit heißer Leimtränke den gleichen Effekt erreicht.

Eine alte Methode, die Holzmaserung besonders zur Wirkung zu bringen, ist das sogenannte *Anfeuern*. Dabei wird Öl in die Poren gerieben. Manche verwenden Leinöl – wie es alte Rezepte empfehlen –, andere gebräuchliches Polieröl. Von Lackchemikern wird Öl als Grund nicht empfohlen, dennoch hat es eine lange Tradition und wird beim Restaurieren von alten Möbeln angewendet, wenn historische Lacke benutzt werden. Bei unseren modernen Lacken ist Öl im Grund aber in jedem Fall ungeeignet!

Moderne Lackierungen sind in der Anwendung wesentlich unkomplizierter. In Werkstätten mit Spritzanlagen und entsprechenden Absaugevorrichtungen geschieht das Lackieren und Mattieren fast ausschließlich mit Spritzpistolen. Vor der Spritzwand steht für kleinere Arbeiten ein beweglicher Wagen, auf dem das Möbel zum Spritzen gedreht und gerichtet werden kann. Praktisch ist, die Möbel zu zerlegen. Es ist auch günstig, die Teile waagerecht zu legen, da der Lack dann gut verlaufen kann.

Die *Spritzpistole* erhält durch einen Kompressor den Luftdruck, mit dem die Farbe, die Beize oder der Lack auf das Holz befördert werden soll. Für die Mehrzahl der Lacke und Grundierungen wird eine Düse von 1,5 mm–1,8 mm empfohlen. Der Druck aus dem Kompressor sollte auf 2,5–3,0 Bar eingestellt sein. Bei dünnflüssi-

195 *Gespritzt wird vornehmlich auf waagrechte Flächen im sogenannten »Gitterverfahren«.*

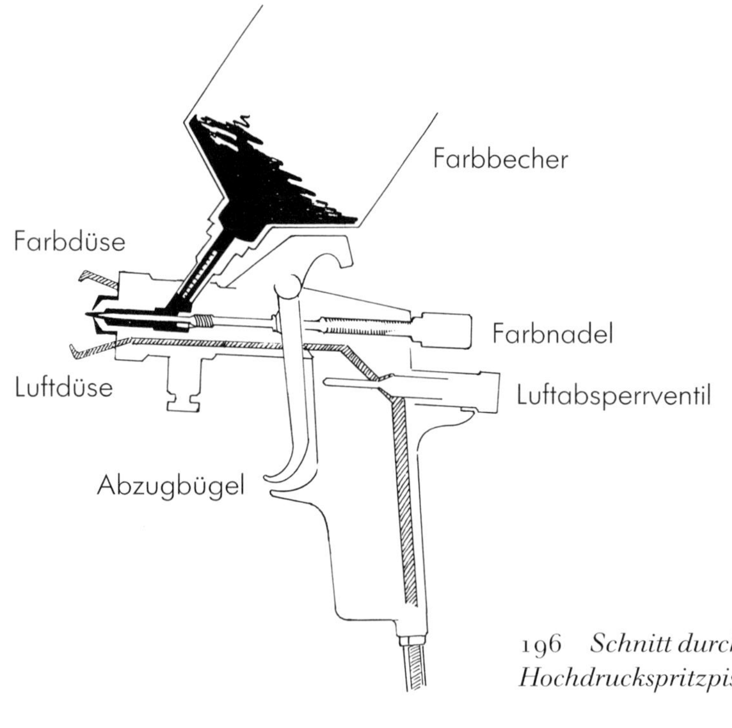

196 *Schnitt durch eine Hochdruckspritzpistole*

gen Lacken reicht ein Druck von 1,5 Bar. Der Abstand der Düse zum Holz richtet sich nach der Größe der Fläche. Die normale Entfernung beträgt 30–50 cm. Es muß in mehreren Schichten gespritzt werden. Oft wird von den Lackherstellern eine Grundierung empfohlen, die eine gewisse Härte und Absperrung schafft, auf der die

Lacke dann besser stehen. In vielen Fällen reicht es, wenn ein Grund und zwei Schichten auf das Holz kommen.

Wichtig ist die Düseneinstellung, damit ein gleichmäßiger Lacknebel entsteht. Man spritzt am besten in Bahnen nebeneinander, immer etwas über den vorigen Lackrand hinweg. Das Wenden, aber auch Einsetzen, geschieht am besten außerhalb der zu lackierenden Fläche. So verhindert man stärkere Lackkonzentrationen an bestimmten Stellen. Nicht immer ist es möglich, die Holzteile horizontal hinzulegen. Dann muß auch an senkrechten Flächen gespritzt werden, immer von unten nach oben, ebenfalls in Bahnen. Es sollte nicht zuviel Lack auf einmal auf das Holz treffen, um bei den senkrechten Flächen Laufnasen zu vermeiden. Gefürchtet ist auch eine Apfelsinenhaut, das heißt eine körnige Oberfläche. Heutige Lacke haben einen verbesserten Verlauf beim Auftrocknen. Dennoch schafft eine gute Grundierung die besten Voraussetzungen für eine einwandfreie Oberfläche in der Schlußschicht.

Wer mit Polyester oder Acryl geschlossene Flächen herstellen will, muß gelegentlich zwischenschleifen, um die Schichten mit gutem Verlauf übereinanderzubringen.

Ein Feind beim Lackieren ist der Staub. In den größeren Werkstätten mit speziellem Spritzraum ist die Gefahr des Einstaubens gering. In weniger perfekten Werkstätten wird bevorzugt abends oder am Wochenende lackiert, zusätzlich wird dort der Boden leicht befeuchtet.

Lacke erhärten durch das Verdunsten der Lösemittel, jene, die aus zwei Komponenten gemischt werden, härten nach kurzer Zeit chemisch aus. So ist es nach allen Lackarbeiten notwendig, die Spritzpistolen, besonders den Düsenbereich, gründlich zu reinigen. Zum Schluß wird mit reiner Verdünnung ausgespritzt. Manche Schreiner bewahren den empfindlichen Teil des Gerätes in einem Behälter mit Verdünnung auf.

KLEINE FORMLEHRE

Entwerfen

Entwerfen ist Vorbereitung. Ideen entwickeln sich dabei zur Gestalt. Dem folgt das technische Zeichnen, mit dem die Arbeit an einem Möbel bereits beginnt. Der Entwurf klärt die Dimensionen der Details, die Maße zueinander; die technische Zeichnung definiert die Mittel, die Bauweise und das Material.

Entwerfen war früher mehr eine nachahmende Tätigkeit. Das Schöpferische beschränkte sich auf das Variieren, das Hinzufügen oder Wegnehmen von Vorgegebenem. Bis zur Französischen Revolution herrschte ein Grundkanon für die Gestalt der Dinge vor, dem sich der Entwerfer fügte, bei dem er auch Schutz fand. Die Schüler lebten in die Welt des Gestaltens hinein durch praktisches Tun. Kaum ein Schreiner oder Architekt hatte eine besondere Schulbildung. Das praktische Hantieren mit Zeichenstift und Hobel war Schule und Ausbildung.

In unserer Zeit ist die Individualisierung der Menschen stärker geworden. Dem sind auch die Möbelformen unterworfen. So fordert Entwerfen heute das Erfinden bisher unbekannter Formen, bis hin zu einem Grad, der den Überraschungseffekt oft über die Nützlichkeit stellt. In dieser Haltung zeigt sich oftmals die Unsicherheit unserer Zeit. So sollten die alten Grundforderungen wieder Geltung erhalten, die Basis für handwerkliches Arbeiten waren:

1. Ein Möbel soll zweckmäßig sein, es soll einen praktischen Nutzen haben.
2. Es soll den Bedingungen des Materials »gehorchen«.
3. Es soll schön sein und den Lebensformen der Benutzer gerecht werden.

Diese Bedingungen für die Arbeit waren den Handwerkern früherer Zeiten selbstverständlich. Heute sind Fähigkeiten, die für das Entwerfen von Schreinerarbeit nötig sind, nur durch bewußtes und andauerndes Studium zu erwerben. Geschmack und Stil sind eine Kulturleistung der Menschen, also etwas, das immer neu erworben werden muß.

Wir wollen nachfolgend die Grundbegriffe einer Formenlehre in knapper Weise skizzieren!

Wer beim Entwerfen davon ausgeht, die Proportionen der Teile eines Möbels müssen durchgehend harmonisch zueinander stehen, wird nur langweilige Gegenstände schaffen, die keine Bedeutung haben.

Die Welt der Formen besteht aus Harmonie und Dissonanz. Leider haben die optischen Künste kein System wie die Musiker, das den Abstand der Töne zueinander als Intervall bemißt. Töne, die nahe beieinander liegen, erzeugen Schärfe und werden als dissonant empfunden, während entferntere Töne einen Wohlklang erzeugen, also Konsonanz.

Wenn wir nur eine Linie kennen würden, wüßten wir nicht, ob sie lang oder kurz, schräg oder gerade ist. Erst wenn eine zweite Linie dazu kommt, können wir erkennen, welchen Charakter sie haben. Beide Linien können in einem ruhigen oder in einem Spannungsverhältnis zueinander stehen. Dazu ein paar erklärende Zeichnungen:

197 *Zwei Linien in einem ausgeglichenen Verhältnis zueinander.*

198 *Zwei Linien keilig zueinander, sie sind stoßend = dynamische Form.*

199 *Zwei Linien im rechten Winkel, es herrscht Ruhe = dialogisches Zueinander.*

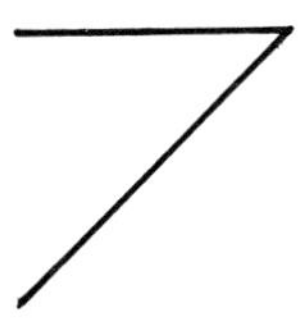

200 *Zwei Linien im geteilten rechten Winkel (45 Grad, wie die meisten Gehrungen) in angestrengter Weise zueinander – es fehlt etwas.*

Nur die Form der Abbildung 197 würden wir als eigentliche Dissonanz empfinden. Die Form der Abbildung 200 hat einen kürzeren und einen längeren Schenkel – es herrscht Unruhe – es liegt etwas quer.

Zwischen harmonischen und dissonanten Formen liegen viele Abstufungen.

Nicht nur Linien, auch Flächen und plastische Formen können sozusagen im Frieden oder Streit miteinander sein.

Seit der Frühzeit der europäischen Stilentwicklung sind auch Möbelformen in Proportionen gebaut worden, die auf Rhythmen und Intervallen gegründet sind, die beim Naturstudium erfahren werden. Durch Systeme und Stilmittel können sie für unsere Arbeit verfügbar gemacht werden.

Ein Beispiel ist die Abbildung 201: Eine Grafik verarbeitet die Naturproportionen.

Zu den der Natur »abgelauschten« Formen haben die Entwerfer Elemente zugefügt, die auf Zahlen und Reihungen beruhen.

Form ist auch Sprache, ist Möglichkeit, einem Lebensgefühl Ausdruck zu geben, wie Stolz, Heiterkeit, Eleganz, Leichtigkeit, Schwere, Grazie usw.

In diesem Dialog und der Entwicklung der Formen haben auch die Schreiner immer neue Möglichkeiten entdeckt. Sie zeigten an ihren Arbeiten die Lust zum Burlesken, zum Stillen und Zarten usw.

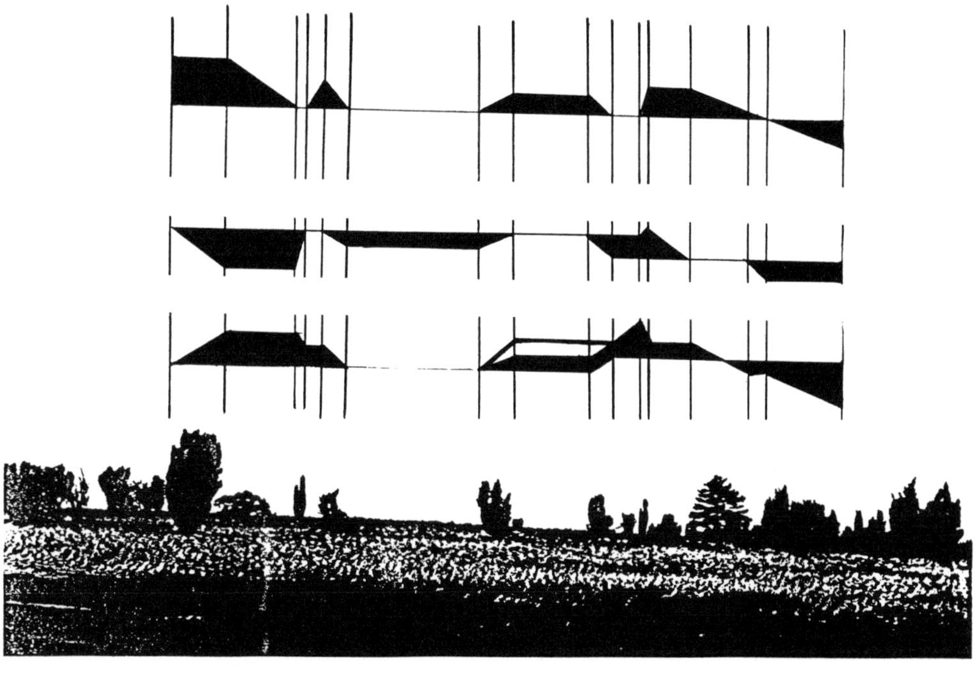

201 *Übertragen von Naturproportionen in ein grafisches System*

202 *Eine griechische Vase mit naturhaften Formen, die mit aufgereihten Mustern kombiniert wurden.*

203 *Reduktion von Baum und Blatt zu Säule und Kapitell*

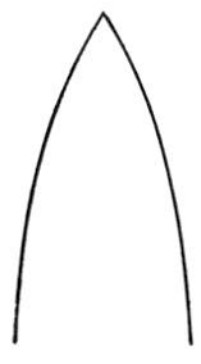

204 *Dynamik der Form*

Eine Form kann nach oben streben.

Sie kann gebogen sein, so daß eine Aus-Dehnung entsteht.

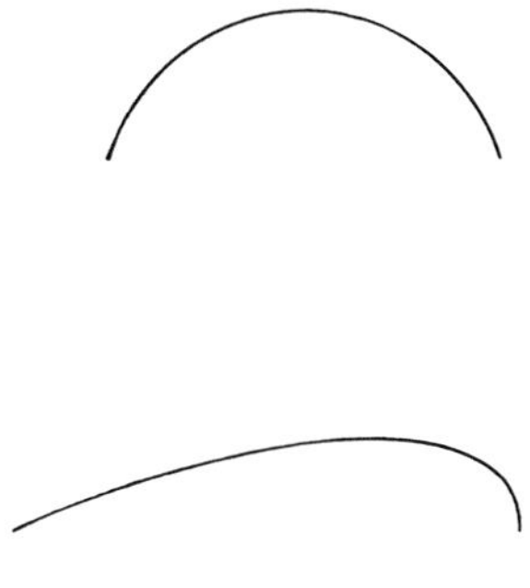

Eine Form kann auch dynamische Eigenschaften widerspiegeln wie die Flugbahn eines Pfeils; eine mit Wucht beginnende Form, die nach dem Höhepunkt immer schwächer werdend herabsinkt.

Sie kann aber auch in einer Anspannung die Kraft herausschleudern und langsam nachlassend schwächer werden.

Die Kunst der Meister bestand aber darin, aus dem großen Schatz der Möglichkeiten nur einen Teil, nur den, der für ihren Zeitgeschmack gültig war, zu verwenden.

In der Möbelkunst nach 1800 ist diese Selbstverständlichkeit verlorengegangen. Die Einheit der Stile ist zerbrochen in eine romantische und eine klassische Richtung. Verschiedene Stile wirken seither nebeneinander.

Ein Zeugnis für das Zerfallen der Einheit ist am Jenisch-Park in Hamburg zu erkennen. Dort steht in einer Landschaft zwischen Gruppen von Bäumen und naturhaften Freiflächen das nahezu kubische Bauwerk, dem Friedrich Schinkel die endgültige Form gab. Natur und Garten und Gebäude sind nicht mehr aus dem gleichen Formkanon erwachsen. Das Zerbrechen dieses Kanons darf aber nicht nur beklagt werden. Wenn die daraus gewonnene Freiheit verantwortlich genutzt wird, kann sie viele schöpferische Kräfte fördern.

205 *Jenisch-Park, Hamburg; Garten und Gebäude entspringen einem unterschiedlichen Formenkanon.*

Auch unsere Zeit ist gekennzeichnet von Gegensätzen. Das Nachahmen alter Stile ist genauso fragwürdig geworden wie das Reduzieren der Möbelformen, das Entkleiden von menschlichen Befindlichkeiten. Es sind vielfach Zeugnisse, die dem Leben entglitten sind. Viele Bauwerke unserer Zeit, auch Produkte aus dem Bereich des Möbelbaus, erscheinen uns als steril und ohne Gesicht. Kein Gesicht

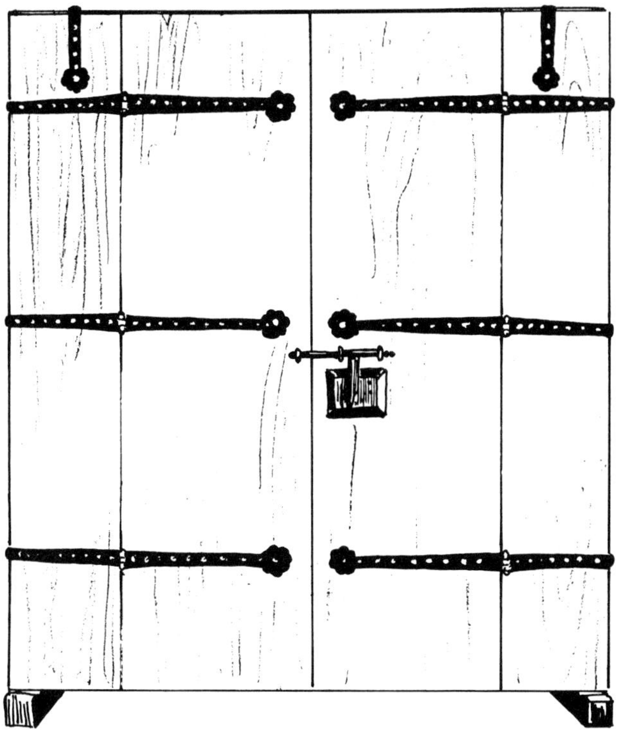

206 *Frühe Schreinerarbeiten vermitteln ein ungebrochenes Schönheitsgefühl des Schreiners. Hier findet sich Wohlklang in den Formen ohne Banalität und Langeweile. Die Beschränkung auf wenige Merkmale ist eines der Geheimnisse dieser Ästhetik. Der Schrank wurde um 1300 gebaut.*

zu haben, ist Verlust der Persönlichkeit. Um das zu überwinden, dürften Möbel nicht lediglich konstruiert sein, sie sollten vielmehr etwas von der Erlebnisfähigkeit der Hersteller und des Kunden zeigen.

Gestalten ist das Ordnen von Spannung und Ruhe, ist das Beherrschen der Dualität, An- und Entspannen, Ein- und Ausatmen.

Kinder haben ein unreflektiertes Verhältnis zu Linien, Flächen und Formen. In dem Zueinander der Teile sind Kinderzeichnungen oft Meisterwerke, die mit Willensanstrengung von Erwachsenen nicht nachgeschaffen werden können. Das Zeichnen der Erwachsenen geschieht bewußt, ist Vergleichen, ist Kontrolle. Gleichzeitig ist es Übung der Augen und Hände zur Beherrschung der Regeln, damit im Ergebnis jene Leichtigkeit und Selbstverständlichkeit erreicht wird, als wäre es von Kindern.

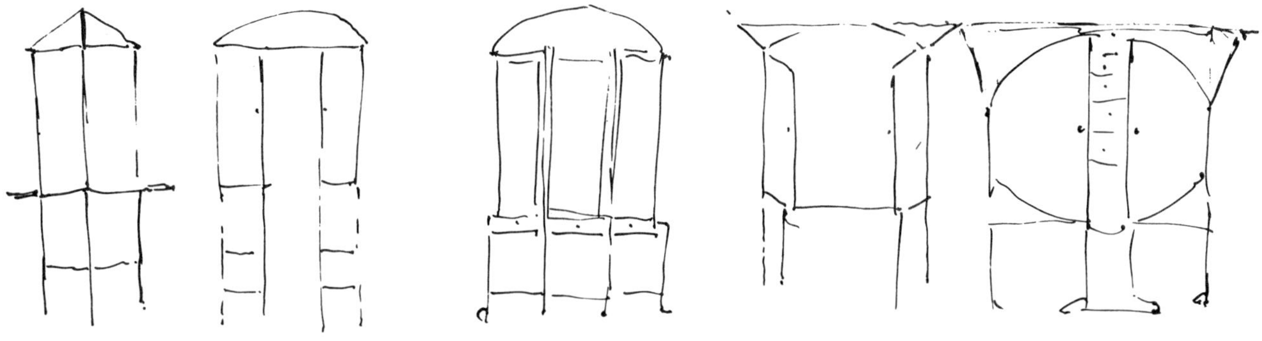

207 *Mit wenigen Strichen sollten die ersten Skizzen entstehen.*

Entwerfen geschieht aus einer inneren Vorstellung. Es ist vorteilhaft, mit wenig Mitteln, also mit wenigen Strichen, einen Gegenstand zu formen. Ob mit Blei- oder Filzstift, ist eigenes Ermessen, auch das Papier ist nur von sekundärer Bedeutung. Ic skizziere gern mit feinstem 0,1 mm-Filzstift auf möglichst wertlosem Papier. Kostbares Papier führt zu Respekt und macht unfrei. Es ist gut, kleine,

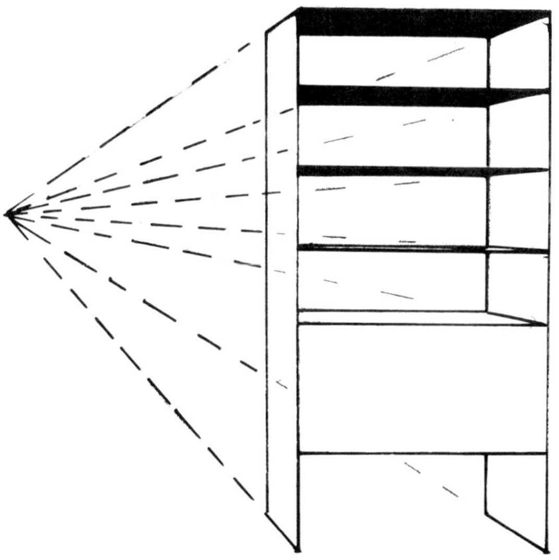

208 *Eine Hilfe beim perspektivischen Zeichnen sind Hilfslinien, die ihren Schnittpunkt in Augenhöhe haben (bzw. auf einen Fluchtpunkt zulaufen).*

209 *Bei zeitgenössischen Möbeln sind die Formen »härter« geworden, sie sind oft Ausdruck von Dissonanz. Dieses Sitzmöbel wurde um 1980 entworfen.*

sogar sehr kleine Zeichnungen zu machen; zumindest für die erste Fixierung der Form. Man läßt dabei viel weg, hat den besseren Überblick. Ein Architekt erzählte mir, daß er seine Häuser zunächst etwa 3 cm groß zeichne. Wer unschlüssig ist, kann die Methode des Selektierens anwenden. Man zeichnet ein Motiv, schnell und unbekümmert, daneben ein zweites und so weiter. Später wählt man das günstigste Ergebnis und zeichnet davon viele Variationen. Auf diese Weise sind gute Vergleichsmöglichkeiten vorhanden. Es ist in diesem Stadium nicht wichtig, ob der Entwurf perspektivisch oder frontal gezeichnet wird. Manche Zeichner haben ein Talent, sie können Motive perspektivisch fehlerfrei auf das Papier bringen. Weniger Begabte müssen üben. Zunächst kann als Hilfe die Horizontlinie genommen werden, die quer über das ganze Blatt gezeichnet wird. So trennen sich die Teile, in die, auf die man heruntersieht und jene, zu denen man hinaufsieht. Man kann auch zunächst einfach so gut zeichnen, wie es möglich ist. Legt dann ein Pauspapier darüber und zeichnet die Horizontlinie, sucht den Fluchtpunkt und zeichnet mit dem Lineal die Linien auf den Punkt hin. Mit der Zeit entwickelt sich dabei das räumliche Vorstellungsvermögen. Ziel muß es beim Entwerfen sein, frei zu werden von Lineal und Maßband.

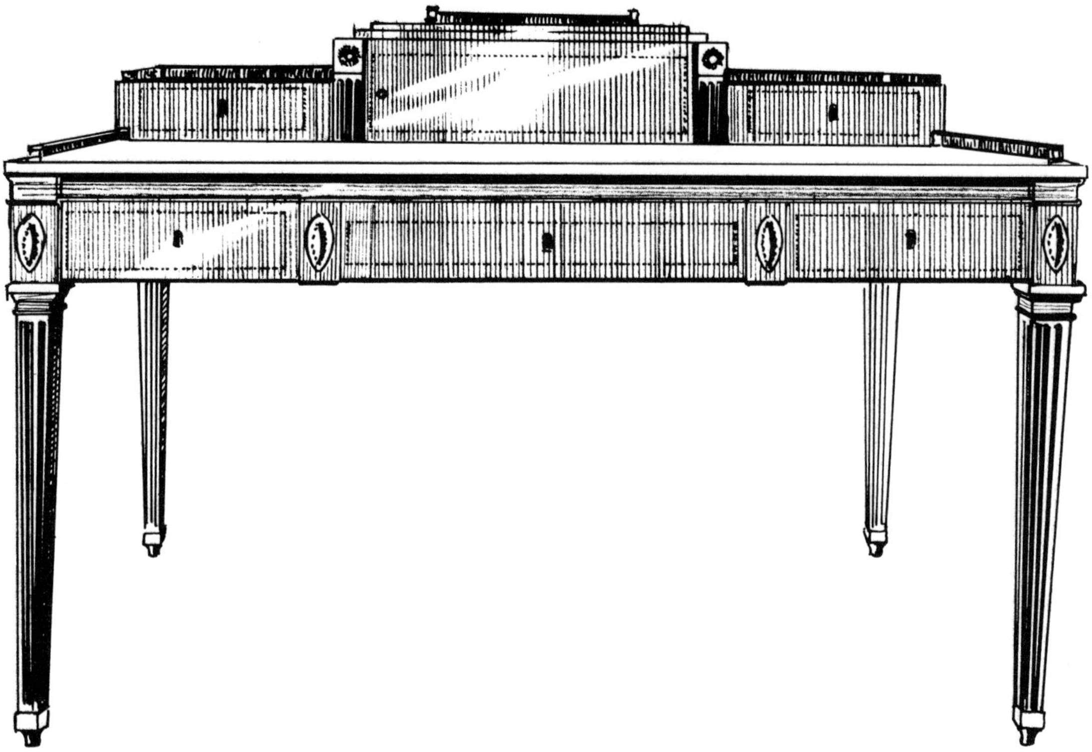

210 *Einer der Höhepunkte des Schreinerhandwerks sind sicherlich die Werke David Roentgens. Technisch interessierte Menschen bewundern die Verarbeitung und Beherrschung der Mechanik in Zügen, Klappen und versteckten Schubkästen. Ästhetisch Interessierte begeistern sich für die Intarsien, die Verarbeitung der Hölzer und die Dekors. Große Beherrschung eines differenzierten Formenvokabulars zeigt sich auch in den späten klassizistischen Arbeiten. Feinste Perlstäbe und unterschiedlich große Schubkästen sorgen für Spannungen bei den Flächen. Die Zeichnung zeigt einen Schreibtisch von David Roentgen, um 1790.*

211 *Aufstrebende Formen sind typischer Ausdruck für die Gotik.*

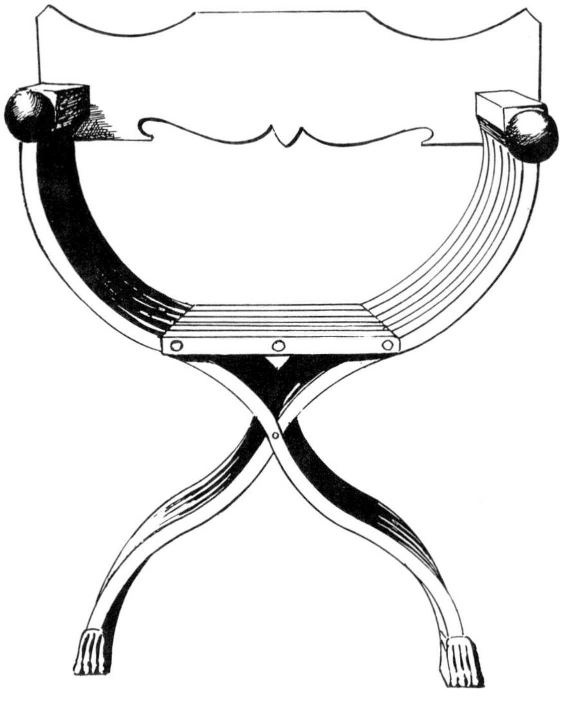

212 *Ruhe und Gelassenheit strahlen viele Möbel aus der Zeit der Renaissance aus.*

213 *Bei den Möbeln des Barock ist förmlich die Lebensfülle dieser Zeit spürbar.*

214 *Meisterliche Beherrschung der Formen findet sich auch in anderen Epochen. Ein Beispiel ist dieser Vitrinenschrank von Henry van de Velde; er wurde um 1900 entworfen.*

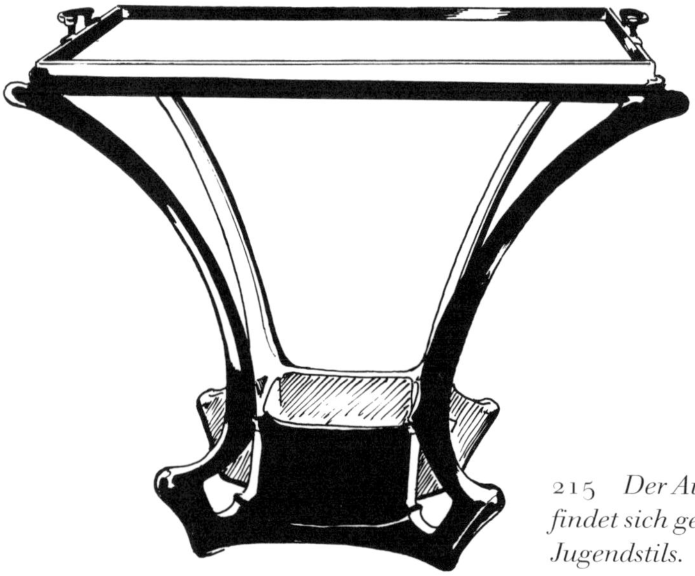

215 *Der Ausdruck natürlicher Formen findet sich gerade an den Möbeln des Jugendstils.*

216 *Spielerisch-dynamische Eleganz kennzeichnet Möbel aus dem 18. Jahrhundert.*

Technisches Zeichnen

Wer einmal Werkzeichnungen, sogenannte Meisterrisse, von Schreinern aus früheren Jahrhunderten sah, wird Eintragungen von Holzverbindungen und Schnitten vermissen. Diese Zeichnungen zeigen die Fassade und manchmal auch Seitenansichten. In dem Darstellen von Pilastern, Rahmen, Profilen und Verkröpfungen, von Gliederungen, Sims und Sockel sahen sie ihre Aufgabe. Die Zeichnungen zeigen im wesentlichen den sinnlichen Ausdruck des Möbels. Sie sagen etwas über Stilempfinden und Schönheitsgefühl des Entwerfers aus. Die Mittel zur Herstellung der Möbel waren den Schreinern in der Praxis geläufig. Sie wußten aus Erfahrung, wie für bestimmte Aufgaben Rahmen, Füllungen, Zapfen, Grate und Zinken beschaffen sein mußten. Entwurf und Ausführung blieben in einer Hand, zumindest aber in der gleichen Werkstatt.

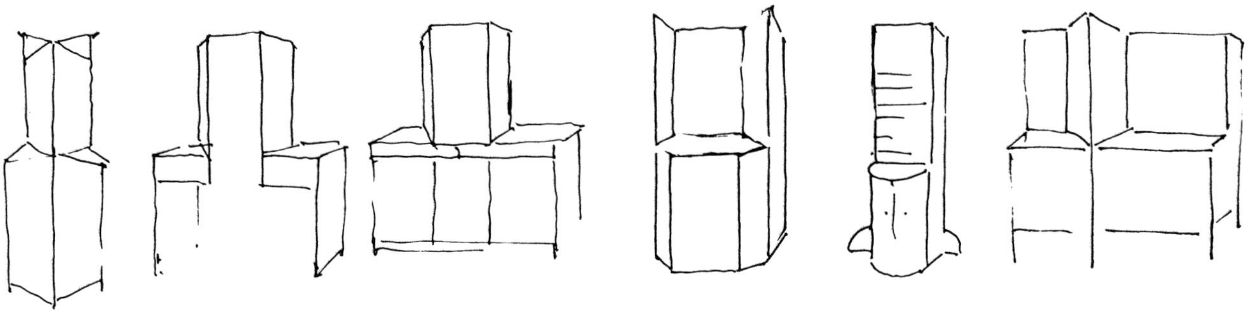

217 *Nach dem skizzenhaften Fixieren der Form soll das Möbel in einer technischen Zeichnung exakt ausgeführt werden. In unserem Fall ist es der vierte Entwurf von links.*

Diese Schaffensweise ist vergangen. Durch den Einsatz von Maschinen sind die Möglichkeiten der Holzverbindungen erweitert worden. Plattenbauweise oder deren Kombination mit Massivteilen stellen andere, neue Anforderungen. Aus wirtschaftlichen Gründen wird oft die rationell günstigste Herstellungsweise gewählt. So wird sich heute der ausführende Handwerker technische Angaben in Form von Zeichnungen oder Proben für die bessere Übersicht herstellen. Er wird sie so ausführlich herstellen, wie er es für seine Arbeit braucht. Neue und ungeübte Aufgaben verlangen zeichnerische Darstellungen, Bekanntes und Selbstverständliches wird weggelassen, um die Zeichnung übersichtlich zu halten. Besonders die Achspunkte der Gelenke, der Zapfenbänder und Scharniere sollten

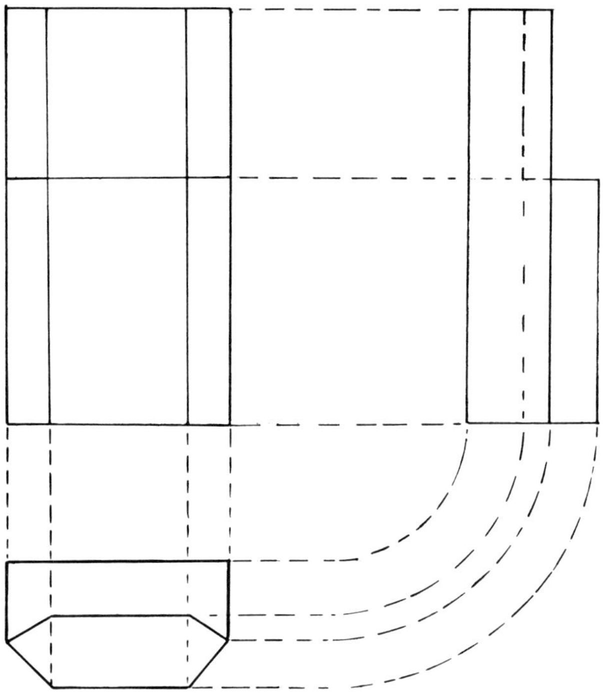

218 *Das ausgewählte Möbel ist hier in einer Projektion als Auf-, Grund- und Seitenriß in den Grundformen dargestellt.*

schon vor der Anfertigung einer Werkszeichnung geklärt werden. Das Festlegen von Schreibklappendrehpunkten beispielsweise, wenn Zapfenbänder verwendet werden, wäre ohne Zeichnung unmöglich. Unsere modernen Möbelformen, die ohne Profile und Versatz in der Fläche konstruiert sind, bergen oft heikle Probleme, um Eleganz und Solidität in Einklang zu bringen.

Mehr denn je sind Zeichnungen mit detaillierten Angaben nötig, wenn der Entwerfer und die ausführende Hand getrennt sind. Ein Großteil der Schreinerarbeiten wird heute nach Zeichnungen von Architekten ausgeführt. In dieser Situation ist die Zeichnung der wichtigste Kontakt zur Vermittlung der Vorstellungen und Ideen der Entwerfer. So sind diese Zeichnungen immer komplizierter geworden, immer mehr Detailinformationen müssen übermittelt und geklärt werden. Ein wichtiger Bereich in der Ausbildung der Schreiner ist daher, die Fähigkeit zu erwerben, alle Zeichen und Eintragungen lesen zu können. Diese Zeichnungen erhalten das gesamte zu verwendende Material, auch die Maße bis hin zu den Qualitätsvorschriften, die in DIN-Normen festgelegt sind. Das sind Planungs- und Produktionsweisen, die aus den standardisierten Bereichen der Industrie übernommen wurden. Sie lassen dem Schreiner, dem ausführenden Handwerker keine Freiheit, eigene Erfahrungen zu verwenden. Zum Glück sind die Bedingungen im »normalen« Handwerk nicht immer so extrem. Mancher Architekt baut und

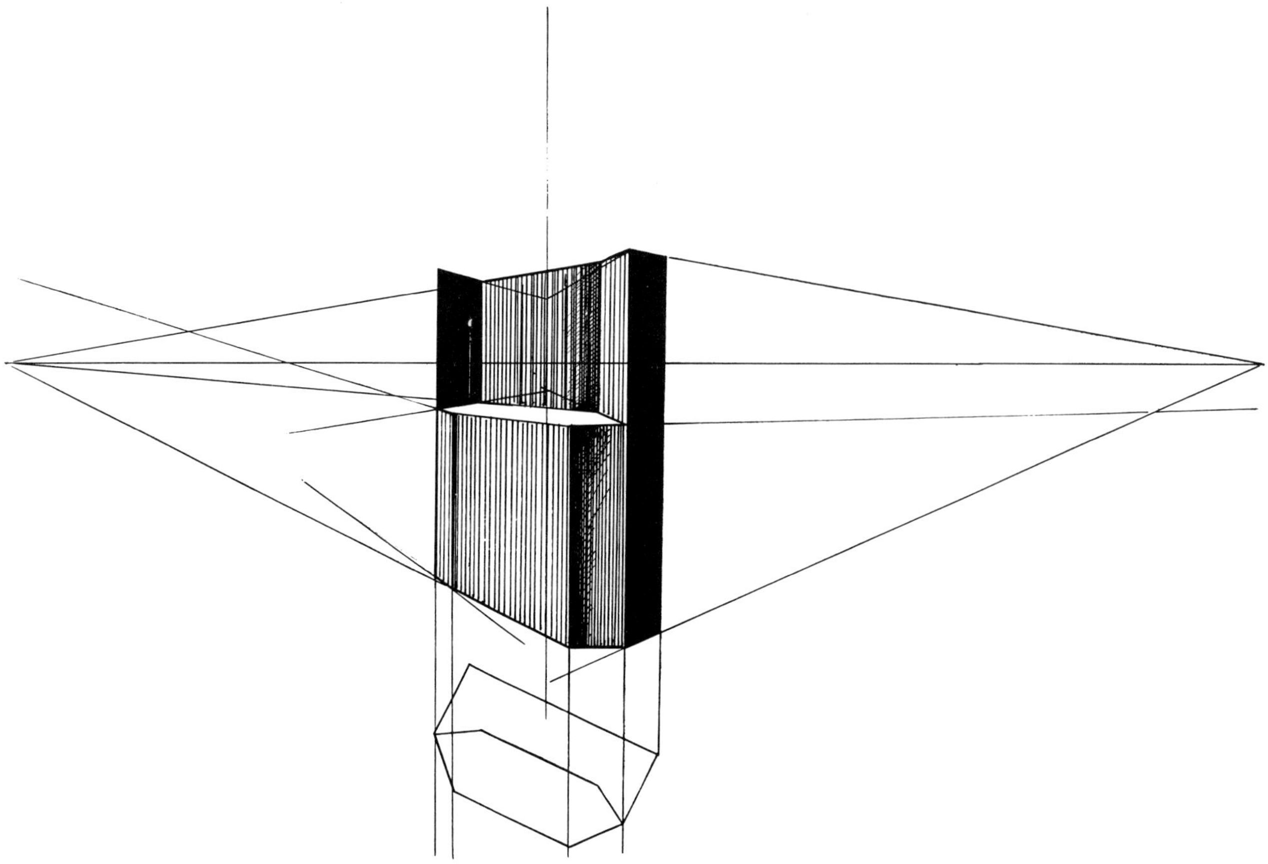

219 *Aus einem schräggestellten Grundriß lassen sich mit Hilfe von Schnittpunkten an einem »Horizont« auch perspektivische Darstellungen entwickeln. Das Möbel wird dabei besonders anschaulich.*

vertraut auf das Können der Fachleute. Dann sind Zeichnungen Verständigungsmittel zum Lösen einer Aufgabe. Sie enthalten nur die notwendigen Angaben, damit im Einklang mit den Erfahrungen der Handwerker das gewünschte Werk entsteht.

Bei aller Normierung ist der Umfang des Darzustellenden variabel, auch die Aufteilung der Einzelheiten auf dem Papier ist dem praktischen Ermessen unterstellt.

Die Bauteile eines Möbels lassen sich in der Regel durch den *Aufriß*, den *Seitenriß* und den *Grundriß* darstellen. Die alte Bezeichnung Riß ist immer noch gebräuchlich und kommt von Anreißen, das heißt das An- oder Aufreißen auf einem Brett, wie es in den Werkstätten üblich war.

Der Aufriß zeigt die Vorderansicht, der Grundriß zeigt den Blick von oben. Wenn kleine Zeichnungen bei einfachen Gegenständen im Maßstab 1:20, 1:10 oder 1:5 der eigentlichen Größe ausreichend sind, können diese Risse gemeinsam nebeneinander auf ein Blatt gezeichnet werden. Die Abbildung 220 zeigt, wie hier der

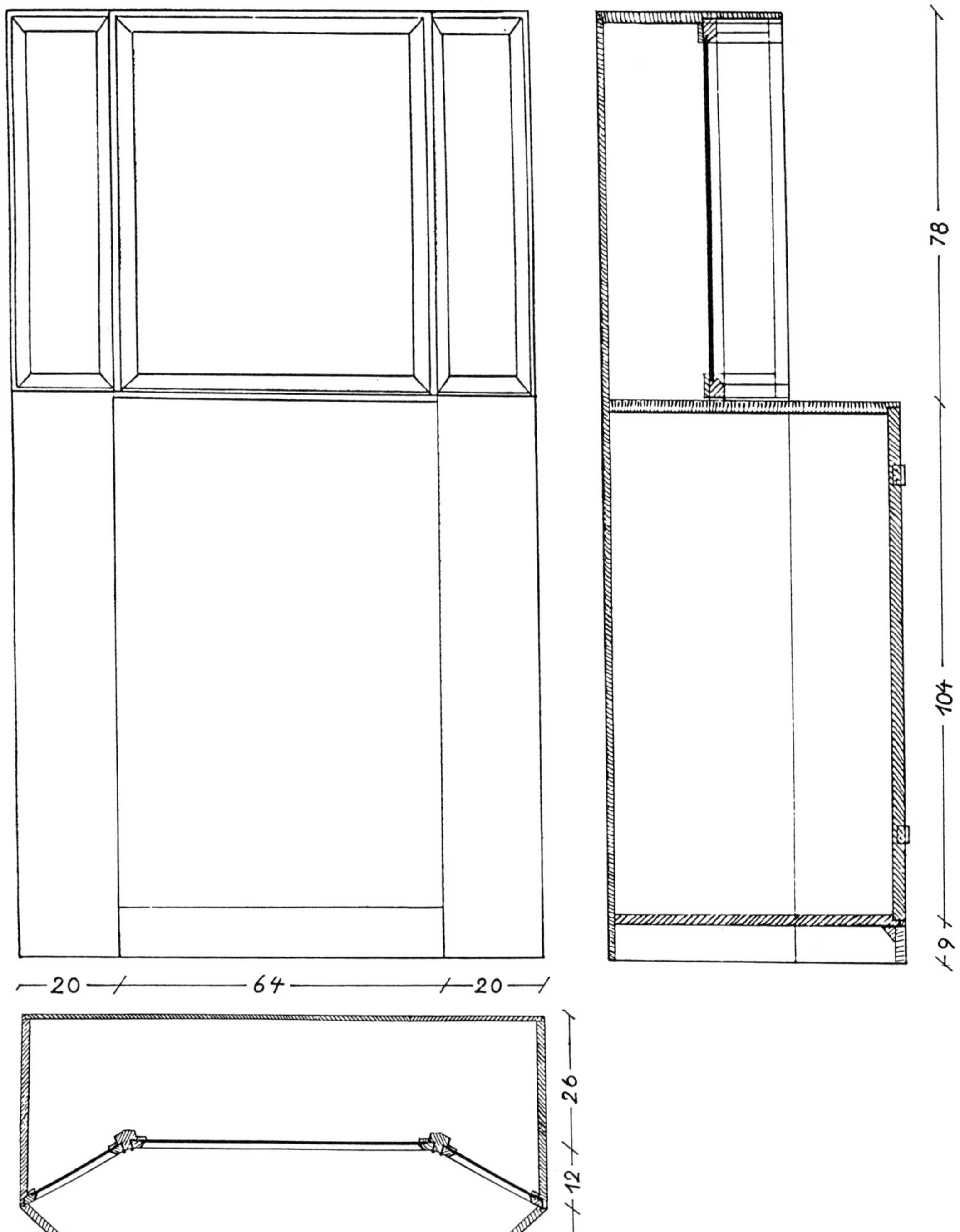

220 *In einer erweiterten Projektionszeichnung werden im Auf-, Grund- und Seitenriß die notwendigen Maße und Verbindungen gezeichnet. Sie genügt oft für die Arbeit in der Werkstatt.*

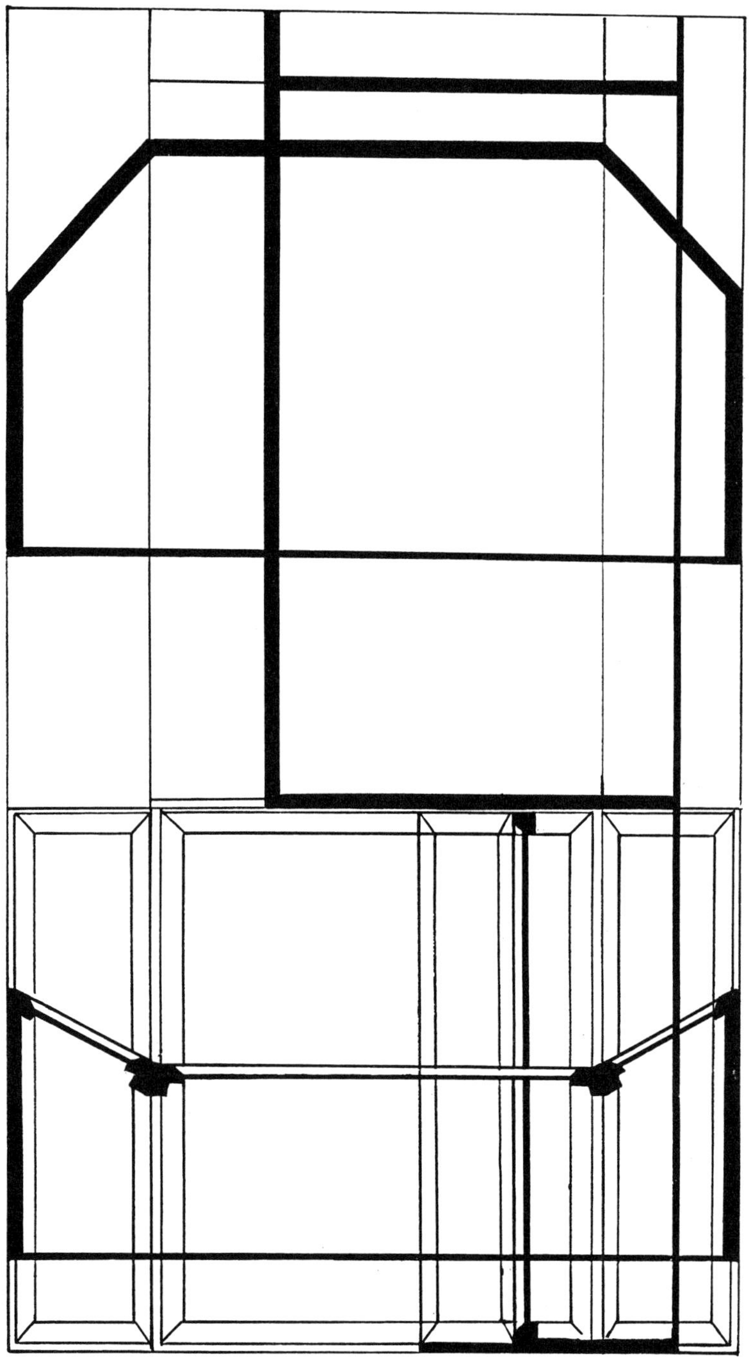

221 *Die verschiedenen Ansichten lassen sich auch ineinander zeichnen; so spart man Platz.*

Gegenstand in drei verschiedenen Ebenen abgebildet ist. In dem Fall reden wir von einer *Projektionszeichnung*.

Wenn ein Gegenstand kompliziert ist, und viele Informationen und Details eingetragen werden müssen, können die Risse auch ineinander gezeichnet werden. Um sie besser lesbar und unterscheidbar zu machen, werden Schraffuren verwendet. Etwas aufwendiger, aber deutlicher wird das Zeichnungsgefüge, wenn die Risse, die hier auch Schnitte genannt werden, schraffiert ausgelegt sind: Dabei werden die Detaileintragungen im Aufriß farbig ausgefüllt, im Grundriß doppelt, im Seitenriß einfach schraffiert (s. Abb. 222).

Wenn eine Möbelzeichnung sämtliche Eintragungen der Platten, Rahmen, Furniere, Umleimer, Scharniere, Schrauben usw. benötigt, ist der Gegenstand in natürlicher Größe zu zeichnen. Nun ist es besonders bei größeren Möbeln kaum möglich oder sinnvoll, die gesamte Ansicht in den Ausmaßen auf ein Papier zu bringen. Man kann die wichtigsten Teile mit den Eckverbindungen, Gelenken, Rahmen usw. zeichnen und Teile, die sich selbstverständlich ergeben, weglassen, sozusagen herausschneiden. So läßt sich Papier sparen, ohne den Informationsumfang zu beschneiden.

In meiner Werkstatt zeichne ich dennoch manchmal gern den Riß eines Möbels in natürlicher Größe auf eine Sperrholz- oder Hartfaserplatte. Nicht so sehr um die Details besser einfügen zu können, vielmehr um die Dimensionen, die plastische Wirkung zu prüfen. Besonders bei Sitzmöbeln ist dies notwendig, da hier die Biegungen, Schweifungen, die Verbindungen erst bei voller Größe kontrollierbar sind. Seiten- und Grundriß werden dabei blau und rot eingezeichnet. In den Jahren hat so manche bezeichnete Platte später als Blindholz für andere Möbel gedient; sie wurde einfach furniert.

Bei einer 1 : 1-Zeichnung können also unwichtige und selbstverständliche Teile herausgeschnitten werden, indem die Schnitte zusammengezogen werden. Die Schnittstelle wird durch eine Wellenlinie gekennzeichnet. Nun ist aber auch der umgekehrte Weg möglich. Wenn ein Aufriß 1 : 10 gezeichnet ist, können Details im Maßstab 1 : 1 oder 1 : 2 gesondert ausgeführt werden.

Diese Ausschnitte werden in der Gesamtansicht gekennzeichnet, entweder als Schnitt zwischen A und B oder in einer kreisförmigen Insel, die dann auch mit Buchstaben im Gesamtplan markiert wird.

So dekorativ die schöngeschwungenen Frakturbuchstaben auf den Zeichnungen der »alten« Schreiner auch aussehen, sind sie recht mühsam zu lesen. Ohne Beschriftung der Schnitte und Ausschnitte wird man trotz guter Verteilung der Einzelheiten eine ausgeführte Werkszeichnung kaum lesen können. Darum wird bei

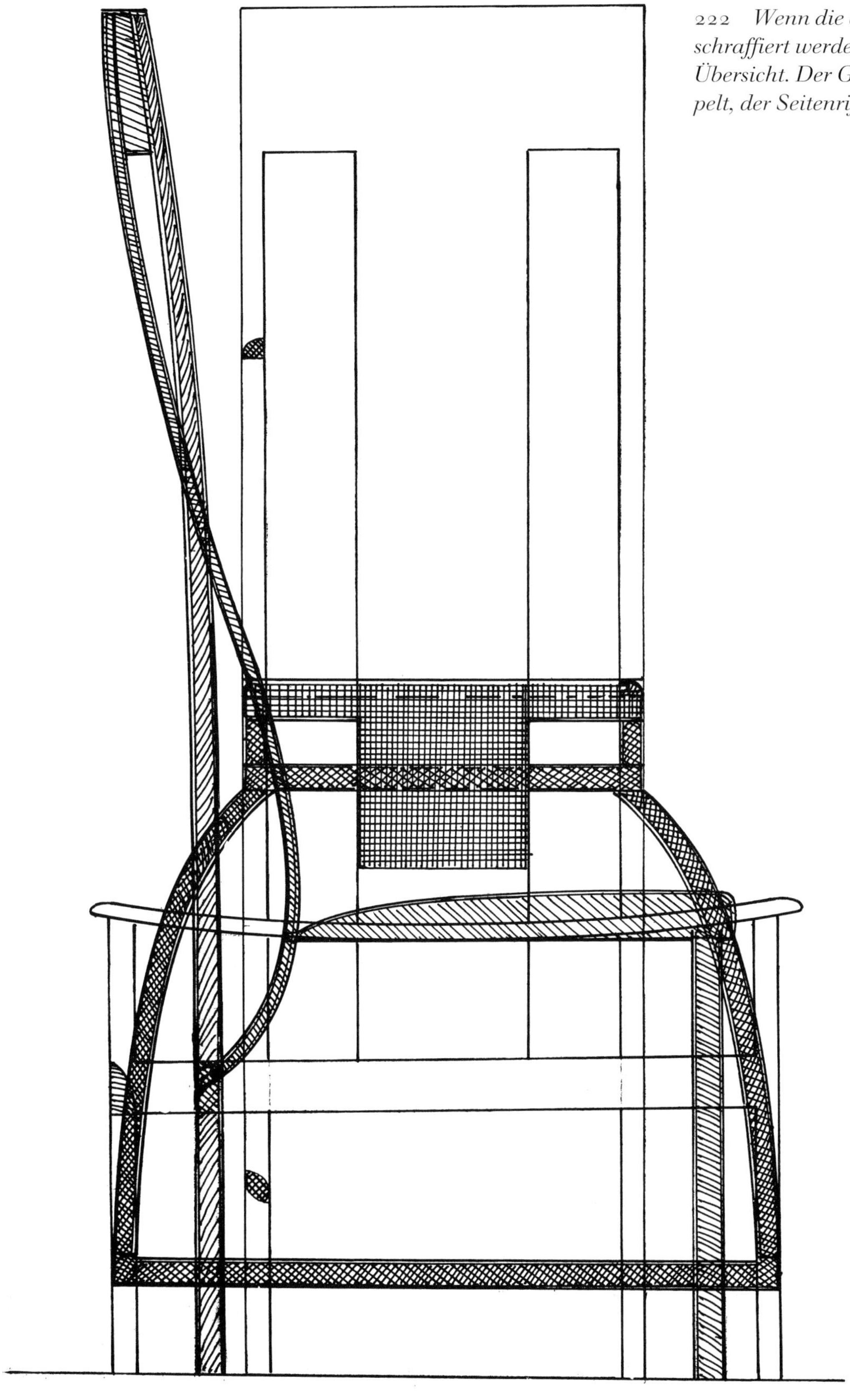

222 *Wenn die einzelnen Ansichten schraffiert werden, erleichtert dies die Übersicht. Der Grundriß wird doppelt, der Seitenriß einfach schraffiert.*

223 *Und so sieht der eben noch als Projektionszeichnung vorhandene Stuhl dann aus.*

technischen Zeichnungen die Beschriftung mit genormten Schrifttypen gefordert. Es werden für diese Normschrift vielfach Zeichenschablonen verwendet. Das ist recht mühsam, deshalb schreiben manche Zeichner doch lieber mit der Hand. Aber das erfordert Übung. Gelegentlich begegnete ich Architekten mit einer ausgeprägten Persönlichkeit, die auch der Normschrift ein eigenes, unverwechselbares Gepräge geben konnten. Auch die Maße werden mit Normbuchstaben eingezeichnet. Sie werden in der Regel in Zentimetereinheiten angegeben, bei Millimetereinheiten wird das Komma verwendet. Im Grundriß und bei den Schnitten ist das Schraffieren der Einzelteile günstig. Diese Schraffur muß nicht unbedingt die Holzmaserung imitieren. Besser ist es, die Einzelteile kreuz- und quergestrichelt zu zeichnen.

Bei Sperrholz- und Tischlerplatten ist der Schichtenquerschnitt zu zeichnen. Auch Holzverbindungen wie Nut und Feder oder Dübel gehören in die Zeichnung.

Bei allen Normforderungen bleiben die gute Lesbarkeit und die unkomplizierte Vermittlung von Informationen vorrangig. Der Hersteller soll erfahren, was der Entwerfer plant und wünscht.

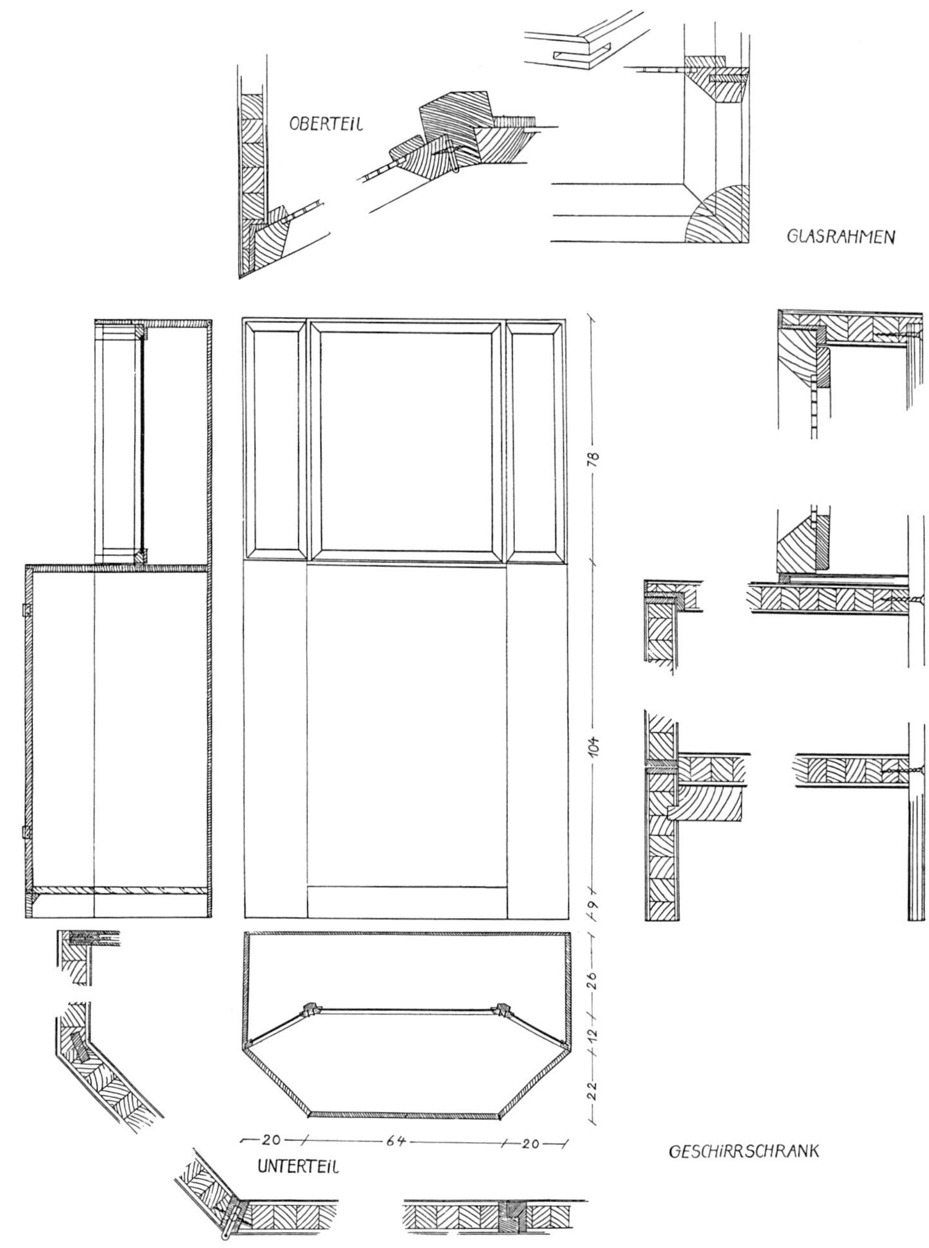

224 *Wichtig sind für den Bau des Möbels Detailabwicklungen, die als Projektionszeichnung ausgeführt werden.*

Noch in meiner Lehrzeit wurden ganze Möbelkonstruktionen auf ein normales Brett gezeichnet. Durch geschicktes Zusammenziehen der Flächen wurden der Aufriß, der Grund- und Seitenriß mit Rot und Blau auf dieser Fläche untergebracht. Für den Werkstattgebrauch enthielt dieses Brett die notwendigen Maße und Details, die der Handwerker für seine Arbeit brauchte.

DEUTSCHE NORMSCHRIFT 123456789 KANN AUCH JNDIVIDUELL SEIN

EIN MÖBEL WIRD GEBAUT

Nachfolgend soll berichtet werden, in welcher Weise ein Möbel in unserer Werkstatt entstanden ist. Die Reihenfolge, in der ein Möbel entsteht, wird meist durch den Entwurf bestimmt. Der technische Verstand des Handwerkers sagt ihm in der Regel, wo er zu beginnen hat.

In der Ausbildung zum Holztechniker werden rationelle Fertigungsmethoden vermittelt, um ein Werkstück ohne Zeitverlust und falschen Aufwand herstellen zu können. Auf der Basis einer detaillierten Zeichnung wird eine Holzliste angefertigt, die alle Teile in ihren Maßen erfaßt. Nach dieser Holzliste wird zugeschnitten und ausgehobelt. Wenn das Material in seinem Volumen vorliegt, beginnt das Leimen, Besäumen, Furnieren. Selbst das Anschlagen der Scharniere wird nach Maß und Riß vorgenommen, bevor beispielsweise ein Schrank zusammengebaut wird. Dieses Verfahren setzt präzise Maschinen und exaktes Arbeiten voraus, wie es für die Herstellung von Serien unerläßlich ist.

Die Schreiner früherer Zeiten haben dagegen völlig anders gebaut. Von den Möbelrestauratoren wissen wir, wie an Möbeln aus vergangenen Epochen der Arbeitsvorgang, der Weg ihrer Entstehung abzulesen ist. Diese Werke entstanden Stück um Stück, sie wuchsen sich zurecht, so wie ein Bildhauer Figuren verfertigt. In der historischen Bauweise, die im wesentlichen auf dem *»Rahmen und Füllung-Prinzip«* aufgebaut ist, mußte die Eignung der Hölzer weit mehr beachtet werden. Die Arbeit stand stärker in Beziehung zu den Umständen und Möglichkeiten der Werkstätten, die für die meisten Handwerker wesentlich beengter waren als heute. Die moderne Plattenbauweise, wo Tischlerplatten, Sperrholz, Multiplex- oder gar Spanplatten verwendet werden, kennt das Holz im Grunde nur noch als »gezähmtes Material«.

Wir wollen hier aus der Praxis auf Bedingungen hinweisen, die ein individuelles Möbel fordert, dessen eigene Gesetze vollständig erst während der Arbeit erkannt werden. Die Grundidee unseres Möbels ist eine hohe Rechtecksäule, der im unteren Bereich ein halbrundes

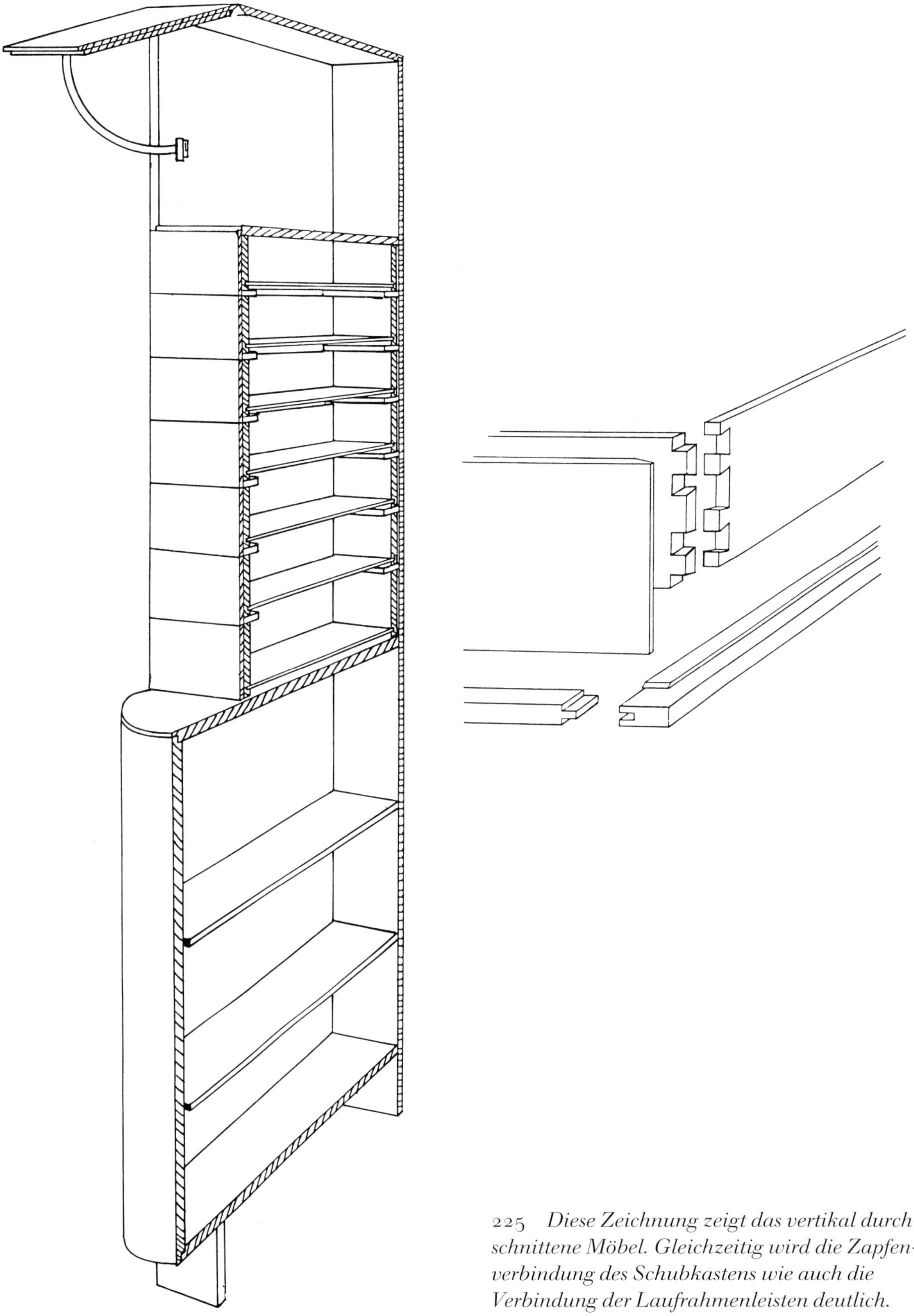

225 *Diese Zeichnung zeigt das vertikal durchschnittene Möbel. Gleichzeitig wird die Zapfenverbindung des Schubkastens wie auch die Verbindung der Laufrahmenleisten deutlich.*

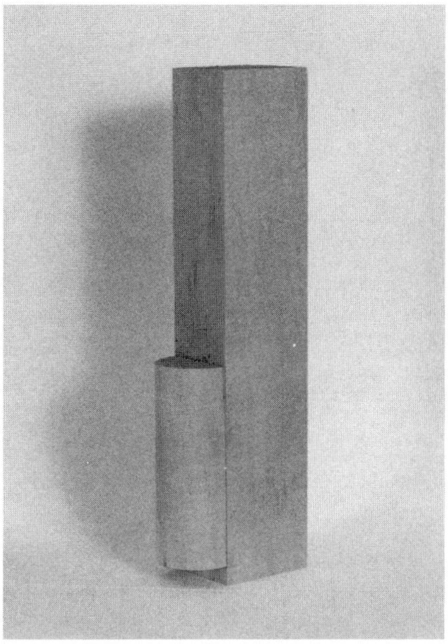

226 *Ausgangspunkt für die Arbeit war das Holzmodell des Schranks.*

Teilstück zugefügt ist. Es ist die Verbindung von Rechteck- und Rundsäule. Außer diesen Formen sollten keine plastischen Details Verwendung finden. Als Gliederung, die man auch »Störung« nennen darf, und die das plastische Selbstverständnis aufhebt, war an eine Zweifarbigkeit gedacht. Zunächst planten wir italienisches Schwarzfurnier in der Kombination mit Ulmenwurzelholz. Diese beiden Holzfarben erzeugen einen ernsten und würdigen Ausdruck, der jedoch für die schlanken Formen des Möbels nicht gut geeignet erschien. So wählten wir Nußbaum und Padouk. Nußbaum ist in der heutigen Zeit nicht beliebt. Der braune Holzton scheint bieder zu sein, was dem heutigen Zeitgeschmack wenig entspricht. Auch Padouk wirkt wie ein altgewordener Aristokrat, wenn es nach Jahren den tiefen Rotton bekommen hat. Wer sensibel reagiert, wird finden, die beiden Holzsorten wirken nebeneinander unpassend. Wir legten schmale Streifen von 8 mm Breite aus Padouk auf französisches Nußbaum und bemerkten dabei, wie die optische Schärfe des roten Streifens dem Nußholz einen anderen Charakter verleiht: Es wurde plötzlich mit Keckheit gewürzt, bekam etwas Heiteres. Das gefiel mir.

Als Basis für die Arbeit war zunächst nur ein kleines Holzmodell von etwa 20 cm Höhe entstanden. Es reichte aber nicht aus, um daraus gleich die richtigen Maße zu finden. Da der Schrank in der Mitte einen Schubkastenteil erhalten sollte, ist die Nützlichkeit dieser Laden das Ausgangsmaß geworden. Sie sollten ausreichend Platz für Akten und Papiere im DIN-A 4-Format bieten. So zeichneten wir den Schrank im Maßstab 1 : 1 auf eine große Sperrholzplatte,

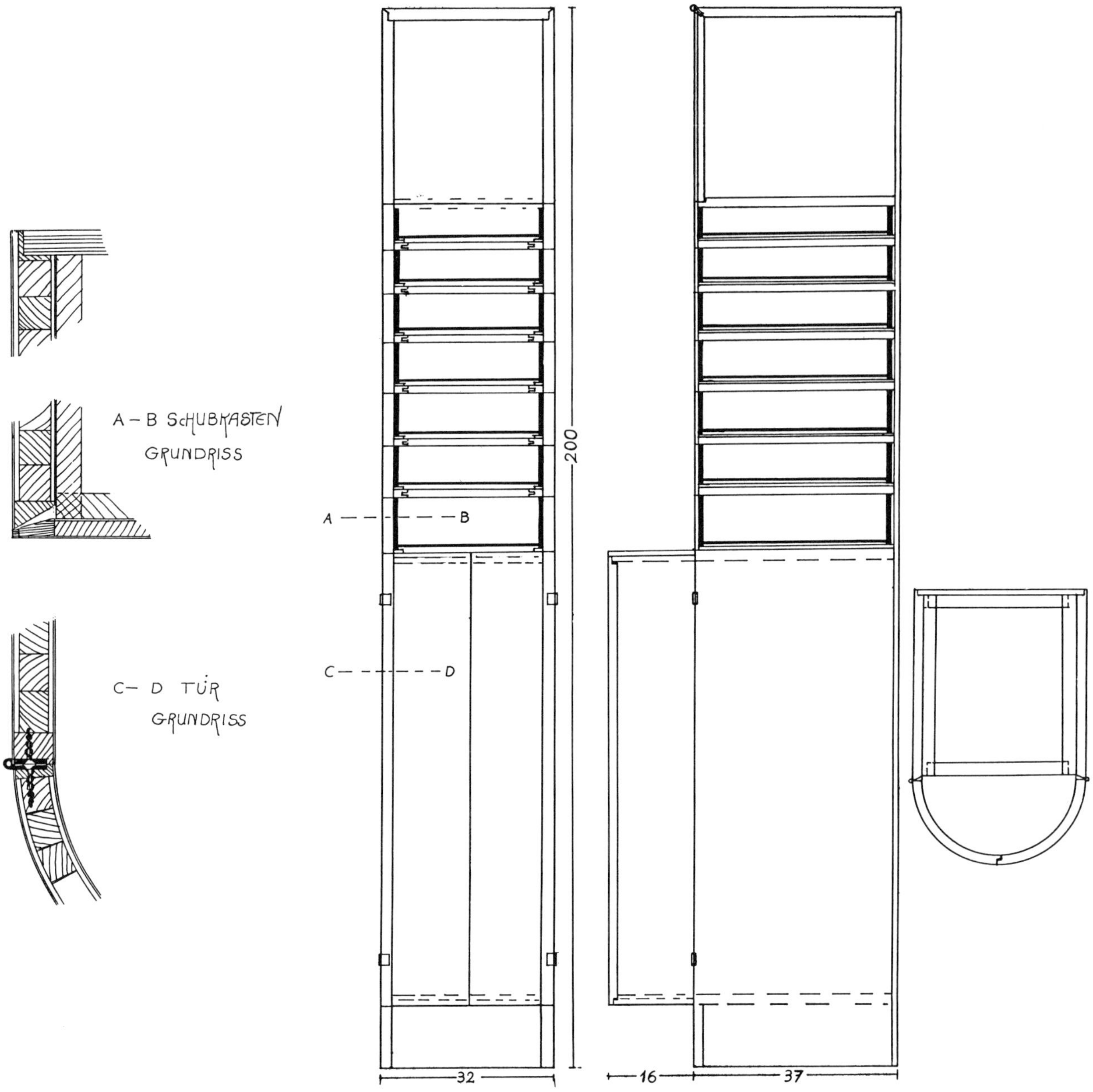

227 *Der Schrank als Werkzeichnung; dargestellt im Auf-, Seiten- und Grundriß. Links die Ausführung der im Aufriß gezeichneten Schnitte im Grundriß.*

entwickelten darauf die genauen Abmessungen und legten die Details fest. Eine gute Hilfe wurde während der Arbeit eine Zeichnung vom Grundriß, den wir 1 : 1 auf eine gesonderte Platte zeichneten.

Bei Kastenmöbeln wird wohl jeder zunächst Wände, Boden und Decke herstellen, auch die Zwischenböden gehören mit in den ersten Arbeitsbereich.

Diese Teile sägten wir aus 19 mm starken Tischlerplatten. Sie erhielten vorne einen Anleimer aus Padouk, in ausreichender Stärke, um Holz für eine Innenfase zu erhalten. Für den halbrunden Unterschrank waren entsprechende Zwischenböden nötig.

228 *An die Seitenwand – Tischlerplatte – wird mit Kantenschraubzwingen der Anleimer gepreßt.*

Dort wurden die Anleimer in drei Teilen segmentartig angeleimt. Deren halbrunde Vorderteile stehen aber vor den senkrechten Wänden, sie müssen daher breiter sein. Vorleimer sind zunächst etwas dicker als die Tischlerplatte, sie werden später bündig gehobelt oder geschliffen. Nach dieser Arbeit beginnt das Furnieren.

Innen haben wir schwarze Furniere aufgeleimt, außen ein Blindfurnier, damit sich später die Vorleimer weniger abzeichnen, wenn das Holz trocknet. Somit waren auch diese Teile zum Fräsen vorbereitet. Nut und Feder sind für dieses Möbel die Mittel zum Verbinden der Einzelteile, wobei wir als Federstärke in diesem Fall 8 mm für ausreichend hielten. Die Federn wurden aus Sperrholz hergestellt. Die Nuten wurden mit dem Handoberfräser ausgearbeitet. Unser »Schrankdach« sollte in einem Gehrungsfalz liegen. So etwas läßt sich natürlich weit besser an der großen Fräsmaschine herstellen, mit der auch gleich der Falz für die Rückwand von 12 mm ausgearbeitet wurde. Jetzt erhielten auch die Böden beidseitig Furniere.

Wer neugierig ist, kann den Schrank in diesem Zustand schon einmal zur Probe zusammenbauen. Wir verwenden dafür Bandspanner.

Bei Möbeln mit geschweiften oder runden Türen ist deren Verhalten, sozusagen ihre Eigenwilligkeit, zu respektieren. So muß die Herstellung der runden Tischlerplatten für die Türen beizeiten in Angriff genommen werden. Am besten ist es, die Arbeit an dem Schrank damit zu beginnen, dann kann das Holz trocknen und sich in seiner neuen Form »beruhigen«. Die Herstellung von gewölbten Platten ist auf Seite 109 beschrieben. Auch diese runden Tischlerplatten müssen jetzt Umleimer erhalten, ausreichend breit, damit der Falz nach dem Furnieren noch genug Holz behält.

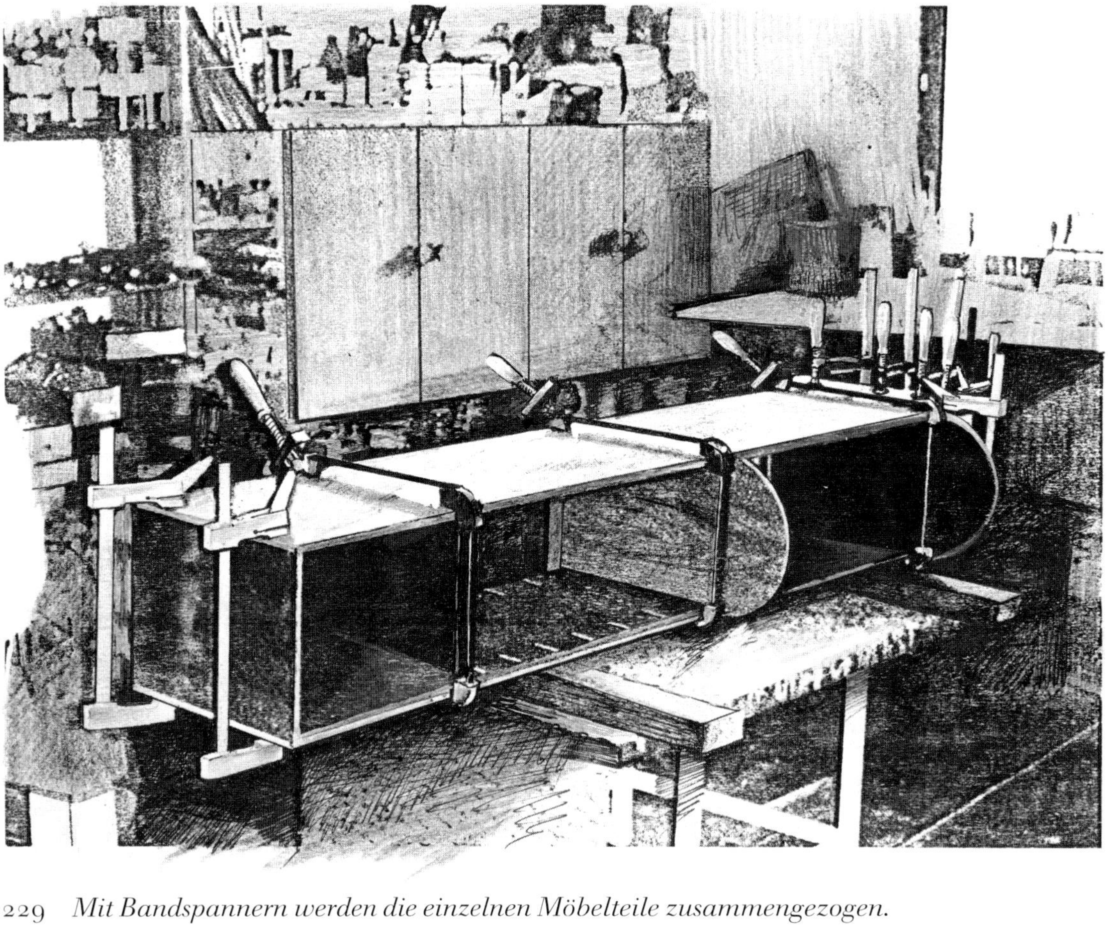

229 *Mit Bandspannern werden die einzelnen Möbelteile zusammengezogen.*

230 *Doppelklammern pressen den Anleimer an den Türrohling, der aus einer selbstgefertigten Tischlerplatte gebaut wurde.*

Das Furnieren von gewölbten Flächen ist nicht ganz unproblematisch. An der runden Seite könnte das Furnier in der Mitte zerreißen, an der Hohlseite leicht zusammenstauchen. Da wegen der Umleimer sowieso zwei Lagen Furniere auf das Blindholz kommen, werden diese zunächst für sich aufeinandergeleimt und erst dann mit Hilfe der Matrize auf das Blindholz. Wir haben jetzt die Türen als Rohlinge. Sie zeigen uns ihre tatsächliche Wölbung und dienen daher auch zum Anreißen, um Boden und Deckel vom Unterschrank passend zu wölben.

Die Falze der Kurven werden am Anlaufring gefräst. Damit die hohen Türen genau senkrecht bleiben, haben wir dafür eine Zulage angefertigt, die als Winkelstütze ausgebildet wurde. Diese Fräsarbeit führten wir schon vor dem Furnieren aus. Nachdem alles gefräst, gefast, furniert und gut geschliffen war, wurden die Flächen an den sichtbaren Innenteilen mattiert.

Zwischen den vorigen Arbeitsgängen wurde das Außendeckfurnier zubereitet und aufgeleimt. Wir sägten die Padoukstreifen diagonal aus den Furnierblättern. Auch das Nußbaumfurnier wurde zu Streifen geschnitten.

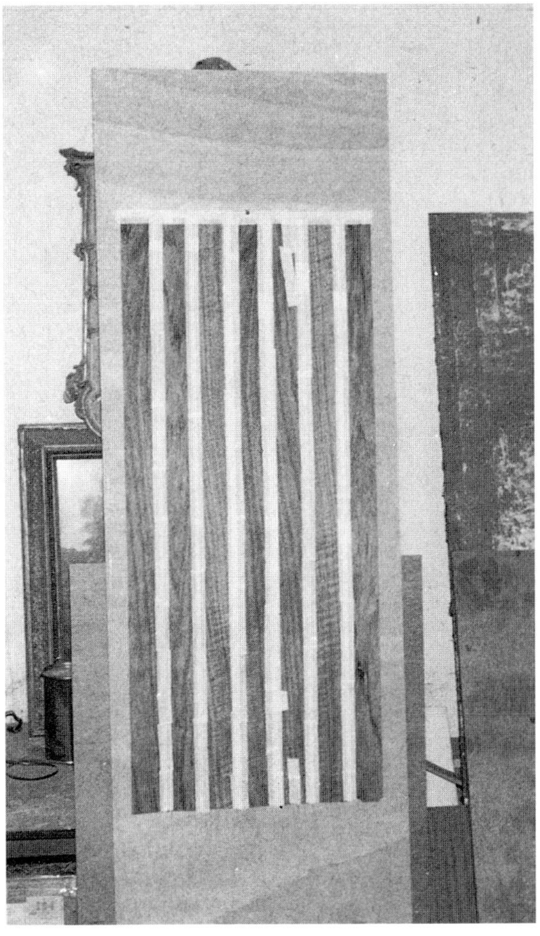

231 *Die Furniere sind mit Fugenpapier verklebt. Es wird erst nach dem Leimen stark befeuchtet und abgeschabt.*

232 *Padouk- und Nußbaumfurnierstreifen sorgen für einen reizvollen Kontrast.*

Wenn das Außenfurnier aufgeleimt und gut geschliffen ist, kann endgültig verleimt werden, wir vergessen dabei nicht, alles auf den rechten Winkel zu prüfen, achten auch darauf, daß alle Fugen dicht sind! Ausgetretener Leim sollte sogleich weggewaschen werden. Jetzt ist der Möbelkasten fertig zum Einbau der Schubkästenlaufrahmen.

Zunächst werden die seitlichen Laufrahmenleisten eingeleimt, auch hier sind kurze Nuten und Federn vorgesehen, die hinten und vorne eine gute Verbindung mit der Schrankwand herstellen. Vorder- und Hinterrahmen sind vorher geschlitzt worden. Sie werden ebenfalls eingeleimt. Bevor mit dem Bau der Schubkästen begonnen werden kann, müssen noch kleine Laufleisten auf die seitlichen Rahmen geleimt werden. Wir hobeln sie in diesem Fall auf 3–4 mm Stärke aus. Kleine Zulagenleisten, die wir ein wenig schiffsförmig

233 *Mit Holzklammern werden die schmalen Laufleisten an die Laufrahmen geleimt. Eine gewölbte Leiste sorgt für ausreichenden Druck in der Mitte.*

gewölbt angeschliffen haben, benutzen wir zum Aufleimen der Laufleisten. Sie bekommen dann auch in der Mitte ausreichend Druck.

Da die Kästen unterschiedlich hoch werden sollten, mußten alle Kastenzargenteile stramm in das Laufgehäuse eingepaßt werden. Nur die Seiten wurden an der Kreissäge auf Länge geschnitten. Die Vorderstücke paßten wir individuell ein. Zinken und das Herstellen der Böden aus Sperrholz geschieht wie auf Seite 136f. beschrieben. Unsere Schubkästen bekamen ein vorgeleimtes Vorderstück. Sie sollten seitlich überstehen und die Vorderkante der Schrankseiten überdecken.

Für ein Möbel mit »feinen« Proportionen sind sichtbare volle Plattenstärken meist zu plump. Bei unseren aufliegenden Schubkästenvorderstücken wurde deshalb die Seitenstärke durch Anfasen

234 *Auch beim Verleimen der Schubkästen wurden Bandspanner benutzt. So sind Korrekturen während des Verleimens leicht möglich.*

235 *Die Schubkästen sind in die Laufgehäuse eingepaßt. Als nächstes werden die vorderen Verblendungen aufgedoppelt und seitlich angefast, um eine schmale Ansicht zu erhalten.*

auf etwa 6 mm verjüngt. Sie sind aus 8 mm Sperrholz, erhielten rundherum Umleimer, wurden beidseitig furniert, aufgeleimt und erst dann abgefast. Das Einpassen der Schubkästen geschah aber schon vor dem Aufleimen der Vorderstücke. Mit Hobel, Ziehklingen, Schleifklotz oder Schleifmaschine wird es ausgeführt.

Der Schrank hat eine Klappe, die nach oben zu öffnen ist. Das Herstellen dieses Teils machte keine Probleme, schwieriger war das Anbringen der Scharniere dafür. Jene aus dem Handelsangebot waren für unsere Zwecke nicht brauchbar, so fertigten wir sie selber aus Messing. Es erwies sich auch als günstiger, sie in eine Nut einzulassen und mit Epoxydharz fest zu verleimen. Die runden Türen im unteren Bereich bekamen kleine Messingbeschläge.

Abschließend wurde unser Möbel außen handpoliert. Zunächst wurde in vielen Schichten ein Polierlack aufgetragen. Anschließend ist mit dem Ballen, mit Bimsmehl und Polieröl wie auf Seite 178f. beschrieben auspoliert worden.

236 *Der fertige Kommodenschrank in Nußbaum mit Padouk*
Entwurf/Herstellung: Erich Brüggemann, Winsen

KLEINE GESCHICHTE DES SCHREINERHANDWERKS

Zwischen Zimmermann und Designer

Dieser Aufsatz kann und möchte nicht die umfassende Geschichte des Schreinerhandwerks beschreiben. In Schlaglichtern soll hier aufgezeigt werden, was sonst ein Buch für sich wäre: Die Entwicklung des Schreinerhandwerks, aber auch die Kontinuität eines Kunsthandwerks unabhängig von technischen Entwicklungen.

Als die Kunstfertigkeit des Schreinerhandwerks im 19. Jahrhundert ihre höchste Stufe erreicht hatte, konnte dieser Berufszweig auf eine lange Tradition zurückblicken. Generation um Generation trug zu diesem Aufstieg bei, indem die Meister ihre erlernten und neugewonnenen Erfahrungen an die Lehrlinge weiterreichten. Auch durch die nahezu unersättlichen Ansprüche der Herrscher in der Zeit des Absolutismus wurde die Leistungsfähigkeit zum äußersten getrieben. Möbel gehörten über Jahrhunderte zu den Gegenständen, mit denen man seinen Wohlstand und Geschmack vorzeigen wollte. Es war ein Bereich gekaufter Selbstdarstellung, wie sie heute bei Autos der gehobenen Klasse noch zu erkennen ist. Wie sich dieses Bild des Schreiners geschichtlich entwickelte, darüber soll im folgenden berichtet werden. Nicht um totes Bildungsgut auszubreiten, vielmehr, um unsere heutige Situation beurteilen zu können.

Das Schreinerhandwerk entwickelte sich im Mittelalter aus dem Zimmererhandwerk. In der Zeit der Stadt- und Klostergründungen, als zu der bäuerlich-ländlichen Lebensweise das bürgerliche Gewerbe trat, entstanden auch Werkstätten. Handwerker sind auf das Wirken anderer Gewerbe angewiesen. So benötigen die Schreiner Metallwerkzeuge wie Sägen, Feilen, Hobeleisen und Stemmeisen. Neben den Schreinern entwickelten auch die Drechsler und Bildhauer ihr eigenes Berufsbild. Das Zusammenwirken unterschiedlicher Bereiche ist ja eines der Kennzeichen von entwickelter Kultur.

Aus der frühesten Zeit unseres Holzhandwerks kennen wir Truhen, wo Bretter ohne besondere Holzverbindung wie Zinken oder Zapfen einfach mit Holzdübeln verbunden wurden. Zur besseren Haltbarkeit und zum Schmücken erhielten sie Eisenbänder, die um den ganzen Möbelkörper geführt und festgenagelt wurden. Wir mögen beim Anblick dieser Dinge leicht etwas herablassend von Frühkultur oder Primitivismus reden. Wer aber genau hinsieht, wird feststellen, daß schon jene Schreiner Maße und Proportionen meisterlich beherrschten.

Schreinerarbeiten zeichnen sich durch die Anwendung von Erfindungen aus, die dann zum Markenzeichen für diesen Beruf wurden: Zinken, Grate, Falze und Gehrungen, mit deren Hilfe die Holzteile verbunden werden. Im eigentlichen Sinne sind es aber keine Erfindungen, es handelt sich um Wiederentdeckungen. Schon vor unserer Zeitrechnung, im Alten Ägypten, sind Möbel von hoher Meisterschaft hergestellt worden. Aus der Verarbeitungsweise müssen wir auf die Verwendung von hochentwickelten Werkzeugen schließen, aber auch die Kenntnisse der Vrbindungstechniken bewundern.

Auch in der griechischen und römischen Kulturzeit wurden herrliche Möbel gebaut, die uns aber nur aus Abbildungen an Stein- oder Bronzereliefs bekannt sind. Diese Hochkulturen sind in der Zeit der Völkerwanderungen im 4. und 5. Jahrhundert zerstört worden.

Wenn Klöster und Städte die Entwicklung der Schreinerkunst ermöglichten, so gebührt dem neuen Geist, den die Mönche in die Welt brachten, das Verdienst, eine neue Ästhetik entwickelt zu haben. Sie haben dem Stil und der inneren Haltung der Möbel, ja dem ganzen Erscheinungsbild der Zeit eine neue Richtung gegeben.

Möbel waren immer Gebrauchsgüter, immer auch Ausdruck von Lebenshaltung der Menschen. Diese Epoche war eine »lichte« Welt, die sich erhielt, solange die stark theologische, religiöse Dominanz als Antriebskraft der jungen Kultur dauerte. Später, schon 1400, beginnen die Ansätze von bürgerlicher Behäbigkeit das Erscheinungsbild zu verwandeln.

Über viele Generationen haben die Brettmöbel eine große Entwicklung durchgemacht. Wenn sie, wie erwähnt, zunächst nur mit Dübeln verbunden wurden, so ist später auch an ihnen das ganze Spektrum der Holzverbindungen angewendet worden. Man lernte, das »Krummwerden« der Bretter zu verhindern, indem Querhölzer oder Gratleisten verwendet und die Möbelecken mit Zinken verbunden wurden. Besonders im ländlichen Bereich hat sich diese Verarbeitungsweise noch bis in unser Jahrhundert erhalten.

Obwohl die Rahmenkonstruktion bei den Zimmerleuten als Fachwerk schon lange Tradition hatte, haben Schreiner sie erst im 15. Jahrhundert für ihre Arbeit entdeckt. Zunächst verwendeten sie Rahmen nur an den Truhenseiten, bald aber auch für Schränke und Wandverkleidungen, die seit dem Ende des Mittelalters immer häufiger gefertigt wurden. Gotische Möbel zeichnen sich durch eingelassene Füllungen, aufgesetzte Rahmen aus, um so den Bildhauern Gelegenheit zu bieten, Ornamente und figürliche Darstellungen zu schnitzen, beliebt waren auch durchbrochene Füllungen mit sogenannten *Fischblasenmustern*. Gerade beim Faltwerk in den Füllungen zeigt sich, wie eng Schreiner und Bildhauer zusammenarbeiteten.
In der Gotik entstanden viele Möbeltypen. Truhen erhielten gelegentlich Türen, und es wurden auch zwei Truhen übereinander gesetzt: So entstand der Viertürenschrank! Schubkästen wurden eingefügt, manchmal hinter den Türen oder von außen sichtbar. Aus der Zimmererpraxis heraus wurden *Stollenmöbel* entwickelt. Stollen sind Pfosten, die an den Ecken der Schränke, Betten, Tische und Stühle gleichzeitig als Füße dienen. Diese Stollen haben Zapfenlöcher und Nuten, um Querrahmen und Brettfüllungen zu verbinden. Zusätzlich wurden diese Teile aber noch mit Holzdübeln gesichert. Ein bedeutender Auftraggeber war zu dieser Zeit die Kirche. Wer einmal die Chorstühle dieser Epoche gesehen hat, kann sehen, wie außerordentlich hoch die Beherrschung von Werkzeug und Material schon entwickelt war.

Gewölbte Baldachine wurden aus Brettern gehobelt und in elegante Fialen eingenutet. Die Schreiner jener Zeit waren Hersteller, Entwerfer und Erfinder. Natürlich haben sie sich auch von den Zeichnungen, die von bedeutenden Künstlern im Umlauf waren, anregen lassen.

In der Renaissance, deren Beginn wir in unseren Landen etwa in die Reformationszeit um 1520 legen, ändert sich nicht nur die Stilrichtung, sondern auch die Gruppe der Auftraggeber erheblich. In Italien war schon fast 80 Jahre vorher die alte, antike Kunst aus der Zeit vor der Völkerwanderung wiederentdeckt worden. Jetzt wurden an den Möbeln Säulen mit Kapitellen, Pilaster, Profile nach klassischem Vorbild mit Karnies, Stab und Platte angebracht. Auch Türen mit portalartigen Umkleidungen wurden in Abwandlung der alten Vorbilder angefertigt. Diese klassische Kunstrichtung liebte die Verbindung von braunen Hölzern mit der schwarzen Farbe. So wurde das wertvolle Ebenholz meist zu Furnieren gesägt und auf Blindholz geleimt. Kostengünstiger war eine Holzimitation, die man durch Färben von Birnbaumholz erhielt. In Augsburg entstanden feine Kabinettschränke, die völlig mit Ebenholz verkleidet sind, die Schnitzarbeiten sind dort aus Elfenbein und Buchsbaum. Seit jener Zeit werden die besonders kostbaren und teuren Hölzer zu Furnieren gesägt.

Auch die Intarsienkunst wurde weiter entwickelt: Hölzer wurden gefärbt und Elfenbein, Zinn, selbst Steine in Ornamentmuster eingefügt. Für die Holzoberflächen hatte man bis dahin Firnisse und Wachse als Holzschutz verwendet. Jetzt sollten die Möbel mehr Eleganz und Perfektion zeigen, dafür wurden zunehmend Harzlösungen benutzt, wie sie auch von den Geigenbauern entwickelt wurden. Das Glätten der Hölzer geschah mit Ziehklingen und Schachtelhalm. Die Lacke brachte man in vielen Schichten auf die Fläche und schliff sie anschließend mit Bimsmehl und Trippel.

Die sich danach entwickelnde Epoche des Barocks war geprägt von Lebenslust und Ornamentik: Ohrmuschel oder Knorpel sind an den Ornamenten und dem Schnitzwerk gut zu erkennen. Das eigentliche Möbel dieser Zeit bleibt den überkommenen Typen verhaftet. So wurden lediglich die oberen Türen bei dem Viertürenschrank höher gebaut, die unteren hingegen wirken wie ein Sockelbereich.

Während die Renaissance aus einem bürgerlich-humanistischen Geist lebte, wird der Barock von absolutistischen Fürsten geprägt. Lebenslust und Prunkliebe drücken sich auch in den Formen der Möbel aus. Immer neue Möglichkeiten, die Formen in diesem Sinne lebendig zu machen, wurden gefunden. Im Ornament herrschte das breitblättrige Akanthusblatt vor. Auch in der Möbelarchitektur wurde versucht, alle Teile stark plastisch auszuarbeiten. Füllungen wurden aufgedoppelt und mit Profilen umrandet. Gesimse wurden stärker vorgezogen. Die Schreiner hatten eine große Auswahl an Profilhobeln zur Verfügung. Sie konnten sich oft nicht genug tun, ihre schönen Leisten an den Füllungen und Rahmen anzubringen. Besonders die norddeutschen Schreiner schufen komplizierte Kröpfungen, die sie an ihren Eichenmöbeln einfügten. In Nürnberg erfand ein Schreiner den Wellenhobel. Als Profilschaber gehört er mehr zu den Ziehklingen, die in einer Führung gehalten werden, mit der man wellenförmige Leisten herstellen kann. Sie werden auch Flammleisten genannt, waren oft aus Ebenholz gefertigt und zieren Möbel in der frühen Zeit des Barock. Allmählich wurden auch die Sitzmöbel bequemer, das kann man an den gedrechselten und geschwungenen Rückenlehnen erkennen. In Frankreich wurde von Charles Boulle, dem bedeutenden Schreiner in der Zeit von Ludwig XIV., die Kommode erfunden. Er soll auch für die Intarsientechnik die Zweiblattmethode entwickelt haben. Dabei wurden Möbel in der Kombination von Metall und Schildpatt furniert. Schildpatt wirkt sehr effektvoll, wenn es mit farbigem Papier unterlegt wird, da dies durch das transparente Schildpatt hindurchscheint. Eine Erweiterung erfuhr die Furnierverarbeitung durch die Technik, Furniere quer über Profile zu leimen. Das ist als besondere Schreinerleistung dann in der Zeit des Biedermeier in anderer Weise fortgeführt worden. Bei aller Lebenslust haben die Möbel der Barockzeit dennoch mehr einen ernsten und behäbigen Ausdruck. Möbel für die fürstlichen Auftraggeber wurden gern vergoldet. Besonders in den südlichen Ländern hatte der Beruf des Faßmalers und Vergolders daher ein breites Wirkungsfeld. Dort wurden neben Möbeln ganze Raum- und Kirchenausstattungen mit Farbe und Blattgold gefaßt. Auf einfache Kiefer- und Fichtenholzmöbel malte man künstliche Holzmaserungen, die kostbare Hölzer imitieren sollten, auch Marmor malte man mit großer Fantasie. Die Menschen des Barock hatten Lust am »Zurschaustellen«. Dieses Bedürfnis wurde im 18. Jahrhundert noch stärker. Es entwickelte sich ein Zeitalter, das Eleganz und Charme, Geist und Frivolität als Inszenierung erlebte.

Diese faszinierende Inszenierung des Rokoko dauerte etwa von 1720 bis 1770. Der Name leitet sich von den Rocaillen – dem Muschelwerk – in den Ornamenten ab. Ein Kennzeichen dieses Stils ist die Verbindung von schmalen Akanthusblättern mit einem Bänderwerk. Die Schwere des Barock verlor sich und machte kurvigen Linien Platz; ganze Möbel erhielten geschweifte Formen. Tisch- und Stuhlbeine bekamen einen S-förmigen Schwung. Die Beine sind bisweilen stilisierte Ziegenfüße: ein Motiv, das schon in antiker Zeit beliebt war. Überhaupt wurden im 18. Jahrhundert aus alten Zeiten und Ländern Motive verwendet: chinesisch, indianisch, türkisch; alles Exotische hatte Konjunktur bei den Entwerfern. Die Leichtigkeit der Darstellung barg aber durchaus einen ernsten Kern in sich. Man könnte sagen, Ehrfurcht und Religiosität kamen im Menuettschritt daher.

Dieses Jahrhundert brachte viele große Schreiner hervor, deren Werke wir heute noch bewundern. Allen voran Vater und Sohn Roentgen. Die Arbeiten des Sohnes David liegen uns heute wohl etwas näher, besonders seine späten. Er hat die Intarsientechnik in seinen kostbaren Möbeln in vollendeter Weise angewendet, wie kaum einer vor ihm. Er verstand es auch, bedeutende Künstler dafür zu gewinnen, die ihm Entwürfe und Zeichnungen anfertigten. Auffallend an den Möbeln sind gefärbte Hölzer; das mag uns heute unnatürlich erscheinen. Die Roentgens konnten aber sehr souverän damit umgehen, denn bei aller Freude am Dekorieren haben die Intarsien niemals den Gesamteindruck der Möbel gestört.

Möbelformen bestanden jetzt nicht mehr aus markanten Profilen, Pilastern und Säulen, sie waren vielmehr wie aus einem Stück geformt, mit gewölbten Flächen, Türen und Schubkästen. Dort konnten die Furniere nur mit heißen Sandsäcken aufgeleimt werden, um den Leim beim Pressen wieder heiß und flüssig zu machen. Bei vielen Möbeln wurden mehrere Hölzer miteinander kombiniert, aber nicht mehr so kontrastreich wie zuvor im Barock. Das 18. Jahrhundert liebte feinere Unterschiede. Rosenholz, Satinholz, Palisander wurden neben Ahorn, Kirsche und Nußbaum verarbeitet. Beliebt war es auch, Teile der Ornamente aus Metall herzustellen und sie den Möbeln einzufügen. Kaum eine Zeit hat soviele verschiedene Sitzmöbel entwickelt wie diese Epoche. Man denke nur an die noch heute beliebten und benutzten Sessel, an denen alles geschweift ist; sie sind außerordentlich bequem. Dann gab es breite Sessel, um Platz für die ausladenden Reifröcke der Frauen zu bieten, sie werden Bergère genannt. An Spieltischen standen Voyeusen, das sind Sessel mit Polstern auf den Rückenlehnen, damit Zuschauer, Voyeure eben, ihre Arme aufstützen konnten.

Um 1770 fand diese Lebensform ihr Ende, ein Zeitalter von über 100 Jahren, eine Epoche der Sinnenlust war vergangen.

Der neue Geist am Ende dieses Jahrhunderts wurde geprägt durch die Enzyklopädisten, die Aufklärer. An den Möbeln ist wieder die Funktion zum Beispiel der Stützen und Gesimse betont, für die Ornamente wurden wieder antike Motive zum Vorbild genommen. Präzise Arbeit bis in die Details forderte dieser Stil, der als Louis-XVI-Stil in die Möbelgeschichte eingegangen ist.

Später, in der Zeit, die wir Frühklassizismus nennen, erhalten die Formen eine kühle Strenge. Man könnte es als Reaktion auf den Gefühlsüberschwang des Rokoko verstehen. Beliebte Möbel am Ende des Jahrhunderts wurden die Schreibmöbel: Als Sekretäre oder Rollbüros sind sie von vielen Schreinern gebaut worden. Neben bemalten Möbeln mit der Vorliebe für Grau und Silber wurde immer häufiger Mahagoniholz verwendet. Zunächst nur in England verarbeitet, wurde es dann im 19. Jahrhundert das beliebteste Möbelholz.

Auch der Stil der Regierungszeit Napoleons, den wir Empire nennen, übernimmt Motive aus der Antike. Die Bildhauer schnitzten Säulen, Sphinxe, Greifen und Löwenbeine, während die Schreiner dazu schlichte und kubische Formen schufen. Jetzt wurden Bücherschränke, Vitrinen mit Glastüren, Blumentische, Etageren, Nähtische mit in das Programm der Schreiner aufgenommen.

Mit den ab 1815 beginnenden Befreiungskriegen verstärkte sich der Einfluß des Bürgertums, es bestimmte im 19. Jahrhundert immer stärker Stil und Lebensweise. Das fast bis zur Jahrhundertmitte reichende Biedermeier ist durch Möbel gekennzeichnet, die wieder geschwungene und runde Konturen aufwiesen. Als Vorlage dienten Formen, die bei Ausgrabungen in Griechenland auf den Steinreliefs gefunden wurden. Zu Anfang sind es eher schlichte Möbel, voller Wärme und Feinheit für die Menschen, die sehr verinnerlicht lebten. Man verzichtete meist auf prunkenden Zierat und auf vergoldetes Schnitzwerk. Biedermeiermöbel wurden aus Mahagoni, aber auch aus Birn-, Kirschbaum- oder Eschenholz gearbeitet. Bei den dunklen Hölzern waren sogenannte Adern beliebt: Das sind feine, meist 2 mm breite Furnierstreifen aus hellem Buchsbaumfurnier. Um sie einzuleimen, wurde mit einem Aderschneider parallel zum Rand ein Adergraben geschnitten. Da hinein konnte mit Hilfe von Heißleim der Aderstreifen mit einem Hammer gerieben werden. Für breitere Adern, die meist von englischen Spezialfirmen mit feinen Mustern aus verschiedensten Hölzern geliefert wurden, gab es besonders breite Aufreibehammer. Eine Alternative dazu war das in den skandinavischen Ländern beliebte Birkenholz.

England beschritt in der Möbelentwicklung wie auch in der Architektur einen eigenen Weg. Schon im 18. Jahrhundert wurden dort Anregungen verschiedenster Art zusammengefügt. Von größtem Einfluß war der Möbelbauer Thomas Chippendale, der sowohl chinesische als auch gotische Formen in seinen Möbeln verwendete. Etwas ironisch sprechen manche von der »englischen Chinesengotik«. Andere Architekten, wie Thomas Sheraton, gaben Vorlagenbücher für die Schreiner heraus. Auch in Deutschland wurden von dem großen Baumeister Friedrich Schinkel Vorlagen gezeichnet. Er ließ sich von alten griechischen Vorbildern anregen, aber auch von Motiven aus der Gotik. Während Chippendale schon um 1750 diese Stilanleihen einführte, wurden sie durch Schinkel in Deutschland erst nach 1800 aufgenommen.

Diese Anleihen bei früheren Stilen wurden im 19. Jahrhundert sehr intensiv: Schweifungen und Kehlungen wurden ab 1840 immer häufiger verwendet. Üppige Schnitzereien in Rokokomanier wie auch Renaissanceformen wurden gerne verwandt. Möbel und Einrichtungen zeichneten sich durch die Kombination alter Stile aus. Insofern wird diese Zeit Historismus genannt. Das Nachahmen war natürlich auch Ausdruck von Unsicherheit und Mangel an schöpferischer Entfaltung.

Für die Schreiner brachte dieses Jahrhundert durch den Einzug der Maschinen in die Werkstätten eine wesentliche Veränderung in ihrer Schaffensweise. Furniere konnten seit etwa 1840 maschinell hergestellt werden. Nach und nach sind dann die bisher mit Fußbetrieb laufenden Maschinen wie Bandsägen oder Drechselbänke usw. auf Motorbetrieb umgestellt worden. Zunächst wurde die Kraft aus Dampfmaschinen gewonnen. Erst am Ende des Jahrhunderts wurden sie durch Elektromotoren ersetzt. Immer mehr Maschinen entwickelte man für die Schreinereibetriebe. Sie wurden bevorzugt von den sich bildenden Großbetrieben gekauft, was dazu führte, daß der Schreiner mehr und mehr zu einem Maschinenarbeiter wurde. So sahen sich die Kleinbetriebe einer immer stärker werdenden Konkurrenz ausgesetzt.

Aufgrund dieser beginnenden Industrialisierung formierten sich Künstler, die die Kunst ihrer Zeit vom Handwerk her erneuern wollten. Zentrum dieser Bewegung war die »Arts and Crafts Exhibition Society«, die unter anderem von William Morris gegründet wurde.

Dieses Zentrum wurde der Ausgangspunkt für einen Stil der »Jungen«, den man heute unter dem Begriff Jugendstil zusammenfaßt. Förderer dieser Idee wurden auf dem Festland Maler wie Otto Pankok und Richard Riemerschmid oder der belgische Künstler Henry van de Velde. Typisches Merkmal dieses Stils waren Formen, die ihre Ursprünge in der Natur- und Pflanzenwelt hatten. Zentren im deutschsprachigen Raum waren Darmstadt, Weimar, München und Wien. Auch wenn die Ausformungen sehr unterschiedlich waren, man denke nur an die strengen, kubischen Formen des Architekten Josef Hoffmann, blieb allen ein Ziel gleich: Die Überwindung der Trennung von Kunst und Handwerk durch die Rückbesinnung auf den Geist der mittelalterlichen Werkhütten. So entstanden aus einer Hand Entwürfe für Möbel, Gläser, Häuser, Kleider, Tapeten und Modeartikel. An den Möbeln waren neben den Schreinern auch Intarsienschneider beteiligt; Gürtler schufen schöne Treibarbeiten und Beschläge und wurden dabei von Bildhauern unterstützt, die verschlungene Schnitzwerke herstellten.

Der Jugendstil mit seinen Möbeln forderte das ganze Können des Schreiners. Nur vollkommene Beherrschung des Handwerks machte die Herstellung dieser Formen möglich. Durch den aber nicht aufzuhaltenden Zug zur Massenproduktion wurde der gute Ansatz dieser Reformidee mit der Zeit verwässert.

Mit dem Ende des Weltkrieges wurde immer klarer, daß nur durch den Einsatz von Maschinen das Bedürfnis, alle Kreise der Bevölkerung mit Möbeln zu versorgen, befriedigt werden konnte. So trat das von Walter Gropius gegründete »Bauhaus« mit der Vorgabe an, die Einheit von Kunst und Handwerk unter Einsatz aller technischen Möglichkeiten zu gewinnen. Dabei wurde verstärkt auf abstrakte, dynamische Formen zurückgegriffen.

Parallel zum »Bauhaus« entwickelte sich von Frankreich ausgehend ein Stil, den wir heute Art deco nennen. Ganz im Gegensatz zu der Strenge des Bauhauses ist bei diesen Möbeln eine große Ausgelassenheit zu erkennen. So sind die von Emile-Jacques Ruhlmann in den 30er Jahren entworfenen Möbel von einer Eleganz und Feinheit, die nur mit den Möbeln des 18. Jahrhunderts vergleichbar sind.

Interessant ist besonders der Einsatz unterschiedlichster Materialien: So wurden an Oberflächen neben Holz auch Elfenbein, Kunststoff, Knochen und Häute verwendet.

Das Möbel wurde immer mehr Teil des öffentlichen Lebens: Die Tätigkeitsfelder der Schreiner waren Kinos, Bars, Hotels ...

Heute ist die Möbelfabrik eine Konkurrenz, die das Handwerk als Möbelhersteller im ursprünglichen Sinne nahezu ausgeschaltet hat. Aus dem Künstler-Architekten des Jugendstils wurde in unserer Zeit der Designer, der immer mehr die Produktionsformen des Handwerks bestimmt. Der Schreiner ist heute in anderen Bereichen vorrangig tätig: Er arbeitet für den Bau und den Innen- und Ladenbau!

Nachbemerkung

In diesem Buch ist keine Vollständigkeit in der Beschreibung aller Bereiche, die das Schreinerhandwerk betreffen, versucht worden.

Weder bei den Werkzeugen noch bei den Techniken ist alles aufgezeigt, was dem Schaffenden irgendwann begegnet. Das Betätigungsfeld der Schreiner ist sehr groß, immer neue Materialien und Werkzeuge kommen auf den Markt und verändern die Arbeitsweisen. Bei der Auswahl der Maschinen wurden einige, die allgemein geläufig sind, nicht berücksichtigt, besonders auf die neuesten Entwicklungen wurde nicht eingegangen. Das hat seinen Grund!

Das Fortbestehen des Schreiners als Handwerksberuf wird nicht von der Ausstattung mit Maschinen abhängen, vielmehr wird das Verhältnis zu dem Ausgangsmaterial Holz und die sich daraus ergebenden Arbeitsweisen diesen Beruf erhalten und bestimmen. Wie schnell ist, auch von Nichtfachleuten, eine Hobelmaschine angestellt, um ein perfekt geglättetes Brett herzustellen. Wie lange aber benötigt jemand, um einen Handhobel richtig zu beherrschen, um das »Widerborstige« mancher Hölzer zu bewältigen. Ohne diese engen Beziehungen aber und die Erfahrungen zu den Grundbedingungen des Schaffens wird das Handwerk des Schreiners nicht erhalten bleiben. Wer nur Platten, das heißt gezähmte Materialien, an anonym gewordenen Maschinen verarbeitet, wird diesen Beruf nicht ausfüllen können. Der Sinn dieses Buches besteht im Lebendigmachen und im Weiterreichen von Erfahrungen, die bei der Werkstattarbeit gewonnen wurden. Die Meisterwerke der Schreiner aus vergangenen Tagen stehen in Museen, ob auch in Zukunft in Werkstätten Meisterwerke entstehen werden, wird von dem rechten Verhältnis zu dem Schreinerhandwerk abhängen.

Dank

Daß dieses Buch eine solche Themenvielfalt kompetent beschreiben kann, war nur möglich durch die Hilfe und Mitarbeit von Fachleuten. Dank an die Mitarbeiter und Leiter der Museen, die freundlicherweise die Genehmigung zum Fotografieren gaben. Ein besonderer Dank gilt den Kolleginnen und Kollegen, die Fotos ihrer Arbeiten zur Verfügung stellten.

Hendrike Farenholtz lernte in Deutschland und England, bevor sie ihre Werkstatt in Hamburg gründete. Man kann an ihren Möbeln Sicherheit in der Aufteilung lernen: die Breite der Rahmen, die Dimensionen der Schubkästen, den Rhythmus der Sprossen oder die Anordnung der Knöpfe. Durch ihre Möbel wird die Massivbauweise in neue kreative Formen gebracht (siehe Abb. 101, 103, 150, 151, 152, 188, 189, 190, 191).

Ragna Gutschow hat ihre Werkstatt ebenfalls in Hamburg. Sie hat Schreiner gelernt und in diesem Beruf eine lange Erfahrung. An ihrer Hobelbank entstehen Möbel, die Schönheit mit einem hohen Gebrauchswert verbinden. Obwohl sie gerne »massiv« arbeitet, finden sich an ihren Möbeln Furniere, besonders Eibenholz. Selbst Jalousieleisten werden von ihr mit diesem Furnier bezogen. Besonders interessant ist an ihren Möbeln die Verwendung der Furniermaserungen (siehe Abb. 102, 104, 149).

Emanuel Hook ist Schreinermeister mit einem eigenen Betrieb. Trotz der Anforderungen durch seinen Betrieb gehört er zu den unermüdlichen Schöpfern, die immer neue und verwegene Formen entwerfen. Die Verwendung von Intarsien und farbigen Furnieren zeigt sein handwerkliches Können und grenzt seine Arbeiten deutlich gegen das industrielle Design ab (siehe Abb. 109, 110, 111, 186).

Franz Öttl lernte in München neben dem Schreinerhandwerk auch die Bildhauerei, was an seinen Arbeiten deutlich zu sehen ist:

Sämtliche Möbel sind plastisch empfunden. Er schnitzt, drechselt und hobelt Formen, die bei aller Gebundenheit an alte bäuerliche Schreinertraditionen modern sind. Der Bildhauer in ihm findet für Holzverbindungen Lösungen, die dem Schreiner wahrscheinlich nicht einfallen würden (siehe Abb. 105, 106, 107, 108, 192, 193).

Verena Wriedt besitzt in Hamburg eine Werkstatt. Sie hat Schreiner gelernt, später bei John Makepeace studiert und ist seit 1989 Professorin in Detmold. Seit vielen Jahren baut sie Möbel, besonders in der Massivbauweise. An Stehpulten oder an Schubkästen verwendet sie Zinkenverbindungen, die in einem besonderen Rhythmus angeordnet sind. Ihre Arbeiten sind Beispiele dafür, wie alte Handwerkstechniken in unkonventioneller Verwendung auch dem »modernen Auge« gefallen (siehe Abb. 112, 113, 153, 154, 184).

Bildnachweis

Brüggemann, Erich (Winsen): 61, 62, 63, 64, 65, 66, 148
Bührmann, Dirk (Hamburg): 133
Düttmann, Heike (Hamburg): 184
Gomez, Louis (Hamburg): 112
Kunsthandel Otto v. Mitzlaff (Wächtersbach): 6, 8
Lensch, Christian (Hamburg): 153, 154
Museum für das Fürstentum Lüneburg (Lüneburg): 85
Museum für Kunst und Gewerbe (Hamburg): 3, 4, 5, 7, 9, 11, 40
Museum für Kunsthandwerk (Frankfurt/Main): 2, 10, 41
Pötschke, Gerd (Unterwössen/Chiemgau): 105, 106, 107, 108, 192, 193

Literatur

Angst, Emil Das deutsche Möbel, Augsburg 1950
Bauer, Margit und *Peter-Ohm, Annaliese* Europäische Möbel, Frankfurt/Main 1981
Brachert, Thomas Möbellacke, Oberflächen von Möbeln, in: Restauro, 2–4, München 1978
Brachert, Thomas Technische Innovationen der Roentgenwerkstatt, in: Restauro, 4, München 1981
Bramwell, Martin The International Book of Wood, London 1976
Brüggemann, Erich Kunst und Technik der Intarsien, München 1988
Bührdel, Christian und *Frömmer, Gerald* Schleifen, Berlin 1982
Burchartz, Max Gestaltungslehre, München 1950
Chanson, Lucien Traité d'Ébénisterie, Dourdan 1985
Dietrich, Gerhard Möbel, Köln 1981
Dittrich, Helmut Handbuch für das Schärfen von Werkzeugen, Augsburg 1975
Falke, Otto von Deutsche Möbel vom Mittelalter bis zum Anfang des 19. Jahrhunderts, Stuttgart 1924
Hanebutt-Beuz, Eva Maria Ornament und Entwurf, Frankfurt/Main 1983
Hansen, Hans Jürgen Meisterwerke handwerklicher Kunst aus fünf Jahrhunderten, Oldenburg 1970
Hawkins, David The Technique of Wood Surface Decoration, London 1986
Hellwig, Friedemann Die röntgenographischen Untersuchungen von Musikinstrumenten, in: Restauro, 2, München 1978
Holm, Edith Stühle, München 1978
Jedding, Hermann Das schöne Möbel, München 1978
König, Wilfried Fertigungsverfahren Bd. 2, Düsseldorf 1980
Krause, Hans-Joachim Scharfschleifen, Berlin 1982
Krauth, Th. und *Meyer, F. S.* Das Zimmermannsbuch, Leipzig 1899
Kreisel, Heinrich Die Kunst des deutschen Möbels, München 1968
Lemmers-Danforth, Irmgard von Europäische Wohnkultur, Wetzlar o. J.
Pape, Hans Werner Ein Pultschreibtisch von A. u. D. Roentgen im Germanischen Nationalmuseum, in: Restauro, 4, München 1979
Schuler Verlagsgesellschaft Das große Buch vom Holz, München o. J.
Senner, Adolf Fachkunde für Schreiner, Wuppertal 1977
Stürmer, Michael Furniere und Farben der Ebenisten im 18. Jahrhundert, in: Restauro, 1, München 1978
Vuilleumier, Ruth Historische Holzbeizen, in: Restauro, 1, München 1978
Vuilleumier, Ruth Werkstoffe der Kunstschreinerei, in: Restauro, 1, München 1980
Wöhrlin, Traugott Kleine Kunstgeschichte für Schreiner, Stuttgart 1981